探索的
コーパス言語学

データ主導の日本語研究・試論

石井 正彦 著

Exploratory Corpus Linguistics

大阪大学出版会

目　次

序章　探索的コーパス言語学とは何か……………………………1
　1. はじめに………………………………………………………1
　2. 大規模コーパス言語学………………………………………2
　3. 統計学における方法論的展開………………………………3
　4. コーパス言語学における方法論的展開……………………5
　5. 日本語コーパス言語学の現状………………………………9
　6. 探索的コーパス言語学の課題………………………………12

第1部　共時的全文コーパスによる探索

第1章　低頻度語発生の文章機構（1）……………………………21
　1. 問題提起………………………………………………………21
　2. 方法論…………………………………………………………22
　3. 問題提起・方法論の妥当性の検討…………………………24
　4. 課題……………………………………………………………43

第2章　低頻度語発生の文章機構（2）……………………………53
　1. 低頻度語と文章………………………………………………53
　2. 全数語彙調査…………………………………………………54
　3. 低頻度語の語彙的特徴………………………………………56
　4. 文章の組み立てとその部分…………………………………59
　5. 文章における低頻度語の使用………………………………65
　6. まとめと今後の課題…………………………………………70

第3章　文章不偏の無性格語は実在するか……………………73
　　　1．はじめに：無性格語とは………………………………73
　　　2．問題：無性格語1と無性格語2………………………76
　　　3．資料：国立国語研究所「高校教科書の語彙調査」………78
　　　4．調査1：無性格語2は存在するか……………………79
　　　5．調査2：無性格語1とは何か…………………………84
　　　6．仮説：再び，無性格語とは……………………………89

第4章　名詞的表現による文内情報提示の構造………………91
　　　1．はじめに…………………………………………………91
　　　2．名詞的表現とは…………………………………………93
　　　3．情報とは…………………………………………………95
　　　4．文内情報提示の構造とは………………………………97
　　　5．名詞的表現による情報提示……………………………99
　　　6．名詞的表現の文内連結…………………………………105
　　　7．名詞的表現による文内情報提示の構造………………112

第5章　臨時的な四字漢語の文章内形成………………………119
　　　1．はじめに…………………………………………………119
　　　2．臨時的な語形成と文章…………………………………119
　　　3．文章顕現型の臨時一語化………………………………121
　　　4．指示語句の中で…………………………………………122
　　　5．とらえ直しか，繰り返しか……………………………125
　　　6．構文的なすえ直しのパターン…………………………127
　　　7．文章論的な機構の解明に向けて………………………135

第 2 部　通時的全文コーパスによる探索

第 6 章　「デフレから脱却する」
　　　　——新聞におけるコロケーションの成立と変化 143
　　1．はじめに 143
　　2．コロケーションの変化の研究法 144
　　3．対象と資料：新聞の「デフレ＋動詞」句 145
　　4．意味表示のレベル：コロケーションの成立 147
　　5．現実指示のレベル：コロケーションの変化 150
　　6．まとめと今後の課題 160

第 7 章　「不良債権処理」
　　　　——新聞における語結合の一語化・語彙化 163
　　1．はじめに 163
　　2．範列的な側面（動詞要素の選択） 165
　　3．統合的な側面（句の一語化） 169
　　4．一語化と語彙化 173
　　5．一語化・語彙化と文章（論調・言説） 175

第 8 章　「ユビキタス」——論文標題における借用の位相 177
　　1．目的：「借りる／借りない」の最前線 177
　　2．事例：「ユビキタス」 178
　　3．資料：JST の科学技術文献情報 181
　　4．調査：「訳題」と「原題」 182
　　5．結果："ubiquitous" の表現 183
　　6．考察：借用の位相 189

第3部　多様なコーパスによる探索

第9章　多様なコーパスによる日本語研究の可能性……195
1. はじめに……195
2. マルチレベル通時コーパス……196
3. マルチメディア・コーパス……205
4. 言説コーパス……215
5. 大規模コーパスの問題点……220
6. おわりに……225

第10章　教科書パラレルコーパスによる歴史叙述の対照……227
1. 単一言語パラレルコーパスとは……227
2. 教科書のパラレルコーパス……228
3. 教科書のパラレルコーパスの作成……229
4. パラレルコーパスによる本文の対照……233
5. 『新しい歴史教科書』の特徴……268
6. 今後の課題……271

第4部　探索的データ解析による探索

第11章　探索的データ解析による日本語研究……277
1. はじめに……277
2. 国立国語研究所「テレビ放送の語彙調査」……278
3. 抵抗性の高い中央値を代表値とする……279
4. 幹葉表示によって分布の形を探る……280

    5. 箱型図によって分布を視覚的に概観する……………283
    6. 外れ値を見出し，検討する…………………………286
    7. 時系列データをならして変化のパターンを探る………287
    8. 抵抗直線で2変数間の関係を探る……………………290
    9. 二元分析で要因の効果を探る…………………………294
    10. リジット解析で2つの群を比較する……………………300
    11. 再表現（ロジット変換）で比率の変化を比較する……304
    12. おわりに………………………………………………307

第12章　蛇行箱型図によるS字カーブの発見……………309
    1. はじめに………………………………………………309
    2. 探索的データ解析……………………………………309
    3. 安本（1963）の概要と問題点…………………………312
    4. 金水（2004）の概要と問題点…………………………317
    5. 蛇行箱型図……………………………………………321
    6. 安本データの蛇行箱型図……………………………324
    7. 金水データの蛇行箱型図……………………………326
    8. おわりに………………………………………………329

第13章　リジット解析による計数データの分析……………333
    1. はじめに………………………………………………333
    2. リジット解析の考え方と方法…………………………334
    3. 質的データの群間比較………………………………338
    4. 量的データの群間比較………………………………346
    5. 2変数の順序カテゴリーの数量化……………………352
    6. おわりに………………………………………………360

文　　献 …………………………………………………… 363
初出一覧 …………………………………………………… 372
あとがき …………………………………………………… 374
索　　引 …………………………………………………… 378

序章

探索的コーパス言語学とは何か

1. はじめに

　表題にいう「探索的コーパス言語学（Exploratory Corpus Linguistics）」とは，コーパス言語学において，これまで主流であるところの「確認的なアプローチ」の研究に対し，それとは異なる「探索的なアプローチ」による言語研究を標榜して，筆者が仮に設けた名称である。ここで，「確認的（confirmatory）」対「探索的（exploratory）」とは，統計学の探索的データ解析における用語を借用したもので，「理論モデル主導型（theoretical model oriented）」対「データ主導型（data oriented）」という用語で呼ばれることもある。その詳細は後述するが，ごく簡単に言えば，確認的な（理論モデル主導型の）アプローチとは「データによって仮説を検証する」ものであり，探索的な（データ主導型の）アプローチとは「データによってデータそのものを説明する（データ自身に語らせる）」ものである。本書は，この，探索的コーパス言語学の視点に立って，コーパスを用いたデータ主導の日本語研究の可能性を，いくつかの事例的研究と方法論的検討をもとに，試行的に論じたものである。以下，本書がこのような立場を採る理由，すなわち，筆者が考える本書の意義について述べる。

2. 大規模コーパス言語学

　2011年に国立国語研究所が構築・公開した『現代日本語書き言葉均衡コーパス（BCCWJ）』は，日本で最初の本格的な大規模均衡コーパスとして，日本語コーパス言語学の歴史を画するものといえる。田野村忠温は，これについて以下のような賛辞を呈しているが，筆者もまったく同感である。

　　　BCCWJ をただ所与の資料として利用するという意識でいては分かりにくいが，その開発は背後の膨大にして綿密な計画と作業に支えられており，BCCWJ の完成は偉業の名にも値する。その開発に当たった関係各位に対しては敬意と感謝の念を禁じ得ない。BCCWJ を質・量の両面において凌ぐ日本語のコーパスが近い将来に再び作成されることはないであろう。（田野村 2014：119）

　こうした大規模コーパスの実現は，コーパス言語学に限らず，実証的な言語研究全体にとって直接の大きな利点となる。BCCWJ の有力な後援者であり理解者であった宮島達夫は，次のように述べている。

　　　単にコーパスを利用して言語現象をしらべた，という研究を「コーパス言語学」とよぶ必要はない。コーパスの第1の価値は，膨大な用例の量にある。これからの研究には，当然それを利用すべきだが，それは「コーパス言語学」でも「用例言語学」でもない。大量の例文をしらべることは，まさに言語学の王道，限定語なしのザ・言語学だ，というのが，わたしの立場である。（宮島 2007：41）

　一方で，コーパス言語学の立場からは，大規模コーパスの実現は言語研究に「分析者が科学的手法に則って言語研究を行えるようになる」という重要な利点をもたらす，ともいわれる（McEnery and Hardie 2012＝2014：21）。ここでいう「科学的手法」とは，自然科学の分野を典型としていわれる「仮

説形成検証過程による真理探究の方法」（冨田・三輪 2002：501）をさすものと思われる。田野村（2000：193）が「大規模なコーパスから得られる用例は用法の現実を忠実に反映して網羅的であり，内省による予想をはるかに超えて多様である」と言うように，大規模コーパスは網羅的かつ多様であり，その網羅性・多様性が，仮説形成（発見）の契機をより高い確率でもたらし，また，仮説検証のための反証可能性や再現可能性といった特性・資格を大規模コーパスに与えていると考えられる。これにより，分析者は，自らによる仮説の形成と（他者による仮説も含めた）その検証とを連続的・循環的に行って真理に近づくという，科学的手法を獲得・駆使することができるのである。

3. 統計学における方法論的展開

　ただし，コーパスを用いた言語研究が，すべて，大規模コーパスによる仮説形成検証過程の科学観によって一元化されるわけではない。そのことを述べるにあたって，筆者は，まず，20世紀半ば以降の統計学の方法論が「理論モデル主導型（theoretical model oriented）」といわれる方法から「データ主導型（data oriented）」といわれる方法へと大きく展開したと説かれていることに注目したい。その概要を，吉田［編］（1995）によってまとめると，以下のようになる。

　　　現代の統計学は，20世紀初頭，理論モデル主導型の数理統計学として成立した。ここで，理論モデル主導型とは，収集されたデータが確率的な要因に支配される場合に，データの背後にデータの発生の仕方を規定する確率的なモデルを想定し，それをもとに確率モデルの推定や検定を行うという「統計的推測」にもとづくことをいい，数理統計学はこの統計的推測の数理的な枠組みを研究する学問分野として完成された。その後，1950～60年代には数学的形式化がさらに進み，数理統計学は数学理論としての自己完結化への道を歩むが，一方では，その形式性，抽象性のゆえに科学的分析を保障する方法として社会科学，自然科学を問わ

ず応用分野の多様化が進んでいく。しかし，これらの応用分野で得られるデータは，実験データであったり観測データであったりと，分野によってさまざまな特徴・性格をもっていたため，確率分布（確率モデル）を想定して標本から母集団パラメータを推測する従来の理論モデル主導型の方法では十分対応できないという反省が数理統計学の中から生まれ，数学的前提を仮定することなくデータの構造や特徴を的確に要約・再現する（＝データに語らしめる）ための「データ主導型」の方法が提唱されてくる。その端緒となったのが，アメリカの統計学者テューキーによる「探索的データ解析」の考え方である。データ主導型の方法には，このほかにも，多変量解析や数量化理論などさまざまなものがあるが，1980年代以降になると，コンピュータの急速な進化も相まって，これらデータ主導型の数理統計学が大きなうねりとなって進展している。（吉田［編］（1995）「第2章　統計学の歴史」「第15章　数理統計学の現状」から要約）

ここで，理論モデル主導型とデータ主導型との違いをより具体的に理解するには，後者の端緒となった探索的データ解析の考え方が参考になる。探索的データ解析（Exploratory Data Analysis；EDA）とは，推測統計学に代表されるような，統計的仮説を検証するための「確認的データ解析（Confirmatory Data Analysis；CDA）」に対して，限られたデータからその構造や特徴に関する情報を探り出すことを目的として，アメリカの統計学者テューキー（J.W.Tukey）が中心となって主に1970年代に開発した一連のデータ解析の手法や考え方をさす（Tukey 1977）。そこでは，CDAのように標本から母集団を推定するということ，すなわち，「部分から全体への推論を明確な手段をもって行う」理論モデル主導型の方法は採らず，どのようなデータでも対象として，「データに含まれる混沌とした情報を整理し，データについての洞察を得，データの構造を探り，そうすることによってデータの説明を行おうとする」「いわばデータそれ自身に語らせる」（渡部［他］1985：170）ことが行われる。テューキー自身の比喩によれば，理論モデル主導型のCDAが得られた証拠から犯罪を判定し量刑を確定する検事や裁判官のような仕事であ

るのに対して，データ主導型の EDA は証拠を収集して立件していく刑事や警察官のような仕事であるという（吉田［編］1995：104）。

　統計学における理論モデル主導型からデータ主導型への展開は，先の要約にもあるように，応用分野の拡大に伴い，対象とするデータが実験データやそれを擬制したものから観測データへと拡大し，質的にも量的にも多様なデータを処理しなければならないという状況に直面したことが主な要因である（このほか，とくに1980年代以降，人々の想像を超えるコンピュータの発展によって，大量かつ複雑なデータを適切に集約して「データに語らしめる」手法が開発されたことも，その背景にある）。このことは，こうしたデータ主導型への展開が，統計学を科学的探究の方法として採用する多くの応用分野で並行的に起こっていることを意味する。筆者が統計学における理論モデル主導型からデータ主導型への展開に注目するのは，まさにコーパス言語学においても基本的には同様の展開が生じていると考えるからである。ただし，その展開の過程はいささか複雑であり，多少の説明を要する。

4．コーパス言語学における方法論的展開

　この点について，英語を中心とする欧米のコーパス言語学で注目されるのは，「コーパス検証型（corpus-based[1]）」対「コーパス駆動型（corpus-driven）」という考え方である。研究史的には，従来からのコーパス検証型に対して，新たにコーパス駆動型のアプローチが定置されたわけだが，この区別を最初に提唱したとされる Tognini-Bonelli（2001）は，これらの用語（概念）について，以下のように説明している（日本語訳は，McEnery and Hardie 2012＝2014：222-223 による）。

　　コーパス検証型言語学という用語が示すのは，大規模コーパスを使用して言語研究の知見を得ることができなかった時代に提唱された言語理論や言語記述について，もっぱらそれらを説明・検証・例証する目的でコーパスを用いる方法論である…コーパス検証型研究手法を取る言語学

者は,理論とデータの関係について「自信」を持っている。彼らは,もともと基本的に正しいと考えている言語モデルや言語記述を持ち込み,それらが提唱する範疇に基づいてコーパス分析を行ない,それに沿ってデータをふるいにかけるからだ。

　コーパス駆動型研究手法では,言語学者の責任はデータ全体を一体的に扱うことにあり,コーパスから得られる言語的証拠に関して,包括的言語記述を行うことが目指される。それゆえコーパスは,既存の言語理論を支持するための単なる用例集以上のものとして,また,確立された既存の理論体系を拡張しうる手段以上のものとしてとらえられるのである[2]。この手法では,コーパスに見られる言語的証拠と完全に整合し,かつ,それを直接的に反映した理論的説明がなされる…理論が証拠から独立して存在することはないし,理論化に至る一般的な方法論上の手続きも明白で,観察から仮説構築へと進み,一般化を経て理論的説明との統合に至るのである。

これによれば,まず,コーパス検証型は,以下に述べるように,理論モデル主導型にほぼ対応しているように思われる。
　現在のコーパス言語学は,BCCWJ のような大規模均衡コーパスを1つの典型・理想形としている。先述したように,こうしたコーパスは基本的に標本ー母集団モデルすなわち理論モデル主導型の考え方にもとづいて構築されている。この,標本(コーパス)から母集団を推定する(統計的推測)という行為の内実は,データの背後にデータの発生の仕方を規定する理論モデル(確率モデル)を仮定し,その確からしさを検証すること,すなわち,データをもとに統計的仮説を検証すること(統計的仮説検定)である。要するに,理論モデル主導型の,標本から母集団を統計的に推測するという特徴は,データによって仮説を検証する(確認する)こと,とも言い換えられるわけである。
　理論モデル主導型の特徴をこのようにとらえれば,それは上に見たコーパス検証型の説明,すなわち,「コーパスデータを用いて,何らかの理論や仮

説，とくに現在までにすでに確立されている理論や仮説を考察・証明・否定・精緻化するもの」（McEnery and Hardie 2012＝2014：8）という説明にもあてはまるものである。もちろん，ここでいう「仮説検証」の意味合いは「統計的仮説検定」に限られるものではないが，重要なのは，コーパス検証型もまた，理論モデル主導型と同様に，「データによって仮説を検証する」ということを特徴とするアプローチだ，という点である。

　次に，コーパス駆動型について考える。この"corpus-driven"という用語の意味するところについては，コーパス言語学者の間にさまざまな見解（の相違）があるようである。McEnery and Hardie（2012＝2014：223）は，上のTognini-Bonelli（2001）の説明を引用した後，次のように述べる。

　　　Tognini-Bonelli はこのように述べているが，コーパス検証型とコーパス駆動型の区別は，単純な二項対立がしばしばそうであるように，実際にはもう少し流動的なものである。コーパス検証型の研究者は既存理論の枠組みを使用しようとするが，その枠組みを実際のデータに適用してみた結果，うまくいかないとわかると，いわゆるコーパス駆動型と呼びうるような手法で元の枠組みの修正を行う。こうした過程は循環的なもので，言語学者全般，とくに計算言語学者は，以前よりこのことをよく理解していた。

　この記述からは，コーパス駆動型というものを，コーパス検証型との単純な二項対立物と位置づけ，典型的な科学的手法としての仮説形成検証過程において，仮説検証とともに連続的・循環的に行われる仮説形成の方法を意味するものとする，McEnery and Hardie（2012＝2014）の解釈が読み取れる。また，同書は，"corpus-driven"という用語が「コーパスの生データを用いた帰納的・ボトムアップ的研究のすべてを指すものとしても使われている」とか，「コーパスデータを用いた方法論を採用しているという理由だけで」使われることもあるとかと述べ，さらに「探索的に，つまりは厳密に設定された仮説を持たずにコーパスデータを扱う（こと）」とするGilquin & Gries（2009：10）の見解をも紹介して，コーパス駆動型という用語が「実際に使用する上

で明瞭性を欠いている」としている（McEnery and Hardie 2012＝2014：223-224）。

　しかし，私見では，コーパス駆動型を「元の枠組み，すなわち仮説がうまくいかないとわかると，その修正を行う」といった，仮説検証過程と連続的・循環的に行われる仮説形成過程と断じることは適当でないように思われる。先の Tognini-Bonelli（2001）の「この手法では，コーパスに見られる言語的証拠と完全に整合し，かつ，それを直接的に反映した理論的説明がなされる…理論が証拠から独立して存在することはない」という説明は，コーパス駆動型が「データによって仮説を検証する」ものではなく，「データによってデータそのものを説明する（データ自身に語らせる）」ものであることを示しているようにも思える。いずれにせよ，「データに語らせる」というアプローチは，それ自身は検証されることを前提としていない。もちろん，そのようにして得た知見や洞察が，結果的に仮説として扱われ，検証過程に付されることはあっても，最初から仮説形成検証過程に組み込まれているとか，それを前提として存在しているとかと考えることは適切ではない[3]。その意味では，McEnery and Hardie（2012＝2014）が紹介する Gilquin & Gries（2009：10）が，先の引用の直後に，

　　In other words, they seem to favor a corpus-driven approach, which 'lets the data speak for themselves'.（言い換えれば，彼ら（＝コーパス言語学者）は，「データに自分自身を語らせる」コーパス駆動型アプローチを好んでいるように思える。）

と述べていることは示唆的である。このとらえ方は，コーパス駆動型が「データに語らせる」ことを特徴とするデータ主導型とその基本的な考え方において共通していることを示すものではないだろうか。それは，McEnery and Hardie（2012＝2014）の意図に反して，コーパス駆動型に対する Tognini-Bonelli（2001）と Gilquin & Gries（2009）の理解が，少なくともこの点においては，同様のものであることを示しているようにも思われる。

　以上のように，英語を中心とする欧米のコーパス言語学では，「コーパス駆

動型」の内実にあいまいな点が残るものの，おおむね，理論モデル主導型に対応するコーパス検証型からデータ主導型に対応する（可能性の高い）コーパス駆動型への展開という，統計学やその応用分野と同様の動向が看取できるように思われる。

5. 日本語コーパス言語学の現状

　日本における（日本語の）コーパス言語学は，戦後に創設された国立国語研究所の一連の語彙調査を源流とするが，そこでは，基本的に，標本－母集団モデルにもとづく推測統計学の方法，すなわち，理論モデル主導型の方法が採用された。先述の通り，推測統計学は，標本をもとにその背後にある母集団の特徴（確率モデル）を推定・検定するのだが，標本データについて多量であることを前提にしないため，小規模な標本コーパスを手作業で作成すればよく，コンピュータのなかった時代でも実行できたからである。その代表といえる「雑誌九十種の語彙調査」は，1956年1年間に発行された90種類の雑誌本文に用いられた延べ約1.4億語（β単位，推定）を母集団とし，そこから（無作為に）抽出した延べ約53万語を標本とするもので，手作業で行った語彙調査としては現在に至るまで世界最高水準のものとされている。

　ただ，標本から母集団を推定するといっても，統計的に意味のある精度で推定できるのは標本に繰り返し現れる一部の語に限られてしまう。雑誌九十種調査でも，母集団使用率の推定値（95%信頼区間）とその推定精度が付された語彙表（こうした語彙表自体，世界的にも例がないと言われている）が作成されたのは，標本使用度数が（全体で）50以上の約1200語だけであったし，各語彙表に収められたのは標本使用度数7以上の7200語だけだった。要するに，53万語の標本データをもとにその二百数十倍にあたる1.4億語の母集団の様子を推定するといっても，ある程度の確からしさをもって推定できるのは，母集団の（もちろん中心部ではあるが）ごく一部分ということになってしまうのである。

　その後，国語研究所は「新聞三紙の語彙調査」（1966年）でコンピュータ

を導入し、延べ語数約 300 万語（短単位）の標本コーパスの作成をめざすが、当時のコンピュータの性能の限界（と日本語処理の難しさ）から、語彙調査に必須の単位分割（形態素解析）や同語異語判別を自動化することができず、語彙調査としては「失敗」に終わる[4]。

　それから半世紀近く、同じ国語研究所といっても、もはや語彙調査という枠組みではなく、コーパス言語学という新しい枠組みにおいて、BCCWJ は構築・公開された。そのデータ規模は延べ 1 億語（短単位）を上回るとされ、雑誌九十種調査のざっと 200 倍、同調査で母集団とされた 1.4 億語に迫る規模であり、統計的推測の精度は格段に向上しているはずである。同時に、均衡コーパスとして、雑誌だけでなく、書籍・新聞・白書・ブログなど異なるレジスターからもテクストを集め、書きことばの多様な変種とその実態をとらえることがめざされている。同コーパスの『利用の手引　第1.1版』[5] によれば、BCCWJ 設計の基本方針の第一には次のようにある。

（1）現代日本語の縮図となるコーパス
　　従来、国立国語研究所が行ってきた語彙調査の手法を生かし、コーパスがその母集団の統計的な縮図になり、母集団に対し代表性（representativeness）を持つように設計する。これにより、母集団における言語的諸特性の分布が過不足なく表現できることになり、データの信頼性を高めることが出来る。

BCCWJ は「母集団の統計的な縮図」としての「標本」コーパスであり、その大規模性・均衡性にもとづく「代表性」によって統計的推測の精度すなわち「信頼性」を高めているのである。このことは（日本語のコーパスとして）画期的であるが、しかしその基本的なアプローチが標本から母集団を推測するという理論モデル主導型のそれであることは明らかであり、それはまた半世紀前の語彙調査と基本的に変わらないものである。

　では、日本語のコーパス言語学におけるデータ主導型アプローチへの展開とは、どのようなものだろうか。ここでも、その源流といえるものが国語研

究所の語彙調査の中にある。いま一度，語彙調査の歴史に戻れば，「新聞三紙の語彙調査」の後，1970 年代後半から 80 年代にかけて，国語研究所は「高校・中学校教科書の語彙調査」に取り組むのだが，ここでは標本調査をやめて，高校・中学校の理科・社会科計 9 科目の教科書をそれぞれ 1 冊ずつ調査対象とする全数調査，すなわち，各教科書の本文を（標本抽出せず）すべて収める「全文コーパス」を作成してそれによる調査を行っている。そのねらいは，現行のすべての教科書の語彙を母集団としてその全体像を知ることよりも，特定の教科書の本文からその専門知識体系を記述するための語彙をすべてとりだし，その構造を明らかにするとともに，それによる文章構成の分析までを行うことにあったという（土屋 1989：2）。これは，データによって仮説を検証しようとする理論モデル主導型のアプローチでは少なくともなく，たとえ限られたデータであってもそのデータから構造やパターンを探り出そうする点で探索的であり，データによってデータそのものを説明しようとするデータ主導型のアプローチと言ってよいものである。

　その後，国語研究所では，こうしたデータ主導型の全数語彙調査が行われることはなかった（わずかに「テレビ放送の語彙調査」（1989 年）が，その分析段階で探索的データ解析の手法を導入しているにとどまる）。しかし，1990 年前後から，新聞を中心に各方面の印刷用データがほぼそのまま「簡易コーパス」（McEnery and Hardie 2012＝2014：16）として利用できることも多くなり，新聞について言えば，「新聞三紙の語彙調査」で母集団とされた朝日・毎日・読売 3 紙の 1 年分に相当するテクストデータも現在では簡単に購入・利用できるようになった。これによって，「限られたデータ」どころか，かつてなら母集団と想定されるような規模のデータがまるごと調査できるようになり，少なくともこうしたコーパスを利用する限りは，標本から（統計的に）推測するという理論モデル主導型の方法を採る必要がそもそもなくなりつつある。このような大規模な「全文コーパス」の実現は，日本語のコーパス言語学においても，理論モデル主導型からデータ主導型への展開をより強く推進する力になるものと予想される。

　以上のように，日本語のコーパス言語学では，国語研究所の語彙調査を源流とする理論モデル主導型のアプローチが，BCCWJ という大規模均衡コー

パスとして結実する一方，データ主導型の研究を行う環境も整いつつあるように思われる。ただし，両者の違いは，それぞれの研究成果の蓄積がいまだ多くないこともあって，研究者の間でも明確に認識・自覚されておらず，十分な検討が行われるに至っていない。

6. 探索的コーパス言語学の課題

　以上の検討から，筆者は，コーパス言語学においても，統計学およびそれを科学的探究の方法として採用する多くの応用分野と同様に，理論モデル主導型からデータ主導型への展開が生じている，日本語のコーパス言語学に限れば，生じつつある，と考える。このことは，コーパス言語学，とりわけ日本語のコーパス言語学にとって，重要な意味をもつだろう。なぜなら，BCCWJのような大規模均衡コーパスによって理論モデル主導型の研究が推進される一方で，データによってデータそのものを説明する（データ自身に語らせる）ようなデータ主導型の研究が，今後大きく展開していく可能性が十分にあるからである。

　このような現状において，日本語のコーパス言語学に求められるのは，すでに方法論として確立している大規模コーパスによる理論モデル主導型の研究とは別に，なお開発途上にあるデータ主導型の方法論を追究していくことだろう。筆者は，このような問題意識に立って，「探索的コーパス言語学」と呼ぶべき日本語研究，すなわち，コーパスを用いた探索的な（データ主導型の）日本語研究の可能性を試行的に検討していきたいと考えている。

　ただし，ここに大きな問題がある。それは，「データによってデータそのものを説明する（データ自身に語らせる）」とは具体的にどのようなことであり，また，そのためにはどのような方法を用意すればよいのかという問いに対して，一義的な答えはないということである。渡部［他］（1985：4）によれば，「探索的データ解析の筋道は明確に定まっているものではなく，任意的であ」るという。このことは，おそらく，基本的にデータ主導型のアプローチ全体にあてはまるものと考えられる。欧米のコーパス駆動型言語学の内容

が必ずしも定まらないのも，こうした側面が関係しているのかもしれない。そして，おそらく，この問題に対する答えは，分野によって，また，研究者によっても異なるのだろう。

　荻野綱男は，「計量言語学の観点から語彙研究を展望し，今後の語彙研究で必要となる点を指摘する」論文の中で，

　　　多人数調査による計量的な語彙研究の面では，簡単な手法を用いたものや，数量化の諸手法など「データから何かを探ろうとする」アプローチが多く，仮説検証的な実験法によるアプローチがほとんどない。今後は，この方面の研究が多くなることが必要である。（荻野2002：97）

とし，研究開始前の事前の仮説がなく，調査をした上でそれを探ろうとする「調査」スタイルの研究は，研究仮説と（実験計画による）その検証という形で目的や手段がはっきりと意識されている「実験」スタイルの研究に比べて，「中途半端」で「場当たり的」であり，「多くの研究が成果の積み重ねにならず，そのたびに新しい地平で開始されなければならなかったのではないか」と述べるが（荻野2002：105-106），これも，探索的なアプローチの方法論における任意性を批判したものだろう。

　であればこそ，こうした問題を認めた上で，データ主導型アプローチにもとづく「探索的コーパス言語学」の方法論を開発していくことの必要性と意義は大きいものと考える。その出発点は，やはり，「コーパス」と「統計手法」の吟味であろう。理論モデル主導型のコーパス言語学が大規模標本コーパスと推測統計学とを柱とするのに対して，探索的コーパス言語学では，国語研究所の高校・中学校教科書の語彙調査でも採用された「全文コーパス」とデータ主導型の統計学を代表する「探索的データ解析（EDA）」とをまずは基盤とすることが考えられる。その上で，全文コーパスや探索的データ解析の利用が，大規模標本コーパスや推測統計学による研究とは違って，どのようなデータ主導型の日本語研究を新たに可能とするのか，を追究していくべきではなかろうか。

　とくに全文コーパスの利用は，標本コーパスでは難しい「文章的関連を中

心とする関連パターンの探索」を可能にするものと期待される。

　ここで「関連パターン」（association pattern）とは，バイバーら（Biber et al. 1998）による用語[6]で，「ある言語素性（linguistic feature）が他の言語素性や非言語素性と関連して用いられる体系的な方法」をさし，問題の言語素性が文脈の中で特定の単語と結びついたり（語彙的関連），同じく特定の文法構造と結びついたり（文法的関連）する「言語的関連」と，問題の言語素性がレジスター・方言・史的期間といった非言語的素性と関連し特有の分布をなす「非言語的関連」とに分けられる。バイバーらは，「コーパスにもとづく分析の本質的な特徴とは，言語素性の用法を，それと関連のある関連パターンを考慮して研究すること」（Biber et al. 1998：4）であるとしているが，これは，20年以上前の記述とはいえ，コーパス言語学の対象ないし目的を明確にした「卓見」であると筆者は考える。

　ただし，この関連パターンには，コーパス言語学の主流である理論モデル主導型の研究によって究明することが比較的容易なものと困難なものとがある。上述したように，バイバーらは，言語的関連に語彙的関連と文法的関連の2類を立てるが，これらの事象の多くは，テクストの断片を標本として集めた（大規模な）標本コーパスを利用しても採集可能であり，また，コンピュータによって自動的に特定できることが多いため，統計的有意性の検定に耐えるほどのデータを集めることも可能である。一方で，「ある言語素性が特定の文章構造と結びつく関連性」を「文章的関連」と言うとすれば，こうした事象は，テクストをまるごと収めた全文コーパスでなければ採集できないことも多く，また，その多くはコンピュータで自動的に特定することも難しい。バイバーらも「多くのディスコース素性（discourse feature）は，自動的に特定することができない」（Biber et al. 1998：107）とした上で，これらも，対話型のコンピュータ・プログラムによる半自動的な特定や，「ディスコース・マップ」というテクスト全体における特定の言語素性の推移を視覚化する方法によれば，コーパスにもとづいて扱うことも可能であるとしているが，示されている研究事例は明らかにデータ主導型の研究であり，文章的関連の追究が理論モデル主導型のアプローチによっては困難であることを裏付けるような結果となっている[7]。語彙的あるいは文法的関連を探る場合は，

序章　探索的コーパス言語学とは何か

　KWICコンコーダンスを用いたコロケーション分析のように狭い範囲を見るだけで足りることがあり，標本コーパスでも問題ないが，求める関連パターンが文章（談話）の広い範囲に及ぶことの多い文章的関連の場合は，テクストをまるごと収めた全文コーパスを利用して初めてデータの採集が可能ともなり，また，データに対する洞察をより深めることにもつながると考えられる[8]。

　本書の第1部「共時的全文コーパスによる探索」では，主に教科書と新聞の全文コーパスを用いて，「低頻度語」（第1・2章），「無性格語」（第3章），「名詞的表現」（第4章），「臨時的な四字漢語」（第5章）といった語彙レベルの言語素性と文章の構造や展開，話題といった文章レベルの特徴との関連パターンを探索する試みを行う。また，第2部「通時的全文コーパスによる探索」では，新聞の全文コーパスを経年的に用いて，「コロケーションの成立と変化」（第6章），「語結合の一語化・語彙化」（第7章）という通時的な現象の進行過程を探索するほか，科学技術文献情報のデータベースを通時コーパスとして用い，専門概念の借用・翻訳の選択過程の様相を探る（第8章）。これらは，いずれも全文コーパスを利用することによって可能となる研究課題であり，本書では，それぞれの具体的な探索を通して「データ自身に語らせる」ということの内実に迫りたいと考えている。

　さらに，第3部「多様なコーパスによる探索」では，全文コーパス以外にもさまざまなコーパスの可能性を考えることによって，探索的コーパス言語学の可能性——コーパスを使って可能になるデータ主導型研究の領域——を広げていくことを試みる。具体的には，筆者が実際に試作したいくつかのコーパス（マルチレベル通時コーパス，単一言語パラレルコーパス，マルチメディア・コーパスなど）を紹介し，それぞれによる分析事例をあげて，それらが新たにどのような日本語研究を可能にするか，ということを検討する（第9章）。また，このうちの単一言語パラレルコーパスについては，中学校歴史教科書8種のパラレルコーパスによってそれぞれの歴史叙述を比較対照し，批判的言語学（critical linguistics）の立場からの検討を試みる（第10章）。

　一方，探索的データ解析については，データ主導型統計学の代表でありながら，これまでコーパス言語学でとりあげられることはほとんどなかった。

そのことは，言語コーパス研究における統計利用についての本格的な入門書である石川［他］［編］（2010）が，推測統計学と多変量解析に多くのページを割きながら，探索的データ解析については触れるところがないことや，McEnery and Hardie（2012＝2014：79）が「特定の結果の有意差検定を行う分析ではなく，データ内の構造や関係を調査する……探索的手法」が多数存在すると述べつつも，「コーパス言語学に関して最も重要なものは，因子分析とクラスター分析である」として，探索的データ解析に一切言及していないことなどにも表れている。

そこで，本書の第4部「探索的データ解析による探索」では，探索的データ解析の手法のいくつかをとりあげ，それらがどのようにして新たな日本語研究を可能とするのか，実践的に検討する。具体的には，探索的データ解析の方法がデータ主導型の日本語研究において有用であることを概括的に論じ（第11章），その上で，蛇行箱型図（第12章)，リジット解析（第13章）の各手法について，それらを先行研究のデータに適用した場合，どのような新たな知見が得られるかを明らかにしながら，それらが新たに可能にするデータ主導の日本語研究について検討する。

注

1）　広義の"corpus-based"は，「コーパス準拠型」と訳され，「コーパスデータやコーパス研究手法を利用する言語研究手法の総称」とされる（McEnery and Hardie 2012＝2014：357）。
2）　この文の原文は，"The corpus, therefore, is seen as more than a repository of examples to back pre-existing theories or a probabilistic extension to an already well defined system." であり，"a probabilistic extension"は「(確立された既存の理論体系を) 拡張しうる手段」とのみ訳されているが，これを文字通り「確率的（に）拡張（するもの）」と解釈すれば，それは（標本から母集団への）統計的推測を意味しているようにも思われる。
3）　データ主導型のアプローチは，仮説形成と密接にかかわるものの，仮説形成そのものではない。仮説形成の思考法についてはC・S・パースの「アブダクション」が知られているが，米盛（2007：53-54）によれば，それは次のようなものである。

探究という科学的行為はある問題状況に直面し何らかの疑念を抱くようになるとき，その疑念に刺激されて生じます。つまり探究はわれわれの信念にそむくある意外な事実を観察したり，あるいはわれわれの期待の習慣に反する何らかの変則性に気づくことからはじまります。そして探究の目的は，その意外な事実や変則性がなぜ起こったかということについて，その理由または説明を与えることによって，われわれの疑念を合理的に解決することにあります。このように，ある意外な事実や変則性の観察から出発して，その事実や変則性がなぜ起こったかについて説明を与える「説明仮説」(explanatory hypothesis) を形成する思惟または推論が，アブダクションです。このアブダクションの推論の形式を，パースはつぎのように定式化しています。
　　驚くべき事実 C が観察される，
　　しかしもし H が真であれば，C は当然の事柄であろう，
　　よって，H が真であると考えるべき理由がある。
　ここで「驚くべき事実 C」というのはわれわれの疑念と探究を引き起こすある意外な事実または変則性のことであり，「H」はその「驚くべき事実 C」を説明するために考えられた「説明仮説」です。（米盛 2007：53-54）

　　データ主導型のアプローチが，このこのアブダクションという推論形式の中に位置づけられるとすれば，それはその出発点である「ある意外な事実や変則性の観察」（パースの定式化では「驚くべき事実の観察」）にとどまり，「説明仮説」の形成にまで及ぶものではないと考えられる。ただし，科学哲学の世界では，こうした「事実の発見」は「偶然」によることが多く，法則や理論の発見のように「目的志向的な自覚的探究の結果」ではないとされるが（伊東 1981：244），データ主導型のアプローチにおける「探索」とは，どのようなデータであっても，そこにどのような構造が隠されているかを，データそれ自身に語らせるように探り出す行為であり，それは目的志向的・自覚的な「事実発見」の作業と言えるだろう。
4）　国語研究所の「新聞三紙の語彙調査」では，調査期間中から『電子計算機による国語研究』という報告書がシリーズで刊行され，調査に従事した研究者による数多くの論考が発表された。語彙調査としての「失敗」の経験の中で生み出されたともいえるこれらの論考が，その後の日本語研究（日本語学，計量言語学，コーパス言語学など）の発展に大きく寄与し，また，機械翻訳や人工知能などの言語処理研究にも影響を与えたことは，強調しておきたい。
5）　http://pj.ninjal.ac.jp/corpus_center/bccwj/doc.html，2017 年 10 月 3 日アクセス。
6）　齊藤［他］（訳）では，"association pattern" を「連結パターン」，"linguistic feature" を「言語項目」と訳しているが，本書では，それぞれ，「関連パターン」「言語素性」としたい。

7） バイバーらは，言語的関連として語彙的関連と文法的関連の2類を立て，文章的関連をあげていないが，Biber *et al.*（1998）の「第1部　言語素性の用法の研究」では，"Lexicography"，"Grammar"，"Lexico-grammar" の3章のほかに "The study of discourse characteristics"（ディスコース素性の研究）の章を設けている。このような扱いの理由をバイバーらは明確に述べていないが，おそらく，文章的関連の研究を，語彙的関連や文法的関連と同じレベルで（理論モデル主導型を主流とする）コーパス言語学の中に位置づけることが難しいと判断したからではないかと推測する。

8） McEnery and Hardie（2012＝2014：227-228）は，

> 一般的に言って，コーパス言語学の基盤となっている分析技術は，実際のところ，コンコーダンス分析やコロケーション分析のように極端に狭い範囲を対象とするか，あるいは，頻度リスト作成やキーワード検索のように，テキストデータから離れ，談話の連続性を無視して，異なるテキストから得られた結果を統合する抽象的なものになるかいずれかである。前者の場合，検索対象とした箇所をせいぜい数十語のコンテキスト内で調べるだけで，それ以上のコンテキストを見ることははとんどないのだから，標本を完全テキストにする必要性を主張するのは難しい。後者の場合も，完全テキストからなる標本群が，冒頭部・中間部・末尾部等から抜粋した標本を均衡的に集めたものに勝る理由を明らかにするのは難しい。

とするが，この見方は，コーパスを用いた言語研究の対象領域をあまりにも狭く限定しているように思われる。

第 1 部

共時的全文コーパスによる探索

第 1 章

低頻度語発生の文章機構 (1)

1. 問題提起

　ある程度の規模の語彙調査を行うと，得られた語彙（語の集合）は少数の高頻度語と大多数の低頻度語とに分離することが知られている[1]。語彙のそのような量的構成は，語の累積使用率分布が「対数型分布」になるとか，語の使用頻度分布が「L字型分布」になるといったことを通して確認されている。なぜ延べ語数の大部分が少数の高頻度語によってカバーされるのか，なぜ異なり語の大部分が頻度1の語をはじめとする低頻度語によって占められるのか，ということは，語彙の量的性質を解明しようとする計量語彙論の中心的課題の1つである。

　そのような問いの前段に，高頻度語とはどのような語であり，また，低頻度語とはどのような語であるのか，という問いが設定できよう。高頻度語については，日本語の文章（談話）を記述する以上，その繰り返しての使用が避けられない一群の語，すなわち（日本語の）「基本語彙」や，その文章の主題にかかわる重要な語として繰り返しての使用が不可避である一群の語，いわゆる「キーワード」などが，その候補として想定され得るだろう[2]。しかし，低頻度語については，そのような候補を想定することは困難であるように思われる。

　玉村文郎は，「専門用語，特殊な職務上の語，特定地域の方言語彙，古語，俗語，隠語など」を「使用の範囲が極端に狭く，したがってまた，使用の回

数が一般の人々の間では無視されるほど少ない」語としてあげている（玉村1984：58-59）が，これは，低頻度語を想定したものではなく，一般の文章に用いられにくい語が存在することを述べたものである。低頻度語とは，一般に用いられにくい語がたまたま用いられたために低頻度になったものではなく，用いられるべくして用いられ，しかも，低頻度であるという語である。そのような語に対して，基本語彙やキーワードと同様の，語彙論的説明を与えることはできていない[3]。

確かに，低頻度語は文章によって大きく異なり，そのことが低頻度語に偶発的な印象（たまたま低頻度であったにすぎない）を与えている。実際のところ，いろいろな種類の文章に用いられ，しかも，用いられた場合には常に低頻度となるような"安定した低頻度語"というものを想定することは困難である（低頻度語に対する語彙論的規定が難しい理由もここにある。なお，臨時的な合成語については後述）。しかし，それは，低頻度語が，その語彙論的な性格にではなく，それが用いられた文章の性格に規定されているからだと考えられる。

低頻度語が文章の性格に規定されるとすれば，われわれは，低頻度語とはどのような語か，ではなく，文章においてある語を低頻度語とするのはどのような「機構」であるのか，という問いを設定・提起するべきであろう。

2．方法論

そのような問いに答えるには，第一に，語を文章から切り離して見るのではなく，具体的な文章表現の中での語の使用を見ていかねばならない。言い換えれば，低頻度という使用実態を「見出し語」の語彙論的な特徴に還元するのではなく，それを支える文章の側の事情に注目するということである。

とはいえ，この方法は，いわゆる語彙論的文章論の方法，すなわち，語彙を指標として文章（ないし文体）の特徴づけを行うという方法とは異なる。目的は，あくまで，語の低頻度の使用という計量語彙論的な主題の解明であり，低頻度語を指標とする文章解析ではない。したがって，低頻度語の文章

論的な特徴を平面的に連ねるのではなく，ある語がなぜ低頻度となったのかを説明できるような文章上の「機構」を指摘することが重要である。

　ただし，語の使用頻度を文章の側から説明しようとする以上，文章のありようによってさまざまな説明が，とりあえずは，可能であると予想される。したがって，当面は，多種多様な文章を対象とし，そこにおいて見られるであろう低頻度語実現の「機構」を，性急に一般化することなく，ひとつひとつ検討していくことが必要である。

　第二に，注目すべき低頻度語とは1つの語彙において高頻度語と対立するものでなければならず，そのためには，高頻度語と低頻度語とが明確に分離する語彙，すなわち，ある程度規模の大きい文章の語彙を対象とする必要がある。そのような語彙をもつ文章にこそ，低頻度語を実現する「機構」はより明確に認められるものと考える。

　高頻度語と低頻度語とが分離していないような，規模の小さい文章では，高頻度語に対立するものとしての低頻度語を明確に押さえられない場合がある。そのような場合には，「単に頻度の小さい語」と「低頻度語」との区別があいまいになることもある。たとえば，国語辞書における見出しは，原則としてそれ自身の意味記述文では用いられないから，見出しとその意味記述とをあわせて1つの「文章」と考えれば，その頻度はほぼ確実に1である。しかし，この頻度1の見出しは，その「文章」において，必ずしも，高頻度語に対立するものとしての低頻度語ではない。

　規模の小さい文章にも低頻度語は存在するはずであり，それを実現する文章上の「機構」も，また，存在するはずである。しかし，研究の初発の段階では，それらを対象とするには至らない。

　第三に，大きな文章における語の使用頻度を調べるためには，語彙調査が不可欠である。しかも，文章における低頻度語の具体的な使用を見るためには，文章をまるごと扱う「全数調査」方式の語彙調査でなければならない。文章を抽出単位としての断片に切り取る「標本抽出調査」は，文章における語の具体的な使用を見る上では適当でない。それは，また，低頻度語を確実に特定する上でも，適当ではない。なぜなら，標本抽出調査は，母集団における語の使用率を，一定の幅（信頼区間）をもたせて，ある確率のもとに推

定するのであるが，その際,「使用率の小さい見出し語については標本使用度数の変動が大きく，標本に現れたか否かが相当に偶然に左右される」(国立国語研究所 1962：21) からである。付言すれば，標本抽出調査というものは，一般に，繰り返し現れるものをとらえるのに有効であって，低頻度語のように，わずかしか現れないようなものには向かない調査法なのである。

3. 問題提起・方法論の妥当性の検討

3.1 目的

上述の問題提起と方法論——低頻度語の実現を規定する文章上の「機構」を，まずは大きな文章の全数語彙調査によって得た低頻度語を対象に，その使用を具体的な文章表現の中で見ていくことによって，解明するということ——の妥当性は，なお検討する必要がある。とくに，低頻度語実現の「機構」が文章の側に存在するという見通しの妥当性については，具体的な事例に依拠しつつ，確かめておかなければならない。ただし，現段階ではそのような「機構」を具体的に提示することは困難であるので，その存在を示唆する文章上の「特徴」を見出すことによって，見通しの妥当性をはかることにする。すなわち，上述の方法論にかなう調査を実際に行うことによって，低頻度語の使用に有意に関与する文章上の「特徴」を見出すことができれば，上の見通しに妥当性があるものと判断する。

3.2 調査

国語研究所が行った「高校教科書の語彙調査」から『物理』(大塚明郎 [他]『標準高等物理 I』，講談社，1974) を選び，その本文に現れた頻度1の語——当該教科書中でただ一度しか用いられなかった語——について，その出現に関与する文章上の諸「特徴」を見出す。以下，いくつかの注釈を加える。

「高校教科書の語彙調査」は，1975年当時の高校の理科・社会科9科目の教

第1章 低頻度語発生の文章機構（1）

科書から各1冊を選び，その本文全文（前書き，[問]などは除く）を対象とした，全数調査としては比較的規模の大きい語彙調査であり，IIで述べた方法論にかなう数少ないデータである[4]。ただし，『物理』を選んだことにとくに理由はない。いずれ，すべての科目を対象とし，それらの比較も行いたい。

頻度1の語に注目するのは，後述するように，それが語彙のほぼ半数を占め，また，必ずしも明らかでない低頻度語の認定において，確実に低頻度であるとみなし得るからである。

何を「語」と認めるかは，「高校教科書の語彙調査」のW単位の規定（国立国語研究所1984：4-9）に従った。W単位は，いわゆる「長い単位」の一種で，ほぼ文節に相当する（調査の便宜上，数字・記号なども含んでいる）。ただし，ここでは，規定上はW単位である助辞を除いた。また，W単位では，用言の変異形（の一部）がそのまま語彙表の見出し語となっているので，それらを1つの見出し語にまとめた。たとえば，動詞「あげる」は，「あげた」（頻度2）・「あげて」（頻度1）・「あげる」（頻度3）という別々の見出し語となっているが，ここでは，これらを統合して「あげる」（頻度6）とした。したがって，「あげて」を頻度1の語とする，というようなことはしていない。

『物理』全体の語数は，延べ29781語，異なり3331語である。異なり語の使用頻度分布は，図1のようになる。頻度1の語は1648語あり，異なり語数全体に占める割合は49.5%と，ほぼ半数である。

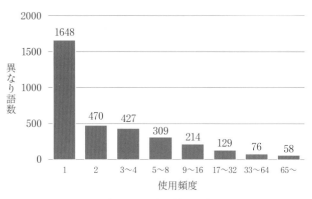

図1　『物理』語彙の使用頻度分布

3.3 結果

　調査により，頻度1の語の出現に関与すると考えられる『物理』の文章上の「特徴」を，いくつか見出すことができた。以下，それらを列挙する。これらの諸「特徴」は，いまだ相互の関連性およびそれらに通底する本質を明らかにし得てはいないものの，頻度1の語の，少なくともあるものについて，それを頻度1たらしめている文章上の「機構」が存在することを示唆するものと解釈できる。その意味において，本章での問題提起と方法論上の見通しについては，ある程度の妥当性が得られたものと考える。

3.3.1　例示

　以下に掲げるのは，『物理』の冒頭部分（I部1章§1　直線運動と速度）である。カッコ内は文の通し番号であり，太字が頻度1の語である（以下同様）。これを見ると，頻度1の語は，その多くが《例示》の文ないし表現に用いられていることがわかる。

（0009）　速さと速度
（0010）　運動のようすを知るうえで，速さは重要な役割を果たしている。
（0011）　そのために，自動車や列車の運転台には必ずスピードメーターがついていて，運動のようすを運転者に示すようになっている。
（0012）　この計器の多くは，一定時間内の車輪の回転数を，適当な機構で計器面に表わす。
（0013）　車輪の回転数は，その時間内に車が移動した距離を示す。
（0014）　つまり，この場合は一定時間内の移動距離を知って，速さをきめる。
（0015）　また100m競走の場合には，一定距離を走るのに要する時間で速さを比較する。
（0016）　しかし一般には，単位時間あたりの移動距離で，速さを表わす。
（0017）　たとえば，t秒間（s）にlm移動したときの速さを◆○式[5]〔m/s〕（I-1）のように表わす。
（0018）　〔m/s〕は，速さを測る単位の一つである。

（0019）同じように，〔cm/s〕〔km/時（km/h）〕なども速さの単位になる。
（0020）2台の車が，同じ地点をどちらも48km/hの速さで通過したとしても，一方が東向き，もう一方は西向きに走ると，ある時間後には両者は全く別の場所に達する。
（0021）このように運動のようすを表わすときには，速さだけでは不十分で，その運動の向きもいっしょに示す必要がある。
（0022）そこで，速さと向きをいっしょにした量を考え，これを速度と呼ぶ。
（0023）速度の大きさが速さである。
（0024）石を真上に投げたときには，はじめ上向きに進んでいた石もやがて下向きに落ちてくる。
（0025）このように一つの物体の運動でも，速さとともに向きも考えることが必要なのである。
（0026）直線運動をしている物体の速度をきめるには，物体が運動している直線上に適当な基準点をとり，これを原点として各瞬間，瞬間の物体の位置を示す座標をしらべればよい。
（0027）たとえば，時刻t1での物体の位置をx1，時刻t2での位置をx2とすれば，速度vは◆○式（I-2）で表わされる。
（0028）直線上の座標は，原点に対し一方の向きを正にきめれば，反対の向きの値は，負の値で表わされる。
（0029）同じように直線運動をしている物体の速度は，その向きが座標の正の向きに一致するときは正の値で，その反対向きのものは負の値で示される。
（0030）図I-1の例で，道路上の標識の位置を座標の原点Oとし，図の右向きを正にとる。
（0031）いま車A, Bが，時刻t1には同じ位置◆○式にいたものが，20s後の時刻t2には，Aは◆○式に，Bは◆○式（つまりOの左側280m）の位置に達したとする。
（0032）このときのAの速度v1と，Bの速度v2を求めると◆○式〔m/s〕◆○式〔m/s〕となる。
（0033）つまり車A, Bは同じ速さではあるが，Aは図で右向きに，Bは左

向きに運動しているということが示される。

　ここで，表1・表2は，頻度2以上の語について，それが頻度1の語と同じ文に現れる（＝共起する）回数と現れない（＝共起しない）回数とを求め，その分布が，頻度2以上の語全体についての同様の分布とどの程度異なっているかを，「特化係数」により表したものである[6]。特化係数の値が1よりも大きければ大きいほど，その（頻度2以上の）語は，全体の分布傾向と比べて，頻度1の語と共起する方に偏り，また，特化係数の値が1よりも小さければ小さいほど（0に近いほど），頻度1の語と共起しない方に偏る傾向をもつということになる。なお，表1・表2ともに，頻度10以上の語に限り，表1は頻度1の語と共起する方に，表2は頻度1の語と共起しない方に偏って分布する傾向のあるものを，それぞれ，特化係数の降順に上位100語まで掲げた。

　さて，表1の特化係数第25位「たとえば」は，《例示》の文ないし表現の指標となる副詞であるが，その分布（47回中37回，頻度1の語と共起している）は，全体の分布傾向と比べて，頻度1の語と共起する方に偏っているといえる。言い換えれば，頻度1の語は「たとえば」を含む文に現れやすいということであり，このことからも，頻度1の語と《例示》とのかかわりが見てとれる（下線は引用者，以下同様）。

（0759）　<u>たとえば</u>，バットやラケットで，飛んできたボールを打ち返すときには，短時間ではあるが，その間に複雑に変化する力がボールに対して加えられている。
（0997）　水以外の物質でも，熱容量は，<u>たとえば</u>銅 mg に比べ 2mg の銅の熱容量は2倍というように，質量に比例した大きさを持つ。
（1313）　<u>たとえば</u>女声のうちでも一番高いソプラノが300〜1000サイクル/s，男声のうちで一番低いバスが90〜300サイクル/s 程度である。

　一方，表3・表4は，W単位の規定により助辞とされたものについて，頻度1の語に下接する回数と，下接しない（頻度2以上の語に下接する）回数

第1章　低頻度語発生の文章機構（1）

表1　頻度1の語と共起する方に偏って分布する語

順位	語（W単位）	頻度1の語と共起 する	しない	特化係数	順位	語（W単位）	頻度1の語と共起 する	しない	特化係数
1	1ｓ間	12	0	1.89	48	明らか	18	7	1.36
1	理論*	12	0	1.89	52	はず	10	4	1.35
1	各点	11	0	1.89	52	聞こえる	10	4	1.35
4	ふれる	11	1	1.73	54	間隔	12	5	1.33
4	研究	11	1	1.73	54	電気量*	12	5	1.33
6	ふくむ	27	3	1.70	56	中心	23	10	1.32
7	特に	13	2	1.64	56	達する	14	6	1.32
8	電流*	12	2	1.62	56	波長**	14	6	1.32
9	観測者*	11	2	1.60	56	部分	14	6	1.32
9	原子核*	11	2	1.60	56	S	7	3	1.32
9	表面	11	2	1.60	56	ごく	7	3	1.32
12	物質*	35	7	1.57	56	わずか	7	3	1.32
13	1個	9	2	1.54	56	開く	7	3	1.32
13	再び	9	2	1.54	56	耳	7	3	1.32
13	衝突前	9	2	1.54	56	衝突後	7	3	1.32
13	短い	9	2	1.54	56	進む	7	3	1.32
17	原子**	44	11	1.51	56	進行方向	7	3	1.32
17	くりかえす	16	4	1.51	56	測定*	7	3	1.32
17	それ	12	3	1.51	69	O	9	4	1.31
17	差	12	3	1.51	69	関係式*	9	4	1.31
17	粒子*	12	3	1.51	69	普通	9	4	1.31
17	E	8	2	1.51	72	波面**	22	10	1.30
17	事実	8	2	1.51	72	来る	22	10	1.30
17	大きな	8	2	1.51	72	C	11	5	1.30
25	たとえば	37	10	1.49	75	さらに	15	7	1.29
26	〔	29	8	1.48	75	はく	15	7	1.29
26	〕	29	8	1.48	75	内部	15	7	1.29
26	述べる	11	3	1.48	78	P	17	8	1.28
26	説明する	11	3	1.48	78	描く	17	8	1.28
30	分子*	14	4	1.47	80	N	18	9	1.26
31	測定する*	10	3	1.45	80	面積	16	8	1.26
32	変位*	13	4	1.44	80	検電器*	10	5	1.26
33	水	19	6	1.43	80	考え方	10	5	1.26
34	ひろがる	9	3	1.42	80	実際	10	5	1.26
34	受けとる	9	3	1.42	80	V	8	4	1.26
34	油滴	9	3	1.42	80	音さ*	8	4	1.26
37	もの	35	12	1.41	80	直接	8	4	1.26
38	電気*	23	8	1.40	80	入れる	8	4	1.26
39	v	14	5	1.39	80	非常に	8	4	1.26
40	ほぼ	11	4	1.38	90	感じる	15	8	1.23
40	放射線*	11	4	1.38	90	音源*	13	7	1.23
40	理解する	11	4	1.38	92	ため	57	31	1.22
43	中	32	12	1.37	92	電子**	29	16	1.22
43	みなす	8	3	1.37	92	振り子*	11	6	1.22
43	銀	8	3	1.37	92	新しい	11	6	1.22
43	点電荷*	8	3	1.37	92	帯電する**	11	6	1.22
43	熱容量**	8	3	1.37	97	発生する	18	10	1.21
48	(	236	91	1.36	97	用いる	16	9	1.21
48	)	236	91	1.36	97	もう	9	5	1.21
48	形	26	10	1.36	97	ストロボ写真	9	5	1.21

表 2 頻度 1 の語と共起しない方に偏って分布する語

順位	語（W 単位）	頻度 1 の語と共起する	しない	特化係数	順位	語（W 単位）	頻度 1 の語と共起する	しない	特化係数
1	作用**	0	10	0.00	48	単振動**	7	14	0.63
2	静電誘導**	1	10	0.17	48	単振り子**	6	12	0.63
3	反対	2	12	0.27	48	θ	5	10	0.63
4	2	2	11	0.29	48	固有振動数**	5	10	0.63
4	減少する	2	11	0.29	48	車	5	10	0.63
6	a	3	15	0.31	48	動かす	5	10	0.63
6	向く	2	10	0.31	48	内部エネルギー**	5	10	0.63
6	平面内	2	10	0.31	48	つるす	4	8	0.63
9	放物運動*	3	14	0.33	59	重力*	21	40	0.65
10	◆○○	10	45	0.34	59	法則*	13	25	0.65
10	下向き	2	9	0.34	61	運動*	60	112	0.66
10	反作用**	2	9	0.34	62	静止する	9	17	0.65
13	3	2	8	0.38	63	ここ	7	13	0.66
13	干渉**	2	8	0.38	64	学ぶ	6	11	0.67
15	直線運動*	5	19	0.39	64	増す	6	11	0.67
16	ばね	16	55	0.43	64	仕事**	34	62	0.67
17	等速直線運動**	4	14	0.42	64	位相**	5	9	0.67
18	保つ	3	10	0.44	64	鉛直方向	5	9	0.67
18	きまる	7	23	0.44	64	原因	5	9	0.67
20	周期**	5	16	0.45	70	基準	9	16	0.68
21	負	7	21	0.47	71	地面	8	14	0.69
21	つね	4	12	0.47	71	自由落下**	4	7	0.69
21	等加速度直線運動**	4	12	0.47	71	摩擦力**	4	7	0.69
21	力積**	4	12	0.47	74	外	10	17	0.70
21	・	3	9	0.47	74	棒	7	12	0.70
21	原点	3	9	0.47	76	持つ	30	50	0.71
27	運動量**	12	35	0.48	76	移動**	6	10	0.71
28	他	7	20	0.49	76	帯電体*	6	10	0.71
28	電位**	6	17	0.49	76	受ける	17	28	0.71
30	手	6	16	0.51	76	運動エネルギー**	14	23	0.71
30	しまう	3	8	0.51	76	時間*	14	23	0.71
30	軽い	3	8	0.51	82	エネルギー**	42	67	0.73
33	定常波**	5	13	0.52	82	つまり	39	62	0.73
34	波動**	18	46	0.53	82	1	10	16	0.73
35	振動**	16	40	0.54	82	場所	10	16	0.73
35	衝突*	6	15	0.54	82	やはり	5	8	0.73
37	摩擦*	7	17	0.55	87	おもり*	27	42	0.74
37	向き	40	96	0.55	88	抵抗力*	7	11	0.73
39	等速円運動**	3	7	0.57	89	一致する	14	21	0.75
40	もどる	4	9	0.58	89	一つ	10	15	0.75
40	極板間	4	9	0.58	89	あるいは	8	12	0.75
40	座標*	4	9	0.58	89	外部	6	9	0.75
43	和	6	13	0.60	89	床	6	9	0.75
44	たがいに	5	11	0.59	89	ともに	4	6	0.75
44	逆向き	5	11	0.59	89	自由	4	6	0.75
46	加速度**	31	66	0.59	89	弱い	4	6	0.75
47	式	20	41	0.62	89	当然	4	6	0.75
48	2つ	13	26	0.63	98	これ	55	81	0.76
48	f	8	16	0.63	99	水平	9	13	0.77
48	Q	7	14	0.63	100	関係	31	44	0.78

との分布を求め，表1・表2と同様に，その特化係数を計算したものである[7]。表3には頻度1の語に下接する方に偏る助辞を，また，表4には下接しない方に偏って分布する助辞を，ともに，頻度10以上に限って，上位10位まで掲げた。

表3　頻度1の語に下接する方に偏って分布する助辞

順位	語（W単位）	頻度1の語に下接		特化係数
		する	しない	
1	など	15	32	3.99
2	より	3	19	1.70
3	や	11	76	1.58
4	ならない	1	9	1.25
5	の	343	3239	1.20
6	で	103	992	1.18
7	まで	6	59	1.15
8	に	211	2153	1.12
9	だけ	8	84	1.09
10	と	112	1247	1.03

表4　頻度1の語に下接しない方に偏って分布する助辞

順位	語（W単位）	頻度1の語に下接		特化係数
		する	しない	
1	だ	0	31	0.00
1	ほど	0	25	0.00
3	も	14	456	0.37
4	は	65	1565	0.50
5	な	12	276	0.52
6	か	3	62	0.58
7	が	63	1281	0.59
8	ので	4	68	0.69
9	を	115	1608	0.83
10	へ	1	14	0.83

表 3 の特化係数第 1 位は,「たとえば」と同様《例示》の指標となる「など」であり,また,第 3 位には,同じく《例示》に関係する助辞である「や」がある。これらのことも,また,頻度 1 の語と《例示》とのかかわりを示唆するものである。

（0684） 腕時計などでは，振り子は利用しないが，一定の大きさのテンプとよばれる部品が，その軸を中心に振動する周期が一定であることを利用している。
（1331） 音も反射することは，建物の中での反響や，こだまなどでよく経験する。
（1489） 金属のほか酸や塩類の水溶液，炭素なども導体である。

　もっとも,「など」について見れば，その総数 47 例に対して頻度 1 の語に下接しているのは 15 例であり，絶対数では頻度 2 以上の語に下接する場合（32 例）の方が多い。「など」は，あくまで，助辞全体の分布から見れば頻度 1 の語に下接する傾向が強い，ということである。しかし,「下接」ではなく「共起」ということになると，47 例中 31 例が頻度 1 の語を含む文に現れており,「など」と頻度 1 の語とが共起しやすいことをうかがわせる（「や」についても同様）。

（0398） 空気や水などの流体中で運動するときには，大きな抵抗を受けることはだれでも経験する。
（1361） 踏切に警笛を鳴らしながら電車が近づき，また遠ざかっていく場合，あるいはこちらもすれちがう電車の中で相手の警笛を聞いている場合などには，音の高さが変わって聞こえる。
（1851） この結晶の密度は，食塩を溶かさない エチルアルコールの中につるして，浮力をはかるなどの方法で測定することができる。

　頻度 1 の語が，同一文中において「たとえば」と共起しやすく，また,「など」や「や」の直前に出現する（あるいは共起する）傾向があるということ

は，頻度1の語と《例示》という文章上の「特徴」とが，『物理』においては，強くかかわっていることを示すものであろう。

3.3.2 結論・まとめ

一方，表2には「つまり」（特化係数第82位）があり，また，表2には現れないが，同第110位には「したがって」（特化係数0.80）がある。これらは，「たとえば」が《例示》の文や表現の指標となるように，文章の展開の上で，《結論》あるいは《まとめ》を表す文や表現の指標となる副詞ないし接続詞である[8]。これらの特化係数が，これらと頻度1の語とが共起しにくいということを示すものであるとすれば，『物理』においては，頻度1の語は《結論》《まとめ》を表す文や表現に現れにくいと考えることができよう。

（0502）　つまり平面運動における加速度は，その物体に作用している力の向きと一致し，その力の大きさに比例した大きさをもつ。
（1340）　つまり音波も干渉して，節が生じているのである。
（1616）　つまり，帯電体を近づけた導体では，帯電体に近い部分には帯電体と異種の，また遠くの部分には同種の電荷が集まる。
（0202）　したがって，少なくとも直線運動の場合には，加速度の向きは力の向きに一致するといってよい。
（1077）　したがって，物体が外部に対して仕事をし続けるためには，外部からそれに見合う仕事，または熱が物体に与えられていなければならない。
（1371）　したがって，音源の進行方向にいる観測者は，波面の間隔が一様に短くなった波動を，受けとることになる。

頻度1の語の出現に関して，《例示》という「特徴」はそれを促進する方向の働きに関与し，《結論・まとめ》という「特徴」は，対照的に，それを抑制する方向の働きに関与するものと考えられる。

3.3.3 指示

　表1には，カッコ——〔 〕，（ ）——も見られる。『物理』では，下例のように，教科書中の図やページを《指示》する際にカッコが用いられることが多い。その際，図・ページを指示する語の多くが頻度1となる。

（0182）　そのときは，一つの力のベクトルの矢印の先端まで別の力のベクトルを平行移動し，その先端にまた次の力のベクトルを，というように作図をくりかえす<u>（図Ⅰ－15（b））</u>。
（0520）　2章，§2<u>（p・18）</u>で，慣性の法則にあたる関係を述べたときに，その法則は，地面または地面に対して等速直線運動をしている物体を基準にして運動を表わした場合に成り立つといった。

　『物理』の文章では，このほか，下例のように，説明に要する具体的な概念ないし対象（これらの多くは図中に示されている）を《指示》する場合にも，頻度1の語がよく現れるようである。その際，頻度1の語は"概念を表す名詞＋記号（式）"の形をとる。

（0094）　この値は，<u>上底v0</u>，<u>下底◆○式</u>，<u>高さT</u>の台形の面積に相当し，図Ⅰ－8（b）のグラフが0〜Tの間に包む面積に一致する。
（0617）　いま<u>半径A</u>の円盤の端に<u>目印P</u>をつけ，これを周期Tで<u>等速</u>で回転させる。
（0676）　つまり，このおもりに作用している力fは，<u>変位x</u>の大きさに比例しているが，常にxを減少させる向き，いいかえれば，<u>中心P0</u>に向かってはたらく。

　《指示》に関して注目されるのは，指示語の分布である。表1には第17位「それ」があり，表2には第63位「ここ」，第98位「これ」がある。表1・表2に入らなかったものも含めて，指示語の分布をまとめると，表5のようになる。

表5 頻度1の語との共起についての指示語の分布

語（W単位）	頻度1の語と共起 する	頻度1の語と共起 しない	特化係数
それ	12	3	1.51
それら	6	3	1.26
そこ	23	16	1.11
その	169	133	1.06
ここ	7	13	0.66
これ	55	81	0.76
これら	4	5	0.84
この	270	325	0.86

　頻度および特化係数に差はあるものの，いわゆるソ系の指示語は，すべて，頻度1の語と共起する場合の方が多く，逆に，コ系の指示語は，すべて，頻度1の語とは共起しない場合の方が多くなっている。同じ指示語でありながら，頻度1の語との共起という点において，ソ系とコ系とは対照的である。

　ただし，このことは，指示語が頻度1の語の出現の可否を直接に規定する，ということを意味するわけではない。実際，両者のそのような直接的な関係を見出すことはできていない。ただ，コ系の「これ」「この」については，下例のように，それらが《結論・まとめ》の文や表現に用いられることが少なくないという現象を介して，頻度1の語の出現（の抑制）に関与している可能性を指摘することができる。

（1405）たとえば，同じ振動数の音さを2個用意し，共鳴箱の口を向かい合わせにしてならべ，一方をたたいて鳴らす（図Ⅲ-30）。
（1406）しばらくして，鳴らしたほうの音さを止めてみると，もう一方の音さが鳴っていることがわかる。
（1407）<u>これ</u>は相手の音さの出した音に共鳴したのである。

（1649）導体は，正電荷を多く持てば持つほど，その電位は高くなることが

(1650) 導体の表面近くの電界も強くなり，したがって，そこまで新しく他の正電荷を運び込むのに必要な仕事量もふえる。
(1651) <u>これ</u>は電位が高くなったことを意味する。

(0045) 図Ⅰ－2 から直接，速度 v と時間 t のグラフもかける。
(0046) たとえば，0・1s めの位置と 0・2s めの位置を利用して，その間の速度をきめ，この値を 0・1s と 0・2s の中間の t に対する速度として<u>目盛</u>る。
(0047) <u>このように</u>して作ったのが，図Ⅰ－4 のグラフである。

(0153) たとえば，台はかりの皿を手で押せば，はかりがその力を目盛に示す。
(0154) <u>このとき</u>，手は必ず皿が押し返す力を感じる。
(0155) <u>この力</u>は，手が皿に加えた力の反作用に相当する。

3.3.4　定義・名づけ

「これ」「この」は，また，概念を《定義》し，あるいは，《名づけ》るための文や表現にも，よく用いられるようである。

(0294) <u>これ</u>がこの場合の初速度である。
(0713) このように，時間の経過に関係なく一定に保たれる（◆○式）という量に注目し，<u>これ</u>を運動量とよぶ。
(1781) <u>これ</u>は光のエネルギーをもらって飛び出すことができた電子で，<u>光電子</u>とよばれる。

(0044) <u>このような</u>運動を等速直線運動（または等速度運動）という。
(0059) <u>この</u> a を加速度とよぶ。
(0127) <u>このとき</u>，F1, F2 を，力 F の成分または分力という。

このような《定義・名づけ》の文や表現にも，頻度1の語は現れにくいよ

うである。実際，頻度1の語は『物理』において最も一般的な《定義・名づけ》の形式である「〜を〜という。」形式の文に現れにくい，という傾向がある。

　「〜を〜という。」形式の文のうち，
　　　頻度1の語を含む文　　　39
　　　頻度1の語を含まない文　78

　また，専門用語，とくに《定義・名づけ》が与えられるような専門用語は頻度1の語と同じ文に共起しにくい，という傾向も見られる。表1・表2において，語の右肩に＊印を付したものは，文部省『学術用語集　物理学編（増訂版）』（1990）にもある語，すなわち，物理学の専門用語である。そのうち，＊＊印のものは，『物理』において，下例のような形で，《定義・名づけ》がなされている専門用語である。

（0080）　このような運動を，等加速度直線運動という。
（0993）　物体の温度を1度高めるのに必要な熱量を，その物体の熱容量といい，カロリー／度（cal/度）という単位で測る。
（0642）　このような振動が単振動とよばれる。
（1160）　この値を波動の振動数または周波数とよぶ。

　表1・表2におけるそれぞれの内訳は表6のようになる。

表6　頻度1の語との共起についての専門用語の分布（100語中）

	［表1］ 頻度1の語と共起する方に偏って分布する語	［表2］ 頻度1の語と共起しない方に偏って分布する語
＊　専門用語	18	12
＊＊《定義・名づけ》が行われる専門用語	7	26

これによれば，専門用語，なかでも，《定義・名づけ》がなされるような専門用語は，頻度1の語と共起しない傾向が強い。このことは，頻度1の語が《定義・名づけ》の文や表現に現れにくいということにとどまらず，それらが，『物理』の記述においてより重要な概念（これらの多くは《定義・名づけ》がなされる専門用語によって表される）と，《定義・名づけ》以外の文においても共起しにくい，すなわち，頻度1の語は『物理』の重要な概念を含む文には現れにくい，ということを示唆するものと考えられる。

3.3.5　注釈

　表1に見られたカッコは，《指示》だけではなく，《注釈》的な情報を提示する際にも用いられる。しかも，その《注釈》的情報を表す語は頻度1であることが多い。

（0829）1Nの力がはたらいて，その方向に1m移動したときに，その力のした仕事を1ジュール（記号J）ときめる。
（0956）またばねの強さを示す定数kは，この物体にはたらいている力の内容から考えて◆○式に相当することも確かめられている（p・72　式I－45 参照）。
（1481）習慣で，前者を負電気（陰電気），後者を正電気（陽電気）と名づける。

　たとえば，上例（1481）では，「負電気」「正電気」という用語が，それぞれ，「陰電気」「陽電気」ともいわれることを《注釈》によって示しているが，『物理』では以降の記述において前二者が採用されており，《注釈》として示された後二者は，ここでのみ現れる頻度1の語となっている。

3.3.6　省略

　はじめに提示された語が，語形が長いなどの理由で，その省略形に置き換えられる場合，それ以降の文章では省略形が用いられるために，はじめに提示された語が頻度1となる例が見られる。下例では，最初の文に現れる「力

学台車」という語が，以降の文においては単に「台車」とされ，「力学台車」は頻度1の語となっている。

(0720) 2台の力学台車を，水平な机の上に先端をふれ合わせてならべて置き（図Ⅰ-65），一方の内部に押し込んであるばねが急にのびるときの力で，両者を突き放す。
(0721) そのときの運動のようすをストロボ写真などでしらべると，台車が離れていくときの速さは，それぞれの質量に反比例していることがわかる。
(0722) たとえば次ページの図Ⅰ-66は，両者の質量が等しい場合(a)と，質量が2：1の場合(b)を示している。
(0723) 2台の台車は，おたがいが相手を押しのける力だけで動き出しているから，運動量は保存されるはずである。
(0724) しかも最初は両者とも静止していたのだから，運動量はどちらも0である。
(0725) そこで，台車の質量を m1, m2, それぞれの反発後の速度を v1, v2 とすれば，運動量保存の関係は◆○式のように示される。
(0726) つまり，両者の持つ運動量は，同じ大きさで向きは反対である。

　前述の，《指示》に用いられる"概念を表す名詞＋記号（式）"という形式は，また，後続する文において省略形によって表されることを，はじめから前提としてつくられた語でもある。下例の「目印P」や「音源S」は，後続の記述において，それぞれ，「P」や「S」とのみ称されることを前提として，その最初の使用にのみ用意された語である。最初に一度使用されるだけ，ということが頻度1につながる。

(0617) いま半径Aの円盤の端に目印Pをつけ，これを周期Tで等速で回転させる。
(0618) この円盤を真横から見たときのPの位置の変化は，図Ⅰ-57右のようになり，図Ⅰ-56(a)のおもりの振動のようすとよく似ている。

（0619） 真横から見たときのPの位置とは，図Ⅰ-57左の円盤上でPの位置を直径XX◆○○上に投影した位置に相当する。

（1365） いま音源Sを中心に密の状態を示す波面を描いてみる。
（1366） 1/Nsごとに1つの波面が作られるから，最初の波面W1がSを出てから4/Ns後の状態を考えると，この波面は，Sから4λmにまで達している。
（1367） そして音源が静止していれば，その後，1/Nsごとに生じた他の波面W2, W3, W4は，Sを中心とする同心円を描いている。

3.3.7 臨時的な合成語

1では，「いろいろな種類の文章に用いられ，しかも，用いられた場合には常に低頻度となるような"安定した低頻度語"というものを想定することは困難である」とし，「低頻度語は，その語彙論的な性格にではなく，それが用いられた文章の性格に規定される」と述べた。しかし，"安定した低頻度語"というものがまったく想定できないかといえば，そうでもない。

まず，「臨時一語」をあげることができる。「臨時一語」とは，文を構成するそのときにその場限りのものとしてつくられる語である[9]から，その本質において，1回限りのもの，つまり，頻度1の語になる「必然性」ないし「可能性」を備えているといえる。たとえば，下例では，「内部エネルギー最低」「イオン発生」が臨時一語であるが，これらは，「内部のエネルギーが最低である」「イオンの発生」といった語の連続による表現を，文構成にあたって，臨時に一語化したものである。

（1063） これに対して，内部エネルギー最低の状態を0度ときめた目盛を，絶対温度目盛という。
（1901） 電極の間には，放電が始まる直前の電圧がかけてあるので，イオン発生が原因となって，短時間，放電が起こる。

以下，(a)は，『物理』において，頻度1であった臨時一語であり[10]，(b)

は頻度2以上であった臨時一語（カッコ内は頻度）である。臨時一語の多くが，実際に頻度1であることが確認できる。

（a）イオン発生，一定距離，一定数，一定量，移動方向，運動物体，鉛直下方，鉛直上方，大型水槽，大きさ一定，温度上昇，回転部分，火山爆発，加速度・力とも，管口付近，近代科学成立，高温物体，構成粒子，撮影時刻，作用時間，参考図，時間的変化，時間範囲，斜面方向，ジュール自身，衝突直後，衝突直前，振動方向，垂直上方，垂直方向，水平・鉛直両方向，静止状態，絶縁物内部，接触面積，測定結果，測定方法，単振動一般，直線グラフ，直角上方，低温物体，同一地点，内部エネルギー最低，半径方向，反対方向，ピストンつき，物質構成，物質探究，落下距離，理論的計算

（b）運動方向（5），鉛直方向（14），水平・鉛直方向（4），直角方向（2），導体内部（2），入射方向（2），反射方向（2），物質内部（3）

臨時的といえば，派生語の中にも臨時的なものは多い。以下に，『物理』において頻度1であった派生語のうち，生産的であったものについて，接辞（補助用言的要素も含む）ごとに示す。これらの中には，すでに固定的な派生語となっているものもあるが，多くは，臨時一語と同様に，臨時的な性格をもつものである。

各〜：-時刻, -長方形, -力
全〜：-宇宙, -質量
同〜：-時刻, -振動数

〜方：いい-, うすめ-, 変わり-, きめ-, 組み合わせ-, ずれ-, でき-, とり-, のばし-, 混じり-, やり-
〜間：原子-, 帯電体-, 等電位面-, 分子原子-, 両者-
〜後：1周期-, 運動開始-, 時間-, 時間t1-, 20s-, 反発-
〜ごと：1周期-, 各基本単位-, 時間-, ts-, 電圧-, 1/20s-, 1/8-, 物質-,

第1部　共時的全文コーパスによる探索

方向-, 1/4波長-
〜上：一線-, 一直線-, A-, 延長-, 円盤-, 球面-, 曲線-, 金属-, グラフ-, コンデンサー-, C-, CD-, 実用-, 図Ⅰ-63-, ストロボ写真-, 線-, 台-, 帯電体-, 直径XX◆○○-, 導体-, 等電位面-, 道路-, 波面-, みかけ-, 理論-, レール-
〜状：板-, 液-, 鎖-, 正弦波-, 同心円-, 放射-
〜中：運動-, 液体-, 円筒-, 気体-, 金属-, 原子-, 固体-, 作業-, 図-, 接触-, 大気-, 導体-, 流体-
〜的：一般-, エネルギー-, 化学-, 基本-, 客観-, 近似-, 三次元-, 時間-, 質-, 実験-, 実証-, 集中-, 相対-, 対称-, 統一-, 凸レンズ-, 爆発-, 物理-, 本質-, 模式-, 理想-
〜どうし：かたまり-, 球-, 極-, 極板-, 氷-, 等電位面-, 波-, 波面-, 腹-, 物質-
〜内：暗室-, 鉛直面-, 金属円筒-, 空間-, 系-, コンデンサー-, 細胞-, シリンダー-, 組織-, 単位時間-, 電球-, 電池-, 導線-, 等電位面-, ピストン-, 範囲-, 物質-, 物体-, ブラウン管-, 丸底フラスコ-, 容器-
〜面：陰極-, 基準-, 金属-, 計器-, フィルム-

〜にくい：上がり-, 起こり-, 確かめ-, 伝え-
〜やすい：気化し-, 比べ-, しらべ-

〜合う：干渉し-, しりぞけ-, 接触し-, 強め-, 反発し-
〜続ける：動かし-, 動き-, 運動し-, 加わり-, 作用し-, 進行し-, 析出し-
〜はじめる：圧縮し-, 動き-, 運動し-, 描き-, 自由落下し-, すべり-, とられ-, 測り-, 振れ-, 減り-, 利用され-

　臨時一語や臨時的な派生語は，確かに一面では，"安定した低頻度語"と見ることができる。これらの語は，その成り立ちがもつ臨時性において，すでに低頻度語としての必然性ないし可能性を備えていると考えられるからである。しかしながら，これらの臨時的な合成語がつくられるのは，常に，実際

の文章においてである。具体的な文章の，具体的な文構成の場が，これらの語を形成する場である。臨時的な合成語は，文章と離れて，いわゆるレキシコンとしての語彙の中にあらかじめ（できあいのものとして）存在しているわけではない。語彙が用意しているのは，臨時的な合成語の構成様式（造語法）であろう。その意味で，臨時的な合成語は，語彙のあり方に規定されつつも，より直接的には，文章のあり方に規定されているものと考えることができる。

4. 課題

4.1 「特徴」から「機構」へ

　上に列挙した，頻度1の語の出現に関与する文章上の「特徴」は，低頻度語の出現を規定する文章上の「機構」の存在を示唆するものではあるが，いまだ「機構」そのものとはいえない。「機構」は，これらの諸「特徴」がどのような理由によって頻度1の語の出現にかかわっているのかを説明し得て初めて，見えてくるものであろう。そのような作業が，より多くの調査と吟味を通して，行われなければならない。ただし，現段階でも，「特徴」から「機構」に至るいくつかの見通しを述べることはできる。たとえば，頻度1の語の出現に関する《例示》と《結論・まとめ》との対照的なかかわり方については，以下のように考えることもできよう。

　『物理』は，物理学によって明らかにされた物理的諸法則について説明する文章である。《結論・まとめ》は，そのような説明の骨組となる文や表現であるが，説明は諸法則相互の関連性や階層性（1つの法則を前提として他の法則を説明する）にもとづいて展開されるので，《結論・まとめ》に用いられる語（ここに重要な概念を表す専門用語も加わってくる）は，結果として，繰り返し用いられる，すなわち，頻度2以上の語となる可能性が高くなるものと考えられる。一方，物理的諸法則の説明を《結論・まとめ》の文・表現だけで行おうとすると，記述が抽象的・概括的なものになってしまう。そこで，

そのような説明をわかりやすく、また、説得力のあるものにするために、それらの諸法則が反映する具体的な事実を《例示》として示すことになる。しかも、法則の普遍性を示すためには、同じ事実を繰り返して《例示》とするよりも、異なる多様な事実を《例示》とした方が効果的である。その結果として、《例示》に用いられる語は、1回限りのものとなる可能性が高くなるのではないだろうか。《例示》のもつ具体性・多様性にもとづく「一回性」が頻度1の語を生み出すのではないか、ということである（3.3.1 の例でも、「列車」「100m 競走」「標識」などの語に、このような傾向を見ることができる）。

また、頻度1の語との共起について見られた、ソ系の指示語とコ系の指示語との対照的な分布についても、正保勇の「情報の焦点となるものは、『コ』で指示されることが多い」「焦点でない部分は『ソ』で指示するのが普通である」（正保 1981：94-109）、金水敏・田窪行則の「『解説のコ』が典型的に現われるまとまった内容についての解説というのは、まさしく聞き手に対しての内容の把握、情報量などの点において優位に立った発話なのである」（金水・田窪 1990：140）などの指摘が参考になろう。すなわち、コ系の指示語が用いられるような、つまり、書き手が焦点を当てて解説しているような部分には頻度1の語が現れにくく、ソ系の指示語が用いられるような、つまり、焦点の当てられていない部分には頻度1の語が現れやすいということが、『物理』教科書のような「解説」的な文章にはあるのかもしれない。

今後、これらの見通しをもとに、頻度1の語の出現を規定する「機構」の解明が必要となる。

4.2　文章の独自性

上に列挙した、頻度1の語の出現に関与する文章上の「特徴」は、また、すべて『物理』という文章のあり方に依存しているということを強調しておかなければならない。たとえば、《例示》という「特徴」は、同じ高校教科書であっても、『日本史』『世界史』などの文章にはほとんど見られないものであるし、臨時一語の使用状況も『物理』という文章に規定されている[11]。さらに、教科書以外の文章を対象とすれば、ここで見たのとはまったく違う諸

「特徴」を見出すことにもなろう。頻度 1 の語と文章とのかかわりを考える場合，その文章の特徴や独自性といったものを無視することはできない。だからこそ，まずは，さまざまな文章について，同様の調査を行っていくことが必要である。

4.3 「1 つの文章」とは

語の使用頻度とは，語の現れた文章がひとまとまりのもの，1 つの文章であることを前提として数えられるものである。『物理』における頻度 1 の語も，また，頻度 2 以上の語も，『物理』が 1 つの文章であることを前提に認定されている。もし，『物理』がいくつかの異なる文章から成るのだとすれば，頻度 1 の語は，それぞれの文章ごとに認定されるから，今よりももっと増えることになる。本章では，具体的な吟味をすることなく『物理』を「1 つの文章」とみなして，頻度 1 の語について検討してきたが，以下，この点について，やや詳しく考えてみたい。

4.3.1 内容の独立性

まず，『物理』の内容を，その「目次」から引用して掲げる。全体が大きく 4 部に分かれ（I～IV），それぞれがさらに，各章，各セクション（§）に分かれている。

  I 運動と力
   1 章 直線運動
     §1 直線運動と速度   §2 直線運動の加速度
   2 章 直線運動と力
     §1 作用と反作用   §4 物理量とディメンション
     §2 運動と慣性   §5 落下運動
     §3 直線運動と運動の方程式 §6 摩擦や抵抗のあるときの運動
   3 章 いろいろな運動
     §1 放物運動   §4 円運動

第1部　共時的全文コーパスによる探索

　　　　　§2　平面運動と運動の法則　　§5　単振動
　　　　　§3　座標系　　　　　　　　　§6　単振り子の運動
　　4章　衝突と運動量
　　　　　§1　運動量保存の法則　　　　§3　斜衝突と運動量
　　　　　§2　運動量と運動の法則
Ⅱ　エネルギー
　　1章　仕事と力学的エネルギー
　　　　　§1　仕事　　　　　　　　　　§4　力学的エネルギー保存の法則
　　　　　§2　重力による位置エネルギー §5　いろいろな運動とエネルギー
　　　　　§3　運動エネルギー
　　2章　熱とエネルギー
　　　　　§1　熱量と温度　　　　　　　§3　エネルギー保存の法則
　　　　　§2　熱と仕事
Ⅲ　波動
　　1章　波動の特性
　　　　　§1　波動とその伝わり方　　　§2　波動の干渉
　　2章　音
　　　　　§1　音波　　　　　　　　　　§3　発音体
　　　　　§2　音の伝わり方
Ⅳ　電界と電子
　　1章　電界
　　　　　§1　電荷と電気力　　　　　　§3　電界中の導体
　　　　　§2　電界　　　　　　　　　　§4　コンデンサー（蓄電器）
　　2章　電子と原子
　　　　　§1　陰極線と電子　　　　　　§3　原子
　　　　　§2　電気素量　　　　　　　　§4　物質探究の足跡

　図2は，『物理』の各セクションごとに，延べ語数に対する頻度1の語の比率を求め，それを目次に従って並べることにより，その変動を見たものである。これによれば，先頭からⅡ部1章までの比率に比べて，それ以降の比率

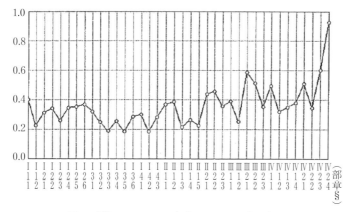

図2 『物理』における頻度1の語の比率の変動

が高くなり,とくにIV部2章後半の比率がかなり高くなっている。

『物理』のように,部・章・セクションが並べられた形式の文章では,それぞれの間の関連性が大きければ,全体として,頻度1の語の出現可能性は小さくなり,逆に,相互の関連性が小さければ,頻度1の語の出現可能性は大きくなるのではないかと考えられる。この関連性(のなさ)を内容上の独立性と置き換えれば,それは,語彙の類似度によっておしはかることができる。表7は,『物理』の各章間の類似度を「宮島の類似度」(宮島1970)によって計算したものである。

これによれば,I部1章からII部1章までの各章間の類似度が他に比べて高いことが読み取れる。この傾向は,図2における傾向――I部1章からII部1章までの「頻度1の語の比率」が小さい――と符合するものであり,類似度と頻度1の語の比率との間に負の相関があること,すなわち,内容の独立性が高い文章(の部分)ほど頻度1の語の出現する可能性が高い,ということを示唆するものである(表1の第1位に「理論」,第4位に「研究」という語があるのも,前者では12例中11例,後者では12例中すべてがIV部で用いられていることによるものと考えられる)。

表7　『物理』各章の語彙の類似度

部-章	I-1	I-2	I-3	I-4	II-1	II-2	III-1	III-2	IV-1	IV-2
I-2	0.661									
I-3	.683	.718								
I-4	.646	.689	.684							
II-1	.629	.703	.687	.654						
II-2	.572	.631	.614	.602	.648					
III-1	.604	.612	.624	.615	.604	.598				
III-2	.574	.612	.613	.593	.602	.589	.665			
IV-1	.597	.658	.635	.637	.629	.614	.617	.612		
IV-2	.576	.627	.618	.599	.600	.620	.596	.601	.640	

（網掛け：0.650以上）

4.3.2　文体の相違

　Ⅳ部2章の後半，とくに「§4　物質探求の足跡」は，また，その内容がそれまでの各章・セクションと異なっているとともに，記述の文体も歴史教科書風である。そして，そのような文体の違いが，頻度1の語を生み出す背景となっているようにも思われる。たとえば，以下の例における「みうけられる」（1877），「いよいよ」（1880），「助けられて」（1883）などの語は，ここでのそのような文体に依存する性格が強いものではないだろうか。

　このことは，ある文章ないしその部分の文体が，他の「大部分」の文章ないしその部分のそれと，大きく異なっていれば，当該の文章ないし部分に頻度1の語が現れやすくなる，ということを示唆するものと考えられる。

（1876）　§4　物質探究の足跡
（1877）　物質が，ごくわずかな種類の粒子によって組み立てられているのではないかという考え方は，遠く　ギリシアの時代にもみうけられる。
（1878）　しかしそれは，当時の，単に観念の上の産物であり，実証的に裏付けられた原子論は，他の科学と同じように，17世紀以後に誕生した。
（1879）　化学変化の過程を追求した結果から，19世紀の初めにはドルトン，アボガドロ，ベルセリウスたちの力で，ほぼ今日の考えに近い原子

を物質の基本単位とする考えがまとめ上げられた。
(1880) さらに19世紀の半ばになり，原子の性質がメンデレーフの周期表の形で整理されてみると，原子の**実在**は，いよいよ**確実**と思われるようになった。
(1881) 物理学的な研究の面でも，物体の運動や物質の状態変化というような外に現われた現象の法則性を追求する**研究方法**に対して，物質内部を作る分子あるいは原子を予想して，その性質や**振舞**いから現象を説明しようとする方法もとられはじめた。
(1882) **熱現象**を分子や原子の運動で説明するのもその一例である。
(1883) そして19世紀末から20世紀にはいると，単に**理論**上のものとして**仮想**するだけではなしに，直接そのような**構成粒子**を取り出して研究しようとする方向が，理論や実験技術の**進歩**に助けられて　進みだした。
(1884) 前の**節**で述べた陰極線の研究からとらえられた電子は，このような**成果**の最初のものということができる。

　1つの文章において，ある部分（文章全体から見るとごく一部分）の内容や文体が他の大部分と異なっている場合，そこに頻度1の語が現れやすいのだとすれば，このことは，内容・文体を異にする別々の文章の間にもいえることであろう。言い換えれば，『物理』において，IV部2章（後半）は別の文章というべきなのかもしれない。しかしながら，内容・文体が独立していればすべて異なる文章というべきかといえば，必ずしも，そうともいえないであろう。何を「1つの文章」と考えるべきか，その認定基準とはどのようなものであるべきか，文章における頻度1の語および低頻度語の使用を追究する上で，明らかにしなければならない課題である。

第1部　共時的全文コーパスによる探索

注

1）田中章夫（1978：34）。「低頻度語」「高頻度語」という用語もこれによる。
2）キーワードについては，必ずしも高頻度語に多くないという指摘がある。水谷静夫（1983：169）など参照。
3）田島毓堂（1992：5-6）は，「語彙分析」における「最低頻度語の扱い」について言及している。
4）土屋信一（1989：2）は，同調査が全数調査を採用したことについて，次のように述べる。

    これは専門知識体系を記述するための語彙を把握するという観点から採用されたものである。従来のように，ブロックサンプリング法で，ランダムにデータを取り出したのでは，知識体系の記述状態を解明することはできないのである。（中略）
    全数調査を採った理由は他にもある。文章の流れの中で語彙の時系列分析をするため，および全数データに対してさまざまなサンプリング法でデータを取り出して，サンプリング法の在り方を検討するためである。
    最後に，この教科書データが日本語研究のためのデータベースのひとつとして，今後十分に活用されることを考えた。高校理科・社会科教科書の文章が，9冊分そっくり，等質の単位に切られ，読み仮名・品詞情報・意味番号等が添えられているということは，今後さまざまな実験に堪えるデータたり得ることを示している。

5）データ中の"◆○式""◆○○"は，それぞれ，"式""JIS規格にない記号"を表す。国立国語研究所（1984：27）参照。
6）上田尚一（1981：33）によれば，「特化係数」とは，全体についての構成比を基準にして各語についての構成比をその何倍にあたるかという形で表現したものである。『物理』において頻度2以上であった語全体について見れば，頻度1の語と共起するものが延べ14841語，共起しないものが延べ13292語であり，両者の構成比は0.53対0.47である。したがって，頻度2以上の各語の特化係数は，各語ごとに全体と同様の構成比を求め，頻度1の語と共起する場合の比率を全体の比率0.53で除したもの，また，共起しない場合の比率を全体の比率0.47で除したものを求めればよい。ただし，この場合は，共起するかしないかの二通りしかないので，一方の特化係数で各語の全体からの隔たりを代表させることができる。本章の各表では，共起する場合の特化係数のみを示した。
7）『物理』に用いられた助辞は延べ14844であり（異なりは36），頻度1の語に下接する場合と下接しない場合との構成比は0.08対0.92である。
8）「つまり」「したがって」には，《いいかえ》の用法もある。

    （0079）このグラフが直線になることから，図Ⅰ-6のような斜面上の物体の運動では，速度の変化する割合，つまり加速度の大きさは一定であることがわかる。
    （1210）このとき，両側の媒質の性質がきまれば，それぞれの側での波動の速さ，した

がって波長もきまり，境界面の両側での波長の比も一定になる。
9）「臨時一語」という名称は林四郎（1982）によるが，その定義は本章で述べたものよりも広いので注意されたい。
10）臨時一語の認定基準は石井（1993）による。
11）石井（1993）は，臨時一語の出現が文章の種類によって異なることを計量的に確かめている。

第 2 章

低頻度語発生の文章機構（2）

1. 低頻度語と文章

　語彙と文章とのかかわり（関連パターン）については，それを語彙（論）の側から論じるとしても，さまざまな接近法があるものと思われる。しかし，その要点はおそらく，どのような語がどのような文章でどのように使われるのかという問題について，より一般性の高い解答を見出すことにあるのではないか。
　語彙と文章との間に「一般性の高い」関係を見出すためには，語の使用頻度が利用できる。ある種の文章である語が数多く使われれば，その文章とその語との間に何らかの関係が想定できるし，その使用の多くがある用法に偏っていれば，さらに細かい関係を特定することができる。いずれにしても，ある種の文章である種の語がある種の使われ方をすることが高い頻度で実現していれば，そこから語彙と文章との一般性の高い関係を帰納することができる。
　ただし，このことは，語彙と文章との関係は高頻度語の場合に限って論じることができる，ということを意味しもする。しかし，ある程度の規模をもつ文章では，それを構成する語彙の大部分は中・低頻度語であり，なかでも，半数程度は頻度 1 の語である。これらを無視したままで，語彙と文章との関係を十分に明らかにしたとはいえない。また，ある語がある文章で 1 回しか使われなかったとしても，その 1 回であることに，その語とその文章との関

係は反映しているはずである。語彙と文章との関係は、高頻度語だけではなく、その文章に使われたすべての語に及んでいると考えねばならない。

とすれば、これまで高頻度語に限って論じられていた語彙と文章との関係を、中・低頻度語の場合にまで拡張することが求められる。しかし、先に述べたように、頻度の小さい使用についてはそこに「一般性」を付与することが難しい。低頻度語とはいえ文章とのかかわりにおいて使用されているはずであるが、低頻度であるがためにその使用の一般性を保証できない、という問題が残るのである。

そこで、ここでは、この問題を解決する可能性を、1つの事例的検討をもって探ることにしたい。すなわち、ある程度の規模をもつ文章でわずかに1回しか使われていない語を対象として、それらのその文章での使われ方を整理し、その特徴から、それらが1回しか使われなかった理由を導くことができるかどうか、について検討するということである。そのような理由をある程度の一般性をもって導くことができれば、上に述べたような問題の解決もまた可能ではないかと考えるわけである。

2. 全数語彙調査

最低頻度をも含めたすべての語の使用頻度を知り、かつ、それらの文章における使われ方を知るためには、文章の一部を調べる（標本抽出）調査ではなく、文章の全体を調べる語彙調査（全数調査）がどうしても必要である。また、扱う文章も、高頻度語と低頻度語とが分離するような、ある程度規模の大きい文章でなければならない。

そこで、ここでは、国立国語研究所が行った「高校教科書の語彙調査」のデータを一部利用することにする。同調査は、数少ない大規模な全数語彙調査で、語彙と文章との関係を明らかにするということが調査目的の1つでもあり、ここでの試みにも好適な資料である（筆者は国語研究所在職中に同調査の一部に従事した）。今回、その中から『物理』教科書（大塚明郎［他］『標準高等物理Ⅰ』講談社，1974）を選び、その本文を対象とすることにした。

『物理』を選んだ理由は，後述するように，その文章を組み立てる部分を比較的容易にとりだすことができるからである。

ただし，ここでは「本文」の範囲をより狭くし（物理学の歴史を概説している点で他の章節と異質な「第Ⅳ部第2章§4　物質探求の足跡」を対象外としたほか，章節等の標題や見出し，より小さな活字で書かれた参考記事を除いた），また，助辞・一部の記号（句読点など）・数式などを「語」と認めていない。さらに，国語研究所の調査では，用言の変異形（の一部）がそのまま語（W単位）として扱われているが，それらは1つの語にまとめて集計した。たとえば，動詞「あげる」は，「あげた」（頻度2）・「あげて」（頻度1）・「あげる」（頻度3）のように別々の語として数えられているが，ここでは，これらを統合して「あげる」（頻度6）とした。

このようにして数えた『物理』「本文」全体の語数は，延べ17940語，異なり2672語である。異なり語の使用頻度分布を，階級幅の上限を 2^n（ただし n＝0, 1, 2, 3, …），階級数を7として示すと，表1のようになる。これによれば，前述したように，異なり語数のほぼ半数が使用頻度1の語であり，これらが語彙の中で無視できない位置を占めていることが確認できる。しかし，一方で，延べ語数での割合は7.3％にすぎず，文章におけるこれらの使用の特徴を見出すことの困難さをも示しているといえる。

表1　『物理』「本文」の語彙の使用頻度分布

頻度	異なり語数	％	延べ語数	％
1	1301	48.7	1301	7.3
2	390	14.6	780	4.3
3～4	364	13.6	1231	6.9
5～8	251	9.4	1547	8.6
9～16	168	6.3	2028	11.3
17～32	102	3.8	2297	12.8
33～	96	3.6	8756	48.8
計	2672	100.0	17940	100.0

第1部　共時的全文コーパスによる探索

3．低頻度語の語彙的特徴

　はじめに，『物理』「本文」で頻度1であった1301語について，それらがどのような語であるのかを見ておこう。これは，もちろん，語彙と文章とのかかわりを直接に見ることにはつながらない。しかし，語自身の語彙的な特徴が文章におけるその使用頻度にかかわる側面のあることも否定できないからである。

　表2は，『物理』「本文」で使用された語を，この文章の性格も考慮して，一般語，専門語，臨時語，数・記号の類の4種に分類し，それぞれの下位分類も含めて，使用頻度の階級別にその異なり語数を求めたものである。そして，各語類下段の数値（斜体の数字）は，その異なり語数の，当該階級の合計に対する比率（％）である。

　なお，専門語は，当該教科書で太字表記されていたり，巻末の「小用語集」に載っていたりしたもの，また，文部省『学術用語集　物理学編（増訂版）』（1990）に載っていたものなどをそれと認定した。臨時語とは，文章の中でその場限りの即席の合成語としてつくられるもので，臨時的な派生語（「各長方形」「気体中」「電圧ごと」「膨張しきる」「確かめにくい」など）と臨時的な複合語（「鉛直上向き」「絶縁物内部」「単振動一般」「斜め上方」など）とがある。後者は「臨時一語」と呼ばれることもある。これらの臨時性は，国語辞書・専門語辞書などの見出しになっていないことを手がかりにしつつも，主観的に判断せざるを得なかった。数・記号の類は，さらに，数・量，記号・番号に下位区分される。このうち，記号（対象）とは，「音源S」「ガラス棒C」「時刻t_2」「分力f」など，語と記号とを組み合わせたものである。

　表2で各語類の比率の数値（％）を比較すれば，頻度1の語は，他の階級に比べて，一般語，専門語が少なく，臨時語，数・記号の類の多いことがはっきりしている。これについては，ある程度の説明が可能である。

　まず，頻度1の語に一般語が少ないのは，これらの中にいわゆる基本語彙が含まれているからだと考えられる。とくに，和語名詞，和語単純動詞，形容（動）詞・連体詞，副詞・接続詞は基本語彙である可能性が高いが，実際，

第 2 章　低頻度語発生の文章機構（2）

表 2　語の類別と使用頻度

語類 \ 頻度	1	2	3～4	5～8	9～16	17～32	33～
一般語	401 *30.8*	168 *43.1*	176 *48.4*	148 *59.9*	94 *56.0*	63 *61.8*	64 *66.7*
名詞（和語）	52 *4.0*	20 *5.1*	26 *7.1*	20 *8.0*	12 *7.1*	15 *14.7*	10 *10.4*
名詞（漢語）	107 *8.2*	37 *9.5*	34 *9.3*	30 *12.0*	27 *16.1*	13 *12.7*	4 *4.2*
名詞（外来語）	12 *0.9*	7 *1.8*	5 *1.4*	1 *0.4*			
名詞（混種語）	14 *1.1*	4 *1.0*	3 *0.8*		2 *1.2*	1 *1.0*	
動詞（和語単純語）	61 *4.7*	40 *10.3*	33 *9.1*	41 *16.3*	22 *13.1*	19 *18.6*	25 *26.0*
動詞（漢語サ変）	49 *3.8*	16 *4.1*	18 *4.9*	22 *8.8*	5 *3.0*	7 *6.9*	7 *7.3*
動詞（和語複合語）	33 *2.5*	14 *3.6*	23 *6.3*	6 *2.4*	3 *1.8*		
形容（動）詞・連体詞	49 *3.8*	18 *4.6*	15 *4.1*	14 *5.6*	11 *6.5*	5 *4.9*	9 *9.4*
副詞・接続詞	24 *1.8*	12 *3.1*	19 *5.2*	14 *5.6*	12 *7.1*	3 *2.9*	9 *9.4*
専門語	206 *15.8*	74 *19.0*	79 *21.7*	55 *21.9*	53 *31.5*	31 *30.4*	29 *30.2*
臨時語	231 *17.8*	33 *8.5*	34 *9.3*	20 *8.0*	9 *5.4*	1 *1.0*	
派生語	187 *14.4*	25 *6.4*	26 *7.1*	17 *6.8*	7 *4.2*		
複合語	44 *3.4*	8 *2.1*	8 *2.2*	3 *1.2*	2 *1.2*	1 *1.0*	
数・記号の類	463 *35.6*	115 *29.5*	75 *20.6*	28 *11.2*	12 *7.1*	7 *6.9*	3 *3.1*
数・量	130 *10.0*	27 *6.9*	13 *3.6*	3 *1.2*	1 *0.6*	2 *2.0*	1 *1.0*
記号	91 *7.0*	27 *6.9*	35 *9.6*	19 *7.6*	9 *5.4*	5 *4.9*	2 *2.1*
記号（対象）	69 *5.3*	23 *5.9*	12 *3.3*	5 *2.0*	2 *1.2*		
番号（図・式）	164 *12.6*	37 *9.5*	15 *4.1*	1 *0.4*			
番号（頁・章）	9 *0.7*	1 *0.3*					
計	1301 *100.0*	390 *100.0*	364 *100.0*	251 *100.0*	168 *100.0*	102 *100.0*	96 *100.0*

これらはすべて高頻度の階級にいくほどその割合を大きくしている。基本語彙は，日本語で書かれた文章であればその多くで，しかも高頻度に使われるという性格のものであり，1回しか使われないことの方が例外的であろう。『物理』「本文」がまぎれもなく日本語の文章である以上，この傾向は必然的である。

　また，頻度1の語に専門語が少ないということについては，『物理』「本文」という文章において，これらが重要な語（いわゆるキーワード）として働いている可能性をあげることができる。自動抄録の研究などで知られている通り，文章において重要な語は繰り返される可能性が高い。もちろん，先に述べた基本語彙などを除いた上でのことである。『物理』「本文」の場合，それは当然のこと物理の概念を表す専門語であろう。とすれば，これら専門語が高頻度語に多く頻度1の語に少ないことも理解できる。

　一方，頻度1の語に臨時語が多いことについては，文章の中でその場限りの即席合成語としてつくられる臨時語は，そもそも一回的な使用を前提としているのであるから，頻度1の語になる蓋然性は高いといえよう。たとえば，

　　○つまり，速度が速いほど，また運動物体の質量が大きいほど，その物体の運動エネルギーは大きい。

という文で使われている「運動物体」という臨時的な複合語は，文章の中のこの文のこの箇所でつくられた語なのであり，なぜ他の多くの箇所と同じように「運動している物体」としなかったかはわからないのである。この臨時性を捨てない限り，この語が多用される可能性は少ない。

　数・記号の類が頻度1の語に多いことを説明することは容易ではない。数・量を表す語については，おそらくはその集合が閉じていないこと，つまり，数・量は無限でありゆえに数・量を表す語も無限であるということが関係しているものと想像する。そのために，特定の数・量を表す語が繰り返し使われたとしても，多くの場合，数・量を表す語は個別的でその場限りの性格をもってしまうのではないかと考えられる。記号や番号は，言及対象を指示する場合に使われることが多いと考えられるが，だとすれば，ある対象をAと

呼ぶという宣言と，それを実際にAと指示することとがあるはずであり，少なくとも頻度2以上になるものが多いとも考えられる。ただ，今回の調査では，それらの記号が図表や数式の一部で使われている場合は対象としていないし，最初に「台車A」といい，次に「A」と指示した場合には別の語として数えられてしまうといった事情からも，明確なことはわからない。

　以上，必ずしも十分ではないが，頻度1の語に一般語，専門語が少なく，臨時語，数・記号の類が多い理由について考えた。しかし，その理由は，『物理』「本文」の文章ではという条件付きながら，基本的には語の側の事情，語自身のもつ語彙的な特徴によるものである。そこにも，語彙と文章との緩やかな関係を感じることはできるが，それをさらに突き詰めていくことは難しい。実際，基本語彙が多いとされた和語名詞などでも，そのすべてが高頻度語であるわけではなく，頻度1の語も確かに存在するのである。これをどう説明すればよいか。また，最も使用される階級が中ほどにある，つまり，中頻度で使用されることに特徴のある語類（たとえば漢語名詞や和語複合動詞など）をどう考えればよいか。このような問題に答えるには，語が文章でどのように使われているかを，何回使われたかということだけでなく，より具体的にとらえる必要がある。

4．文章の組み立てとその部分

　語が文章でどのように使われているかをとらえるにはさまざまな方法が考えられるが，語が文章のどのようなところで使われているのかを調べることもその1つである。そのためには，文章全体がそれを構成するいくつかの部分に分割されている必要がある。『物理』「本文」の場合，最も単純には，その章立てにしたがって，たとえば，「第Ⅰ部　運動と力」から「第Ⅳ部　電界と電子」までの4部分に分けることが考えられるし，さらにそれらを内部の各章に細分することもできる。ただし，このような分割の仕方は，文章をより小さい文章に分けるだけで，ここでの目論見には合致しない（この種の試みであれば，これまでの語彙調査でも「層別」として行われてきた）。

第 1 部　共時的全文コーパスによる探索

　ここでいう「文章のどこで使われているか」とは，1つの文章の流れ（展開）を組み立てるその要素としての部分，そのどの部分で使われているか，という意味である。前述したように，この『物理』「本文」という文章は，その展開とそれを構成する部分のとりだしが比較的容易な文章である。というのは，全体が4部10章に分かれてはいても，それは，物理学の原理および術語（専門語）を提示するためのまとまり（ユニット）が単調に繰り返される文章だからである。そのまとまりを構成する部分としては，次の8種をとりだすことができる。

《復習確認部》
　それ以前に述べた内容を確認し，次の問題を提示するきっかけとしたり，続く論述の前提としたりする。「これまで」「前に」などの副詞的成分や，「過去」の述語形式が目印の1つとなる。
　　○これまでは，運動を表わすのにどのような点に目をつけて整理したらよいのかについて学び，いくつかの直線運動についてその特徴をしらべてみた。
　　○前にも述べたように，平面上で運動している物体の位置は，2つの基準に対する関係から，きめることができる。

《問題提示部》
　後の記述で明らかにしようとする問題・課題を提示する。「～し（てみ）よう」という「意志」ないし「さそいかけ」の述語形式が目印となることが多い。これらに，後述する《現象例示部》と同様の文などが前接することもある。疑問文は少ない。
　　○次に，帯電体上の電気の量と電気力との関係を考えよう。
　　○つりあっているてんびんを少し傾けて放すと，しばらくの間は支点を中心として左右にゆれている。これと同じような往復運動の性質や，その原因となる力の条件についてしらべてみよう。

第 2 章　低頻度語発生の文章機構（2）

《現象例示部》

　主に《問題提示部》を受け，後の記述で「術語」や「原理」を導入するために，その根拠となる現象・事実を例として示す。「たとえば」「いま」などの副詞類，「～する」「～している」「～である」などの述語形式が目印となることが多い。

　　○たとえば，台はかりの皿を手で押せば，はかりがその力を目盛に示す。このとき，手は必ず皿が押し返す力を感じる。

　　○図Ⅲ-17 は，1 つの波源から出た波が，板にあいている 2 つの穴で回折を起こし，その回折した波どうしが干渉した例である。穴の位置に 2 つの波源があって，そこから同じ波長の波が出ている場合の干渉と，結果は全く同じになる。

《証明導出部》

　主に《問題提示部》や後述する《原理提示部》を受け，その問題や原理を数理的に証明したり，公式を導いたりする。また，単に，問題となっている概念の数式表現を導く場合も含める。内部に数式（用例中では〔式〕で示す）を含むことが目印となるが，「したがって」などの接続詞の使用も目立つ。

　　○いま斜面にそって下向きに＋x 方向，斜面に対し垂直上方に＋y 方向をとって，それぞれの方向への力のはたらきを考えれば，x 方向の力 fx，y 方向の力 fy はそれぞれ〔式〕〔式〕のように示される。ここで，x, y 方向への加速度をそれぞれ，ax, ay として，この物体の x 方向の運動と y 方向の運動についての運動方程式をたてれば〔式〕〔式〕と書かれる。しかし，物体は斜面に対して垂直方向には運動していないのだから〔式〕　したがって〔式〕　または〔式〕でなければならない。また，斜面にそう運動については〔式〕（Ⅰ-20）となる。

　　○その仕事の量 W は，力を f，物体上の力の作用点が力の向きに移動した距離を s として〔式〕（Ⅱ-1）のように表わす。

《現象解説部》

　主に《現象例示部》《証明導出部》を受けて，その意味するところを解説解

釈し，後の《術語提示部》や《原理提示部》につなぐ。「これは」「このように」「この〜は」「このことから」などコ系の指示語を使った承前表現，「したがって」「つまり」などの接続詞，「〜のである」「〜を示している」「〜がわかる」「〜にほかならない」などの述語形式が目印となることが多い。

　　○これは，気柱が，音源の出している音の振動数を固有振動数とするような長さになったとき，共鳴したのである。
　　○このことから，陰極線は負電荷を帯びていることがわかる。
　　○この式は，単振り子の周期が，振幅が小さいときには，振り子の長さと重力の加速度 g だけできまることを示している。
　　○つまり，速度は逆向きで，質量に反比例していることになり，これは実験で得られた結果にほかならない。

《術語提示部》
　《現象解説部》《現象例示部》《証明導出部》《原理提示部》などを受け，そこで提示された物理学上の概念に術語を与える。「この〜を」「これを」「このような〜を」などコ系の指示語による承前表現（〜を）と，「〜という」「〜とよぶ」などの述語形式が目印となることが多い。また，その概念の解説や定義に相当する部分を，術語付与の前にもつこともある。

　　○この運動を自由落下という。
　　○このように，物質の各部分が，静止の位置を中心にして振動し，その状態が移動していく現象を波動という。
　　○物質 1g についての熱容量，つまり物質 1g の温度を 1 度変化させるために必要な熱量を，比熱とよぶ。

《原理提示部》
　主に《現象解説部》《現象例示部》《証明導出部》《術語提示部》などを受け，そこで提示された現象，論理，術語などに対応する原理や定義を示す。また，《問題提示部》に相当するような位置に立って，後の《現象例示部》や《証明導出部》につなぐ。「つまり」「したがって」「そこで」などの接続詞，「一般に」などの副詞，動詞・形容詞の非過去形式の述語などが目印となるこ

とが多い。
- ○つまり，運動の第二法則を，運動量が時間に対して変化する割合は，その物体に作用する力に等しい。
- ○一般に平行板コンデンサーの電気容量Cは，極板の面積Sに比例し，極板間の距離dに反比例することが知られている。
- ○自由落下とは，重力だけが外力として作用している結果生じた等加速度直線運動である。

《術語応用部》

　ほとんどの場合《術語提示部》に後続して，その術語に関する参考情報（術語の表す概念の利用例など）を表す。術語を助詞「は」で提題化することや，非過去形式の述語が目印になることが多いが，《術語提示部》の直後に現れることが最大の目印である。
- ○運動量は，速度できまるから，もちろんベクトルである。
- ○これは運動の第三法則（作用・反作用の法則）の別の表現でもある。
- ○実は地面は，正確には慣性系ではないことも確かめられている。

　『物理』「本文」は，これら8種の部分を適宜組み合わせることによって1つのまとまりを構成し，これを単調に繰り返していく。もちろん，どの部分をどのような順序で並べるかは多様であるが，よく見られるのは次のようなタイプである。

§3　座標系
① 《復習確認部》　2章，§2（p・18）で，慣性の法則にあたる関係を述べたときに，その法則は，地面または地面に対して等速直線運動をしている物体を基準にして運動を表わした場合に成り立つといった。
② 《現象例示部》　いま，地上に止まっている自動車，あるいは等速度で走っている自動車を，これも等速度で走っている別の車の中から観察したとしよう。
③ 《現象例示部》　相手の車が地面に対してどう動いて見えるかという点をし

らべる場合と，こちらの車に対してどのように位置が変わっていくかをしらべる場合とでは，相手の車の速度の向きや大きさはちがった値になる。
④《現象例示部》　しかし，どちらの結果からも，等速直線運動として観測されることに変わりはない。
⑤《現象例示部》　したがって，その車に，有効な力はなにもはたらいていない，ということと矛盾はしない。
⑥《現象解説部》　このように，物体の運動のようすを表わすときに，地面を基準にしても，また地面に対して等速度で運動している物体を基準にしても，運動の第一法則は成り立つ。
⑦《問題提示部》　さらに，§1で放物運動をしらべるために，等速度で走る車中で物体を自由落下させた場合（図Ⅰ－38）のことを思い出してみよう。
⑧《現象例示部》　地上に立って，地面を基準にしてその物体を見ている人には，この物体の運動は，いわゆる放物運動にみえる。
⑨《現象例示部》　そして，その速度の変化だけをとりだしてみれば，加速度は鉛直下向きにだけ生じていた。
⑩《現象例示部》　また車中でこの物体を見ている人も，物体は自分の足もとに自由落下してくるのだから，加速度，力ともに，地上の人と同じ結論を得る。
⑪《現象解説部》　このように，力と加速度の関係，つまり運動の第二法則を考える立場からも，地面を基準にとって運動を見ても，地面に対して等速度で運動している物体を基準にとっても，全く同じ結果を生じることがわかる。
⑫《問題提示部》　しかし，この車が加速中であればどんなことになるだろうか。
⑬《現象例示部》　地面に立って見ている人にとっては，車中の人の手をはなれた物体は，そのときの車の速度 v0 で前方に投げ出された放物運動にみえるであろう。
⑭《現象解説部》　これは，重力だけの影響で運動がおきているのだから，当然のことである（図Ⅰ－49）。
⑮《現象例示部》　しかし車中の人は，車が等速度で走っていた場合とは異な

り，その物体は鉛直には落下せず，進行方向と反対の方向にずれながら落下していくという状況を観察する（図Ⅰ－49）。
⑯《現象例示部》 つまり，加速している車の中で，車体を基準にして物体の落下運動を観察していた人にとっては，物体は水平方向にも等速直線運動をしなかったことになる。
⑰《現象例示部》 しかし，ここでも重力以外の力は作用していない。
⑱《現象解説部》 この事実は，この車中では運動の第一法則が成り立たなくなったことを意味する。
⑲《現象解説部》 こうしてみると，運動を観測するときの基準を勝手にとると，地面を基準として観測した運動に対して認めた法則が，成立しない場合のあることがわかる。
⑳《原理提示部》 運動を観測するときの基準はどのように選んでもよいが，普通は，慣性の法則が成り立つような座標系を基準にとることにする。
㉑《術語提示部》 このような座標系を慣性系という。
㉒《術語応用部》 一つの慣性系に対して，静止している座標系，または等速度で運動している座標系も，慣性系である。

5．文章における低頻度語の使用

『物理』「本文」の文章を上のような8部分に分けた上で，今問題にしている頻度1の語がそれぞれの部分にどれほど使われているかを調べる。ただし，他の頻度の語とも比較するために，すべての階級について8部分への量的分布を見る（表3）。この場合は，延べ語数で集計していることになる（各階級下段の数字は当該階級の合計に対する比率（％））。

第 1 部 共時的全文コーパスによる探索

表 3 語の頻度と『物理』「本文」の各部分での使用

頻度＼部分	復習確認	問題提示	現象例示	証明導出	現象解説	術語提示	原理提示	術語応用	計
1	24 / 1.9	40 / 3.2	524 / 41.4	283 / 22.4	103 / 8.1	104 / 8.2	108 / 8.5	79 / 6.2	1265 / 100.0
2	20 / 2.6	20 / 2.6	322 / 42.6	171 / 22.6	70 / 9.3	54 / 7.1	68 / 9.0	31 / 4.1	756 / 100.0
3〜4	27 / 2.2	44 / 3.6	472 / 39.1	270 / 22.4	124 / 10.3	90 / 7.5	123 / 10.2	57 / 4.7	1207 / 100.0
5〜8	41 / 2.7	55 / 3.6	594 / 39.1	274 / 18.0	177 / 11.6	103 / 6.8	202 / 13.3	75 / 4.9	1521 / 100.0
9〜16	71 / 3.6	86 / 4.3	759 / 38.0	386 / 19.3	234 / 11.7	120 / 6.0	265 / 13.3	75 / 3.8	1996 / 100.0
17〜32	80 / 3.6	95 / 4.2	732 / 32.5	467 / 20.7	277 / 12.3	179 / 7.9	331 / 14.7	92 / 4.1	2253 / 100.0
33〜	298 / 3.5	379 / 4.4	2564 / 29.8	1716 / 19.9	1285 / 14.9	780 / 9.1	1172 / 13.6	414 / 4.8	8608 / 100.0
計	561 / 3.2	719 / 4.1	5967 / 33.9	3567 / 20.3	2270 / 12.9	1430 / 8.1	2269 / 12.9	823 / 4.7	17606 / 100.0

なお，以下の 2 つの場合については集計から除いた。1 つは，1 つの文が複数の部分から構成されている場合である。たとえば，以下の例では，前半は《現象例示部》であり，「このことは」以降の後半が《現象解説部》である。

○質量 m の台車に，台車と同じ質量のおもりを何個かのせ，台車を引くゴムひものの ばし方を常に一定にして，図 I－18 の実験をくりかえすと，質量が大きいときは速度の変化，つまり加速度が小さいことがわかるが，このことは，質量の大きい物体はもとの速度をたもち続けようとする性質が強い，すなわち慣性が大きい，ということを示している。

いま 1 つは，8 部分に収まり切れない場合である。それは，以下のような，歴史的事実を述べる文である。

○ガリレイは、この差は空気の影響によるものと考え、空気がない状態では重さに関係なく、すべての物は同じように落下していくはずだと推論した。

　表3で、頻度1の語の比率の数値（％）を、最下段の「計」（全体）の数値（％）を期待値とみなして評価すれば、頻度1の語は、《現象例示部》で多く使われ（全体では33.9％であるが、頻度1では41.4％）、《現象解説部》と《原理提示部》での使用が少なくなっている（全体ではともに12.9％であるのに、頻度1の語では8.1％と8.5％）といえる。なお、このことは、頻度1の語が同一文中で「たとえば」と共起しやすく、「つまり」「したがって」と共起しにくいという事実（第1章を参照）とも符合する。

　では、《現象例示部》に使われている頻度1の語とはどのようなものであるのか。表4は《現象例示部》で使われた頻度1の語を、表2と同様の語類によって分けてみたものである（参考までに、《現象例示部》に次いで頻度1の語の使用が多い《証明導出部》の内訳も示す）。

　表4の比率の数値（％）を表2の頻度1のそれと比較すると、一般語の割合が10％ほど増えている（30.8％→41.2％）のに対して、数・記号の類が10％ほど減っている（35.6％→25.4％）のが目に付く。臨時語は微増（17.8％→21.2％）、専門語は微減（15.8％→12.2％）である。このことから、頻度1の語が《現象例示部》で使われる場合、一般語、とくにその内訳を見ると、名詞類と動詞類の増加が明らかである。

第 1 部　共時的全文コーパスによる探索

表 4　《現象例示部》《証明導出部》で使われる頻度 1 の語

語類	現象例示部 語数	%	証明導出部 語数	%	頻度 1 の語全体 語数	%
一般語	216	41.2	32	11.3	401	30.8
名詞（和語）	30	5.7	3	1.1	52	4.0
名詞（漢語）	54	10.3	10	3.5	107	8.2
名詞（外来語）	10	1.9			12	0.9
名詞（混種語）	13	2.5			14	1.1
動詞（和語単純語）	35	6.7	6	2.1	61	4.7
動詞（漢語サ変）	25	4.8	5	1.8	49	3.8
動詞（和語複合語）	21	4.0			33	2.5
形容（動）詞・連体詞	19	3.6	4	1.4	49	3.8
副詞・接続詞	9	1.7	4	1.4	24	1.8
専門語	64	12.2	24	8.5	206	15.8
臨時語	111	21.2	30	10.6	231	17.8
派生語	87	16.6	22	7.8	187	14.4
複合語	24	4.6	8	2.8	44	3.4
数・記号の類	133	25.4	197	69.6	463	35.6
数・量	41	7.8	36	12.7	130	10.0
記号	12	2.3	61	21.6	91	7.0
記号（対象）	19	3.6	32	11.3	69	5.3
番号（図・式）	60	11.4	67	23.7	164	12.6
番号（頁・章）	1	0.2	1	0.4	9	0.7
計	524	100.0	283	100.0	1301	100.0

　そこで，《現象例示部》に使われた頻度 1 の名詞類を検討すると，次のような具体名詞が多いことに気づく。

　　腕時計　運転台　柄　エンジン　回転台　隔壁　ガラス板　ガラス管　ガラス壁　体　器械　器具　金属はく　筋肉　計器　毛皮　絹布　航空機　ころ　支持具　車体　潤滑油　瞬間写真　すずはく　スピードメーター　栓　天井　燃料　箱　バス　羽根　羽根車　パラフィン紙　皮膚　ピンポン玉　吹き口　踏切　部品　フラッシュ　振り子時計　ボールベ

アリング　ポンプ　指　両手　列車

　また，同じく頻度1の動詞類を調べると，次のような具体的な動作や変化を表す動詞が多いことに気づく。

　　打つ　押し動かす　押しのける　押しもどす　かき回す　沈める　上下させる　ずらす　そろえる　突き放す　照らす　投影する　遠ざける　とり囲む　取り去る　とりのぞく　投げる　排気する　はね返す　はめる　吹きつける　振り回す　巻きつける　巻く　曲げる　回す　みがく　目盛る　焼き切る　浮く　動きまわる　ころがる　前進する　追突する　停止する　点滅する　とどく　飛び出る　鳴る　ねばりつく　発光する　光る　ぼやける　曲がる

　これらの名詞類・動詞類が，《現象例示部》の表現においてどのような役割を果たしているかといえば，要するに，名詞類は例として示される現象・事実の主体や対象などを表し，動詞類はそのあるいはそれに対する動作や変化などを表す，ということになろう。このことは，次のような例からも確認することができる。なお，以下では，頻度1の語に下線を施し，また，各語を［　］で囲み，直後にその語の『物理』「本文」全体での頻度を付す。

　○［たしかに］4，［空気中で］10　［ピンポン玉と］1　［金属球とを］2　［同時に］13　［手放すと］4，［金属球の］2　［ほうが］3　［早く］9　［地面に］21　［とどく］1。
　○［この］459　［性質が］19　［振り子時計に］1　［利用されて］34　［いるのは］468　［よく］57　［知られて］23　［いる］468。［腕時計などでは］1，［振り子は］16　［利用しないが］34，［一定の］61　［大きさの］120　［テンプと］1　［よばれる］43　［部品が］1，［その］234　［軸を］2　［中心に］30　［振動する］22　［周期が］17　［一定で］61　［ある］338　［ことを］315　［利用して］34　［いる］468。
　○［この］459　［とき］212，［水槽を］3　［下から］3　［小型の］3

［明るい］5　［光源で］1　［照らすと］1，［天井に］1　［波紋が］3　［明るい］5　［円に］19　［なって］254　［うつり］4，［その］234　［形や］25　［進み方が］1　［よく］57　［わかる］43。

　最初の例では，「ピンポン玉」と「とどく」とが頻度1であり，それぞれ，現象の主体・対象と変化とを表している。「とどく」の実際の主体は「金属球」であるが，これも頻度2であり，しかも，この文の中で2回使われている。二番目の例では，「振り子時計」「腕時計」が頻度1であるが，両者ともこの部分での「主題」といえる。最後の例では，ともに頻度1の「光源で　照らす」という動作が条件節を構成し，例示する現象の一端を担っている。

　以上の検討から，頻度1の語は，『物理』「本文」の中でも《現象例示部》に多く使われ，なかでも，一般語としての具体性の高い名詞類や動詞類は，例示される現象の関与者（主体や対象など）を表したり，その運動（動作や変化）を表したりすることが多いと考えられる。

6．まとめと今後の課題

　語彙と文章とのかかわりを低頻度語にまで拡張して論じるためには，低頻度語が文章でどのように使われているのかを確実にとりだす必要がある。ここでは，その可能性を探るべく，高校『物理』教科書の本文を対象として事例的検討を行った。その結果，頻度1の語が，他の頻度の語に比べて，《現象例示部》に使われることが多いこと，なかでも，一般語としての具体性の高い名詞類・動詞類が一定の機能を果たしていることを見出した。

　『物理』「本文」はある程度の規模をもつ文章であり，そこでとりあげている物理現象は多岐にわたる。したがって，《現象例示部》で示される現象もまた多岐にわたるはずであり，《現象例示部》の関与者や運動を表す具体性の高い名詞類・動詞類が多様になる（多くの語が低頻度で使われる）ことは自然であろう。また，扱う物理現象の普遍性を強調するために，多様な現象が例示されるという事情もあろう。逆に，《現象解説部》や《原理提示部》では，

現象の解説や物理学の原理を述べる以上，具体性の高い語は使われにくい。表3で頻度1の語が《現象解説部》や《原理提示部》に少なかったのも，そのような事情によるものであろう。

このことから，次のようなことがいえる。

> 『物理』「本文」という文章では，ある種の具体名詞や具体的な運動を表す動詞が《現象例示部》で使われ，例示される現象の関与者や運動を表す。例示される現象は多様であることが求められるため，それらの名詞や動詞はその多様性の反映として低頻度となる。

もし，これが妥当な結論であれば，低頻度語についても文章における使われ方に一般性の高い特徴を見出すことが可能だということになる。だとすれば，語彙と文章とのかかわりを，高頻度語に限らず，文章を構成するすべての単語に広げることができるわけである。

ただ，この主張をより明確にするには，表4に示した《証明導入部》のように，《現象例示部》以外の各部分で使われた頻度1の語にどのような特徴があるかを探り，また，表3に示したさまざまな頻度の語についても，それらが文章の各部分でどのように使われているかを具体的に検討していかなければならない。後者については，たとえば，同じ《現象例示部》に使われていても，先の頻度つきの例文を見ると，低頻度・中頻度・高頻度の語の間には何らかの役割分担があるようにも想像される。あるいは，また，同じ専門語であっても，《現象例示部》に使われる場合と《現象解説部》や《術語提示部》などで使われる場合では，何らかの違いがあることも予想される。

さらに，文章における語の使用をどのように記述するのかという基本的な問題についても，検討していかなければならない。ただし，そのような検討は，個別の文章についての分析を重ねていく中で，進めていくしかないだろう。今後に残された課題は大きいが，語彙と文章とのかかわりを，高頻度語に限らず，その文章を構成するすべての単語に及ぼして考えていくことの必要性は認識されるべきであろう。

第3章

文章不偏の無性格語は実在するか

1. はじめに：無性格語とは

　キーワードを利用する自動抄録処理では，はじめに，対象とする文章に語彙調査を行い，得られた高頻度語の中から「その文章を特徴づける，いかにもその文章らしい単語」としてのキーワードを抽出し，それらを高密度ないし高頻度に含む文を抽出・配列して抄録文を作成する。高頻度語のすべてがそのままキーワードとして使えないのは，そこに，「いる・する・ある・それ・こと・とき」といった類の，どのような文章にも使われるきわめてありふれた単語が混じっているからであり，この「ありふれた単語」を，水谷静夫（1963：39）は「どんな文章にも多く出て，文の骨組を作るような基礎語」と表現し，田中章夫（1973・1983）は「無性格語」と呼んでいる。

　田中は，国立国語研究所の「総合雑誌」と「雑誌九十種」の語彙調査から得られた全体・各層別の計10種類の語彙表のうち，5種類以上の語彙表で使用率1パーミル以上であった単語と，同じく「雑誌九十種」調査の結果をもとに作られた「語の基本度の表」上位100語とを合わせて，異なり108語から成るリストを作り，

　　これらの単語は，どんな文章にも現われるようなものであって，ある
　　特定な文章や文献の性格とか特徴とかを反映することは，ほとんどない。
　　いわば無性格な語群である。そうしたところから，この種のものを「無

第 1 部　共時的全文コーパスによる探索

性格語」と名づけた。(田中 1973：157)

としている。

　この「無性格語」については，ほぼ同様の概念と用語が基本語彙の研究においても提案されている。寿岳章子 (1967) は，『源氏物語』を資料に，その高頻度語（寿岳の用語では「基礎語」）を「骨組み語・テーマ語・叙述語」に三分することを提案・実践しているが，そのうちのテーマ語は上のキーワードに相当し，骨組み語は無性格語に相当するものと考えられる。寿岳は，骨組み語について，

　　これは，書くにせよ話すにせよ，とにかく日本語というワク内で言語行動をとるかぎり，絶対に必要なことばである。そして又，この種のことばはいつの時代でも，またどんなに質の違う資料でも（略），どうしても使用してしまうことばのグループである。多くの場合，このグループの語は極めて使用率大という形であらわれる。「ある」「こと」「する」「いう」などがその代表的なものである。見たところはまるで空気や水のようなもので，面白さとか味わいとかは全くない。（略）しかし日本語のコミュニケーションをおこなうとき，まるで機械の歯車のように表現を進行させ，表現に骨格を与えてゆく。(寿岳 1967：25)

と説明し，「源氏物語基礎語彙」および「中世基礎語」3 種（史記抄，天草本伊曾保物語，狂言）のすべてに現れる 86 語をそれと認めている。

　林四郎 (1971) は，基本語彙の概念を整理する中で，「ある作品に独自な存在であり，それゆえ，その作品に特徴を与える働きをする語群」を「基調語彙」，「ある語集団の中に，その集団の骨格のような部分として，その集団をささえる基幹的部分として，現に存在する，語の部分集団」を「基幹語彙」と呼んでいるが，前者はキーワードに，後者（の一部）は無性格語に相当するものと考えられる。林 (1971：11) は，「いくつもの語彙調査を横に見て，どこでもよく使われている語ほど，全資料内で，それだけ基幹的存在」であるとし，一例として，国立国語研究所が行った 4 種の語彙調査（明治初期文

献・婦人雑誌・総合雑誌・新聞3紙）すべてで500位以内にあった48語を「基幹度最高の語」、同じく100位以内にあった以下の13語をその「最高第1群」としている。

　　〔名詞〕こと，もの，とき，ところ，ため　〔動詞〕いう，なる，よる（依・拠），ある（あり）〔指示詞〕これ，この，その　〔接続詞・副詞〕また

　林は，これらについて，「辞的な詞」であり「個性のない，つまらない語」のようでもあるが，それだけではなく，「私たちの認識や思考の活動の源泉とも言うべく，精神活動を煎じつめて原型にまで戻したような，極めて根源的な言語形式」「最高抽象レベルでの認識の原型」（林1971：14-15）と説明している。林の「基幹語彙」は語彙調査の対象となった資料の範囲に限って有効なものとされるが，上のような説明は，「基幹度最高の語」ないし少なくともその「最高第1群」が無性格語に相当するものであることを示している。
　無性格語の存在は，計量語彙論でもおおむね承認されているように思われる。伊藤雅光（2002）は，田中（1973・1983）の研究を紹介するかたちで「どのような日本語のテクストでも高頻度で使われている特徴のない語群」を「無特徴語」または「無性格語」と呼ぶとし，

　　どのようなテクストにおいても，その語彙調査から得られる高頻度語には常に特徴語と無特徴語とが混在する。（伊藤2002：223）

と定式化しているが，これと同様の記述を計量国語学会［編］『計量国語学事典』（p.87）にも載せている。ただし，具体的にどのような単語が無性格語であるかについては，研究者の間でも必ずしも定まっていない。いま試みに，田中（1973）の108語，寿岳（1967）の86語，林（1971）の48語のいずれにも見られる単語をぬきだすと，以下の15語が得られる[1]。

　　〔名詞〕こと，もの，とき，ところ，いま　〔動詞〕ある，する，なる，

いう，思う，見る，行く　〔指示詞〕これ，それ　〔接続詞・副詞〕また

少なくともこれらは，時代と資料とを超えてどのような文章にも（その骨格をなすものとして）使われる，無性格語の代表ということになるのだろう。

2. 問題：無性格語 1 と無性格語 2

　冒頭で紹介したように，田中（1973）は，無性格語を「どんな文章にも現われるようなものであって，ある特定な文章や文献の性格とか特徴とかを反映することは，ほとんどない」単語と規定している。ここで，「どんな文章にも現れる」ことと「特定の文章の性格・特徴を反映する」こととは相反するものとされているが，これは正しいのだろうか。実は，これには，後件の「特定の文章の性格・特徴を反映する」をどのように考えるかによって，異なる解答があり得るのである。

　田中においては，「特定の文章の性格・特徴を反映する」単語とは，自動抄録処理に用いる「キーワード」のことである。また，田中の「キーワード」とは「いかにも，その文章らしい単語」（田中 1973：149）であり「対象とする文章に特有なことば」（同：155）であるから，上の規定は「どんな文章にも現れるありふれた単語は，特定の文章に特有なキーワードではない」と言っているもので，これは論理的にも正しい。実際，田中は，「自動抄録の場合の『無性格語』というものは，結局『キー・ワードにする必要のない語』である」（同：183）と述べている。

　しかし，一方で，「特定の文章の性格・特徴を反映する」ということを，キーワードであるか否かにかかわらず，「文章の性格・特徴の影響を受けてその（相対的な）使用量が変わること」と考えるなら，それは「どんな文章にも現れる」ことと必ずしも矛盾しない。なぜなら，そのようなありふれた単語であっても，文章によってその使用量が相対的に変動すること自体は十分にあり得るからである。実際のところ，前節で無性格語の代表とした 15 語も，そのほとんどにこうした変動が観察される（後述）。この場合，「どんな

文章にも現れる」ことと「特定の文章の性格・特徴を反映する」こととは相反するものではなくなる。
　以上のことから,「無性格語」には，田中（1973）の規定が成り立つものと，成り立たないものとがあることがわかる。すなわち，

　　無性格語 1：文章のキーワードになり得ない，ありふれた単語[2]
　　無性格語 2：文章が違っても，その相対的な使用量が変わらない（均等に使われる）単語

の 2 種である。田中の規定は，無性格語 1 にはあてはまるが，無性格語 2 にはあてはまらない。言い換えれば，「どんな文章にも現れる」ということでその存在を確認できるのは無性格語 1 だけであって，無性格語 2 の存在を確かめるには，その上に「どんな文章にも均等に使われる」単語を見出す必要がある，ということである。
　本章で問題とするのは，この「無性格語 2」がほんとうに存在するのか，ということである。無性格語 2 の存在は，これまで確認されたことがない。無性格語 1 であれば，それはどんな文章にも高頻度で使われるありふれた単語であるから，前節で紹介した田中（1973），寿岳（1967），林（1971）のように，いくつかの異なる語彙調査から得た高頻度語を見渡して，そのすべてないし多くに現れている単語をそれとしてとりだせばよい。しかし，このやり方では無性格語 2 はとりだせない。なぜなら，これらで「高頻度」とされる度数分布域には（たとえば，1 パーミル以上とか 500 位以内とかいった）少なからぬ幅があるため，その高頻度帯の中で（文章の違いにより）変動する無性格語 2 があれば，それらを検出することができないからである。無性格語 2 の存在を確かめるには，上で述べたように，どの文章でも「高頻度」であるというだけでなく，同時に「均等」に出現する単語[3]をとりだす方法を採らなければならない。
　このような問題設定を行うのは，従来の計量語彙論に，田中（1973）の言う「無性格語」を無性格語 2 と誤解し，にもかかわらず，「どんな文章にも現れる」というだけの無性格語 1 をそれと認めてきたために，「文章の性格・特

徴とは無関係な単語（＝無性格語2）が存在する」ということが信じられ，なかば常識になっているという，本書の筆者には疑問に思える事態が存在することによる。筆者が無性格語2の存在に疑いをさしはさむのは，どんな文章にも現れるという点では最たるもののはずの助辞でも，文章によってその相対的な使用量が変動する——たとえば，新聞の政治面記事の冒頭文には「は」が，同じく社会面記事の冒頭文には「が」がより多く使われる（永野1965）——との報告もあるからである。助辞のような文法機能語ですら文章の性格・特徴と無関係でなくその使用量を変えるなら，語彙的な単位としての「単語」に無性格語2のようなものが存在することはより難しいはずである。無性格語2はほんとうに存在するのか。本章は，計量語彙論のこれまでの常識を疑う試みでもある。

3. 資料：国立国語研究所「高校教科書の語彙調査」

　無性格語2の存在を証明するには，どんな文章にも高頻度かつ均等に現れる単語があることを示す必要があり，簡単ではない。一方，それが存在しないことを証明するには，わずかな数の文章でも，そこに高頻度かつ均等に現れる単語がないことを示せばよい。本章は，無性格語2の存在を疑う立場にあるから，まずは，限られた数の文章を対象として語彙調査を行い，無性格語2の存否を懐疑的に問うことが考えられる。

　とはいえ，信頼性の高い結果を得るためには，語彙調査の対象となる個々の文章のサイズが十分に大きく，その高頻度語が中低頻度語と明確に分離できる必要がある。また，それが真に（すなわち，相対的にではなく絶対的に）高頻度であることを証するためには，通常の語彙調査のように文章の断片を標本とするのではなく，それらをまるごと対象とする全数調査でなければならない（個々の単語がなぜ均等に分布する（しない）のかを具体的に検討するためにも，全数調査は有効である）。そして，その際，調査単位は，形態素ではなく単語でなければならない。形態素単位の調査では，語構成要素としての頻度と自立語としての頻度が区別されず，「高頻度」の認定が不正確にな

るからである。さらに，単位切りはもちろん，同語異語判別にも高い精度が求められる。近年のコーパス言語学で用いられる形態素解析プログラムはその点でなお不十分であり，専門家の目視による判別がなされているものが望ましい。

以上の条件を満たす語彙調査は，管見による限り，国立国語研究所の「高校教科書の語彙調査」しかない。同調査は，1974年当時の理科・社会科9科目の代表的な教科書（各1冊）について，その本文のすべてを対象とする全数語彙調査であり，長短二種の調査単位による語彙表が別々に作成されている。そこで，以下では，単語に相当する「W単位」の語彙表（国立国語研究所1984）を利用し，すべての自立語（40751語）の9科目での使用頻度をもとに，全科目の文章に高頻度かつ均等に現れている単語があるかどうかを調べることにする。

なお，W単位では，用言の変異形（の一部）がそのまま語彙表の見出し語とされている。たとえば，動詞「あげる」は「あげた」「あげて」「あげる」「あげられる」「あげなければ」「あげよう」などが別々の見出し語となっている。このことは，動詞や形容詞については，その頻度の大小，分布の均等不均等を判断する際に注意を要することを示しているが，一方で，それらと文章との関係を変異形のレベルで具体的に検討し得るという点では好都合である。そのため，以下の調査では，各変異形を1つの見出し語にまとめることはしていない。

4. 調査1：無性格語2は存在するか

上述したように，無性格語2の存在を確かめるには，どのような文章にも高頻度かつ均等に出現する単語をとりだす必要がある。高頻度語をとりだすことはそれほど難しくないが，異なる文章に均等に出現・分布している単語をとりだすには，その単語の分布の仕方を全体の平均的な分布を基準として「評価」しなければならない。調査では，そのための指標として「特化係数」を用いる。

第1部　共時的全文コーパスによる探索

　特化係数とは，全体の構成比を基準にして，各項目の構成比を，その何倍にあたるかという形で表したもの（構成比の相対比）である（上田1981）。いま，仮に4つの文章を調査した語彙表（表1）を考えれば，ある単語Wの4つの文章D_1～D_4全体での総頻度をF，各文章での頻度をf_1～f_4，調査で得られた全単語（語彙量）Vの総延べ語数をT，各文章の総延べ語数をt_1～t_4とするとき，単語Wの文章D_1～D_4における特化係数（表2）は，それぞれ，全体の語彙量Vの構成比"t_1/T, t_2/T, t_3/T, t_4/T"を基準（分母）として，それに対する単語Wの構成比"f_1/F, f_2/F, f_3/F, f_4/F"の割合"$(f_1/F)/(t_1/T)$, $(f_2/F)/(t_2/T)$, $(f_3/F)/(t_3/T)$, $(f_4/F)/(t_4/T)$"を求めればよい。

表1　語彙表におけるWとVの頻度

単語＼文章	D_1	D_2	D_3	D_4	計
⋮					⋮
W	f_1	f_2	f_3	f_4	F
⋮					⋮
V	t_1	t_2	t_3	t_4	T

表2　Wの特化係数

単語＼文章	D_1	D_2	D_3	D_4
⋮				
W	$\dfrac{f_1/F}{t_1/T}$	$\dfrac{f_2/F}{t_2/T}$	$\dfrac{f_3/F}{t_3/T}$	$\dfrac{f_4/F}{t_4/T}$
⋮				

　異なる文章はその大きさ（延べ語数）も異なるのが普通だが，もし単語Wが4つの文章の大きさ以外の違いに影響されない無性格語2であるなら，Wの総頻度の構成比（内訳）は，Vの総延べ語数の構成比（内訳）を基準として，それに従うはずである[4]。すなわち，Wの構成比とVの構成比とは，同じ文章群を調査する限り一致し，両者の比すなわち特化係数はいずれの文章においても1になる。しかし，もしWが文章の大きさ以外の違いに影響され，たとえば文章D_1ではその使用が促進され，文章D_2では逆に阻害されたとすれば，D_1におけるWの特化係数"$(f_1/F)/(t_1/T)$"は1より大きくなり，D_2における特化係数"$(f_2/F)/(t_2/T)$"は1より小さくなる（最小値は0）。

　特化係数の評価に絶対的な基準はないが，一般に，特化係数が2.0以上，すなわち，基準値（全体の傾向）の2倍以上使われていれば「著しい（偏った）使用」，逆に，特化係数が0.5以下，すなわち，基準値の1/2以下しか使われ

ていなければ「著しい（偏った）不使用」であると判断することが多い（上田1981：33）。宮島・近藤（2011）の用語を使うなら、前者は「特徴語」、後者は「反特徴語」ということになる。逆に言えば、特化係数が0.5超〜2.0未満の範囲（以下「基準範囲」とする）にある単語、すなわち、特徴語でも反特徴語でもないものがあれば、それは無性格語2であると考えてよいということになる。

そこで、W単位語彙表の各語について、9科目すべてに高頻度で使われ、かつ、その特化係数がすべて基準範囲内に収まるものがあるかどうかを調べる。高頻度の基準にも絶対的なものはないが、まずは、田中（1973）と同じ使用率1パーミル以上とすると、9科目すべてで1パーミル以上使われた単語は40751語中わずかに18語、うち、すべての特化係数が基準範囲内にあったものは、

　　また，その，して，なる

の4語のみであった。そこで、高頻度の基準をもう少し緩め、9科目すべてで0.1パーミル以上とすると、該当するのは103語に増えるが、すべての特化係数が基準範囲内にあったものは、上の4語に、

　　他（た），よばれる，それら，いくつ，さらに

の5語を加えた9語にすぎなかった。ただし、これには、前述したように、W単位語彙表が活用語を変異形別に見出し語としていることが影響しているかもしれない。そこで、高頻度という条件を外して、特化係数が9科目すべてで基準範囲内にあるというものだけをぬきだすと、得られるのは40751語中、やはり、同じく上の9語だけという結果になった。要するに、わずか9種の文章でも、それらすべてに均等に出現・分布する単語はきわめて少ないのである。

とくに重要なことは、1節末に「無性格語の代表」とした15語にもそうした単語が少ないという事実である。表3は、これら15語について、その各科

目における特化係数を一覧したものである（動詞には，総頻度が100以上の変異形を示したが，「思う」の変異形はいずれも頻度が小さかったため，上位の「思う」「思われる」のみ示した）。網掛けを施したセルは特化係数が基準範囲外にあるもので，特化係数2.0以上の「特徴語」はさらに太字で示している。これをみると，9科目すべてで特化係数が基準範囲内にあるものは「また，して，なる」の3語（形）だけで，これまで代表的な「無性格語」とされたものの多くが，均等に出現・分布する単語ではないことがわかる。

なぜ，これら「無性格語の代表」とされてきたものが，特定の科目で（反）特徴語になるのか。これについては，たとえば，倫理社会の「もの」は，

> ソクラテスの死は，あくまでもポリスの法を遵守しなければならないというポリテース（市民）の正しい生きかたを身をもって示した<u>もの</u>である。

のように，「PはQものだ」という「主題化されたPの性状（本性，本質）をQが規定する表現」（寺村1984）で使われる例が多いとか，物理の「とき」は，

> 物体に一定の力を加えて運動させた<u>とき</u>，加速度 a は，その物体の質量 m に反比例する。

のように，ある時・条件のもとで成立する物理的な現象や法則を，条件節と主節とからなる複文で表現する際に使われることが多いとか，「あった」「なった」「いった」「した」などの動詞のタ形は，日本史・世界史など過去のことを述べる文章に多く，物理・化学・生物・地学・地理など現在ないし超時間的なことを述べる文章に少ないとか，といった傾向を発見・検討することによって，追究していくことが可能だろう。いま，その詳しい論証はできないが，表3の各語（形）が（反）特徴語になる理由は，おそらく，その文章の性格・特徴の反映としてすべて説明できるものと思われる。

第 3 章　文章不偏の無性格語は実在するか

表3　代表的な「無性格語」の特化係数

代表形	総頻度	物理	化学	生物	地学	倫社	政経	日本史	世界史	地理
こと	3009	1.397	0.898	1.202	0.871	1.914	1.369	0.736	0.370	0.182
もの	1567	0.296	0.969	1.287	1.042	2.212	1.121	1.341	0.238	0.223
とき	738	3.569	1.945	1.416	0.911	0.849	0.523	0.413	0.232	0.027
ところ	195	0.152	0.491	2.144	2.111	1.794	1.121	0.651	0.080	0.971
いま	136	2.394	1.495	1.153	0.202	0.778	1.286	0.747	0.286	0.806
ある	4890	0.785	1.155	1.227	1.019	1.491	1.364	0.413	0.236	1.661
あった	678	0.291	0.035	0.092	0.121	1.560	0.892	2.585	1.469	0.397
あって	226	0.175	1.059	1.434	0.789	1.800	1.903	0.955	0.207	0.397
あろう	125	0.631	0.191	0.502	0.110	4.166	1.808	0.457	0.125	0.159
する	1086	1.026	0.892	0.780	0.455	1.776	1.060	1.006	0.939	0.706
した	519	0.361	0.323	0.483	0.132	1.662	0.857	1.701	1.904	0.461
して	2032	0.884	0.806	0.648	0.601	1.546	1.058	1.131	1.053	0.883
なる	1635	1.394	1.427	1.534	1.158	0.906	0.954	0.812	0.628	0.573
なった	809	0.415	0.399	0.426	0.305	0.432	0.883	2.543	1.953	0.357
なって	610	0.534	0.804	1.079	1.372	0.614	1.290	1.332	0.370	1.650
いう	1649	1.513	1.676	1.236	1.506	1.599	1.202	0.451	0.208	0.193
思う	18	0.548	0.000	0.000	0.000	6.328	0.810	0.353	0.000	0.000
思われる	8	2.466	0.000	0.000	1.715	1.017	0.000	2.381	0.973	0.000
みられる	239	0.619	0.100	1.050	1.550	1.804	0.854	0.425	0.326	2.668
みる	213	1.667	2.808	0.589	1.288	1.681	0.924	0.268	0.037	0.655
いった	149	0.397	0.000	0.000	0.460	0.491	0.342	3.878	1.515	0.134
ゆく	319	2.350	1.012	0.721	0.731	2.321	1.211	0.318	0.244	0.219
これ	1234	1.087	1.376	1.262	1.190	0.527	1.063	1.451	0.807	0.242
それ	656	0.226	1.058	1.020	0.544	2.270	1.833	0.765	0.593	0.243
また	1206	0.777	0.813	0.685	0.990	1.052	1.263	1.369	0.942	0.760

　以上のように，わずか9種の文章を調査しただけでも，そこにすべての文章で高頻度・均等に使われる単語はきわめて少なく，また，代表的な「無性格語」とされてきたものもほとんどがそうした単語に該当しない，ということがわかった。この結果は，「無性格語2は存在しない」ということを強く示唆するものである。上述の9語についても，調査対象とする文章を増やせば，たちまち無性格語2とは言えなくなることが容易に予想できる。

5. 調査 2：無性格語 1 とは何か

　無性格語 2 が存在しないということは，単語はすべて文章の性格・特徴によってその相対的な使用量を変動させるということであり，その限りにおいて文章の性格・特徴を反映しない単語はない，ということを意味する。では，その反映の仕方は，すべての単語において同じなのだろうか。ここで問題となるのが，無性格語 1 の存在である。文章の性格・特徴を反映しつつも，（自動抄録処理の）キーワードなどにはならない単語である。こうした無性格語 1 が存在し，一方でキーワードとなるような特徴語が存在するということは，文章の反映の仕方，すなわち，文章の違いによる相対的な使用量の変動の仕方が，単語によって異なることを予想させる。そして，そうした変動の違いをとらえるには，すでに見た特化係数の，そのばらつき方，すなわち，散布度を見ればよい。

　ただし，前述したように，特化係数は，基準値より小さい場合は 0～1 の間に，大きい場合は 1～∞ に分布して対称的でないため，そのままでは散布度を正しく求めることができない。そのため対数変換をする必要があるのだが，特化係数の値が 0 の場合には対数に変換できない。そこで，ここでは，探索的データ解析でいう「始数」の考え方（渡部［他］1985：133）に従って，各語の使用頻度に「適当な（小さい）正の数」を加え，それにもとづいて特化係数を再計算することにする。これによって，各語の使用頻度は 0 をとることがなくなり，したがって，特化係数も 0 とならないので，対数変換が可能になる。対数化した特化係数のばらつきは，基準値 0 を平均値とみなした標準偏差か，最大値と最小値の差であるレンジ（範囲）で表すことが考えられる[5]。

　調査では，W 単位語彙表のすべての単語について，その各科目の頻度に始数として 1/9 を加え（9 科目全体の総頻度が 1 増えることになる）特化係数を再計算し，それらを対数変換して散布度（標準偏差とレンジ）を求める。その上で，便宜的ではあるが，9 科目全体の総頻度が 100 以上の 258 語をとりだし，それらの散布度について上述の観点から検討する。この 258 語は，異なり語数では全体（40751 語）の 0.6％にすぎないものの，延べ語数ではそ

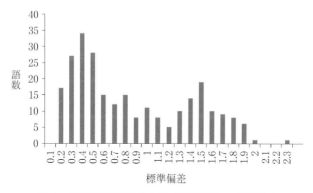

図 1　対数化特化係数散布度（標準偏差）の度数分布

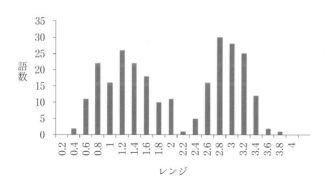

図 2　対数化特化係数散布度（レンジ）の度数分布

の 35.8％をカバーしており，理科・社会科全体としての高頻度語と考えてさしつかえない。

　いま，この 258 語について，標準偏差を散布度としたときの度数分布（図 1）と，同じくレンジを散布度としたときの度数分布（図 2）とを求めると，どちらも，ほぼ双峰性のグラフとなり，散布度が小さい語群と大きい語群とに分離する様子が見てとれる。無性格語 2 は存在せず，すべての単語は（広い意味での）「特徴語」であると考えるなら，前者は「弱特徴語」，後者は「強特徴語」と言ってよいだろう。そして，このことは，これらの高頻度語が，

表4 対数化特化係数散布度が小さい上位60語

順位	単語	レンジ	(反)特徴科目	順位	単語	レンジ	(反)特徴科目
1	また〔又〕	0.330	0 (0, 0)	31	この	0.749	1 (0, 1)
2	その〔代〕	0.382	0 (0, 0)	32	すべて	0.752	2 (0, 2)
3	よばれる	0.409	0 (0, 0)	33	ここ	0.758	2 (1, 1)
4	なる〔為〕	0.424	0 (0, 0)	34	同時	0.776	2 (0, 2)
5	間(あいだ)	0.433	0 (0, 0)	35	とくに〔特〕	0.790	2 (0, 2)
6	して	0.449	0 (0, 0)	36	これら	0.801	2 (0, 2)
7	他(た)	0.451	0 (0, 0)	37	これ	0.802	2 (0, 2)
8	さらに	0.494	1 (0, 1)	38	結果	0.829	4 (1, 3)
9	それら	0.506	1 (0, 1)	39	ある〔有〕	0.832	3 (1, 2)
10	影響	0.524	1 (0, 1)	40	あるいは	0.832	2 (1, 1)
11	しかし	0.543	0 (0, 0)	41	そこ〔代〕	0.862	3 (1, 2)
12	よる〔由〕	0.575	1 (0, 1)	42	行なう	0.877	3 (1, 2)
13	うえ〔上〕	0.582	2 (1, 1)	43	一方	0.891	3 (0, 3)
14	よって〔由〕	0.605	1 (0, 1)	44	対する	0.896	2 (1, 1)
15	それぞれ	0.605	1 (0, 1)	45	いう	0.929	5 (1, 4)
16	はじめ	0.622	2 (1, 1)	46	関係	0.963	2 (0, 2)
17	長い	0.624	1 (0, 1)	47	ついて〔就〕	0.965	2 (1, 1)
18	する〔為〕	0.629	1 (0, 1)	48	つくる〔作・造〕	0.968	4 (1, 3)
19	なって〔為〕	0.632	2 (1, 1)	49	ある〔或〕	0.970	3 (1, 2)
20	できた	0.642	1 (0, 1)	50	なった〔為〕	0.970	2 (0, 2)
21	ほか〔他・外〕	0.648	1 (0, 1)	51	必要	0.976	1 (0, 1)
22	よう〔様〕	0.649	1 (0, 1)	52	とって〔取〕	1.001	4 (1, 3)
23	もって〔持〕	0.654	2 (0, 2)	53	もの	1.009	4 (1, 3)
24	もつ〔持〕	0.674	2 (0, 2)	54	それ〔代〕	1.012	3 (0, 3)
25	ため〔為〕	0.680	1 (0, 1)	55	形(かたち)	1.019	4 (1, 3)
26	ともに	0.699	1 (0, 1)	56	のち	1.020	5 (2, 3)
27	最も	0.701	3 (1, 2)	57	重要	1.029	3 (1, 2)
28	新しい	0.708	2 (0, 2)	58	進む	1.033	3 (0, 3)
29	中(なか)	0.717	2 (0, 2)	59	行く	1.033	3 (1, 2)
30	強い	0.734	2 (0, 2)	60	こと〔事〕	1.034	5 (1, 4)

表5 対数化特化係数散布度が大きい上位60語

順位	単語	レンジ	(反)特徴科目	順位	単語	レンジ	(反)特徴科目
1	物体	3.681	9 (1, 8)	31	自分	3.078	9 (2, 7)
2	◆○式	3.587	9 (1, 8)	32	幕府	3.072	6 (1, 5)
3	水（みず）	3.408	9 (2, 7)	33	水素	3.071	7 (1, 6)
4	人間	3.375	9 (2, 7)	34	法則	3.071	7 (3, 4)
5	気体	3.351	9 (1, 8)	35	速さ	3.029	7 (2, 5)
6	細胞	3.320	9 (3, 6)	36	仕事	3.025	9 (3, 6)
7	原子	3.286	9 (1, 8)	37	性質	3.020	9 (2, 7)
8	はたらき	3.275	9 (1, 8)	38	国（くに）	3.019	8 (2, 6)
9	向き	3.254	9 (2, 7)	39	社会	3.007	7 (1, 6)
10	溶液	3.223	8 (1, 7)	40	われわれ	3.001	7 (1, 6)
11	物質	3.219	7 (2, 5)	41	おいて〔於〕	2.993	6 (2, 4)
12	電子	3.215	8 (1, 7)	42	地域	2.987	6 (1, 5)
13	イギリス	3.207	8 (1, 7)	43	思想	2.984	9 (1, 8)
14	大きさ	3.207	8 (2, 6)	44	質量	2.982	6 (2, 4)
15	酸	3.202	9 (1, 8)	45	反応	2.982	5 (1, 4)
16	地球	3.192	9 (2, 7)	46	世界	2.979	9 (3, 5)
17	運動	3.186	6 (1, 5)	47	部分	2.976	9 (2, 7)
18	試験管	3.185	8 (3, 5)	48	フランス	2.953	7 (1, 6)
19	元素	3.185	8 (2, 6)	49	◆○○	2.941	7 (2, 5)
20	A	3.177	8 (1, 7)	50	文化	2.935	7 (2, 5)
21	エネルギー	3.158	6 (2, 4)	51	実験	2.927	7 (1, 6)
22	酸素	3.144	6 (1, 5)	52	ドイツ	2.927	8 (2, 6)
23	太陽	3.139	7 (1, 6)	53	たとえば	2.922	6 (1, 5)
24	日本	3.138	8 (2, 6)	54	占める	2.916	8 (1, 7)
25	B	3.129	7 (1, 6)	55	等しい	2.906	6 (1, 5)
26	つまり〔副〕	3.125	7 (2, 5)	56	アメリカ	2.897	8 (2, 6)
27	速度	3.118	8 (1, 7)	57	a	2.873	6 (1, 5)
28	温度	3.114	6 (1, 5)	58	b	2.873	8 (2, 6)
29	分子	3.114	7 (1, 6)	59	中国	2.858	6 (1, 5)
30	位置	3.113	9 (2, 7)	60	人々	2.858	6 (2, 4)

文章の性格・特徴の反映の仕方において，単一ではないことを強く示唆するものである。

そこで，語群の分離の様子がより明確なレンジを散布度として，上の258語を対数化特化係数の散布度順に並べ，その小さい方から（全体のほぼ4分の1にあたる）60語を弱特徴語として表4に，同じく大きい方から60語を強特徴語として表5に示し，両者を比べてみる。なお，表中の「（反）特徴科目」とは，各語について，特化係数が基準範囲外にあった科目が9科目のうちいくつあったかを示すもので，（　）内の左に（狭い意味での）特徴語であった科目数，右に反特徴語であった科目数，（　）の前にそれらの合計を記している。これらの値は，当然のことながら，表4では小さく，表5では大きい。

この2つの表を比べれば，表4の弱特徴語と表5の強特徴語とは，きわめて対照的な語群であることがわかる。前者には和語が多く，名詞・動詞・形容（動）詞・副詞・接続詞・連体詞などほとんどの品詞がそろい，指示詞・後置詞など機能語的なものもある。多くが基本語で，形式的な意味・用法をもつものが多い。漢語は少ないが，「影響」「同時」「結果」「関係」など，文章（談話）構成機能（高崎2011）をもつといわれる抽象名詞があることも注目される。一方，後者には漢語が多く，品詞では名詞が圧倒的に多い。その多くが具体名詞で，固有名詞も少なくない。抽象名詞もあるが，専門概念を表すものが多く，文章構成機能をもつものは少ない。単純化を恐れずに言えば，前者は理科・社会科教科書の文章を叙述するための「枠組み」となる単語（仮に「枠組み語」とする），後者はその枠組みの中に盛り込む「素材」となる単語（同じく「素材語」），という違いが見出せる[6]。叙述の枠組みは各科目の文章に共通する場合も多いだろうから，その分，それを形作る枠組み語の特化係数のばらつきは小さくなる。一方，素材の方は科目による違いが大きいから，その分，それを表す素材語の特化係数のばらつきは大きくなる。この点において，両者の「文章の性格・特徴の反映の仕方」は異なっていると考えられる。そして，問題の無性格語1は枠組み語（の一部）であり，キーワードは素材語（の一部）であろう。無性格語1がキーワードとして使えないのは，それが文章間に共通することの多い枠組み語であり，個別の文章に特徴的な素材語ではないからである[7]。

6. 仮説：再び，無性格語とは

　いわゆる「無性格語」には，「文章のキーワードになり得ない，ありふれた単語（無性格語1）」と「文章が違っても均等に使われる単語（無性格語2）」という2つの解釈が可能だが，無性格語2は現実には存在しない可能性が高い。すべての単語は，文章の違いによって相対的な使用量が変動するという意味で，文章の性格・特徴を反映すると考えられる。ただし，その反映の仕方には，大きく，「弱特徴語」と「強特徴語」という2つのタイプがあり，前者には文章構成上の「枠組み語」，後者には同じく「素材語」が対応する。無性格語1は前者（の一部）であり，そのためにキーワードにはなれない。以上を，2節の問題設定に対する仮説として提示する。

注

1) 林（1971）の48語に「する」はないが，これは明治調査の「す」が別語とされたためであり，ここでは加えることにした。
2) 情報検索などでは，この種のありふれた単語を「ストップワード」と呼ぶ。ヒット件数があまりに多く有意味な検索が行えないため，検索を停止して次のキーワードの検索にスキップする，という意味である。要するに，無性格語1はストップワードである。
3) 「均等」という基準については，スタッブズの「核語彙」（core vocabulary）に関する以下のような記述も参考になる。
　　　核語彙を決める際の主要な基準は，最大の有用性をもった語かどうかということである。こうした基準を運用して核語彙を定義するには，2つのやり方がある。1つは，さまざまな種類のテクストにおいて，幅広く，かつ，ある程度均等に生起する語を見つけることで，もう1つは他の語を定義する際に使える語を見つけることである。（中略）核語彙に含まれるのは，高頻度というだけでなく，さまざまなテクストやテクスト・タイプにおいて比較的均等に分布している語である。（Stubbs 2002＝2006：57）
　　　スタッブズは，核語彙を「その言語の母語話者であれば誰もが知っている語のことで，

第 1 部　共時的全文コーパスによる探索

とにもかくにもなくては済まされない語彙」（同：55）とするが，これと無性格語との関係については，今後の検討課題としたい。
4）言語データでは，文章のサイズ（延べ語数）の違いによって，延べ語数と異なり語数との量的関係が変動するので，サイズの異なるどのような文章でも同じ比率で使われる単語というものは存在しないはずである。したがって，特化係数についてのこうした仮定は厳密には成り立たないはずだが，文章のサイズと延べ／異なりとの関係はいまだ定式化されておらず，この仮定に盛り込むことはできない。あくまで，高頻度語について近似的に成り立つ仮定という意味合いである。
5）分布の均等性を測るには，対数化した特化係数の散布度を求めるほかに，カイ二乗検定や対数尤度比検定などによる（独立性の検定を行う）ことも考えられる。ただし，これらの統計量はその計算中に頻度を用いるので，頻度の影響を受けやすいという「欠点」をもっている。たとえば，対数尤度比は，対数化した特化係数に頻度を乗じたものの総和を求めてそれを 2 倍するので，特化係数が同じでも頻度の大きい単語ほどその値が大きくなってしまう。本章のように，高頻度語だけを問題とする場合は，頻度を乗じる意味合いは大きくないと考えられる。また，特化係数を使うと，全体としての散布度と同時に，個別の文章での値を簡単に知ることもできるので，より具体的な分析・解釈が可能になるという利点もある。
6）表 5 の，「つまり」は物理，「おいて」は倫理社会，「たとえば」は物理・化学の，それぞれ，（狭い意味での）特徴語である。これらは，明らかな枠組み語であるが，理科・社会科教科書という文章群においては特徴語になるのである。
7）ここでいう「枠組み語」は，寿岳（1967）の「骨組み語」と「叙述語」を合わせたもの，あるいはまた，林（1982）の「思考基本語」と，一方，「素材語」は，寿岳の「テーマ語」，林の「叙事基本語」「方面別基本語・発展語」と，それぞれ共通する面をもつものと考えられるが，より詳しい検討が必要である。

第4章

名詞的表現による文内情報提示の構造

1. はじめに

　一般に，ある問題について書き手の意見を述べるような文章では，その問題にかかわる事実などが《情報》として提示され，また，それに対する書き手の《判断》が示されるなどした後に，それらを根拠として書き手の《意見》がまとめられることが多い。もちろん，そうした《情報》《判断》《意見》は，そのいずれであるかが常にはっきりとわかるように書かれるとは限らないし，また，文章の中でそれぞれが他から截然と区別されるように書かれるわけでもなく，文章の展開の中にいわば複雑に織り込まれながら提示されていくことが普通である。

　たとえば，[1]は新聞社説の中の短い一節だが，第一・第二文は書き手の《判断》を，第三文は《意見》を表している（と考えられる）ものの，下線を施した部分はそうした《判断》や《意見》の前提や根拠となる事実が《情報》として示されている（「やり返す」「わだかまり」といった単語使用には書き手の《判断》も加えられている）。

> [1] 韓国の批判に首相が持論でやり返すというパターンを繰り返すだけでは，首脳会談をいくら重ねてもわだかまりは解消されない。小泉首相が参拝継続の考えを変えない以上，靖国問題と他の問題を切り離すという韓国の新方針は一つの現実的な対応ともいえる。靖国問題だけ

で両国関係全体を損なってはならない。(『毎日新聞』2005年11月19日朝刊)

　論説文(意見文)などの文章研究においては，こうした《情報》《判断》《意見》の複雑な提示法を明らかにすることが重要な課題になると考えられるが，そのためには，《情報》《判断》《意見》のそれぞれがどのような言語表現をとり，また，文や文章の中にどのように配置されるかについて，有意味なパターンを見出していくことが必要になろう。

　本章は，そうした作業の1つの試みとして，まずは［1］の下線部のような《情報》の提示法のうち，とくに「方針」という抽象名詞の「名詞的表現」(「方針」を被修飾語ないし被修飾要素——以下，「主要部」——とする各種単位体)に注目し，新聞の社説という論説文において，それらが1文内でどのような情報提示の構造をつくりあげるのか，という問題について検討する。

　［1］にある「靖国問題と他の問題を切り離すという韓国の新方針」についていえば，これは，全体として，ある「方針」についての《情報》を示しているのだが，詳しく見ると，

　　①靖国問題と他の問題を切り離すという方針
　　②韓国の方針
　　③新方針

という3つの，言語単位として異なるタイプの名詞的表現が，それぞれ，「方針」の《情報》のうちの，①は〈内容〉，②は〈持ち主〉，③は〈特徴〉を「分担」して表し，その上でこれらがこの順番で「連結」されることによって，総体として「誰の，どのような内容の，どのような特徴をもつ方針なのか」というより大きな《情報》を提示する，という「構造」をもっていることがわかる。

　後述するように，これまで，この種の名詞的表現については，(文法論の問題として)その内部構造上の異質性(階層性)に焦点が当てられてきたが，本章では，それらの「主要部の《情報》を表す」という共通の機能に注目し，

上述のように，(文法にもかかわるが基本的には文章論の問題として）その諸形式がどのような《情報》をどのように表し，また，1文内でどのような情報提示の構造をつくるのかということを，社説における「方針」の名詞的表現を例に検討する（資料には，『毎日新聞』の社説20年分（1991～2010年）の文章を用いる）。

こうした検討は，また，抽象名詞の文章構成機能の研究にも関係する。抽象名詞には，McCarthy（1991＝1995）のいう「談話構成語」（discourse-organizing words）をはじめとして，文章の展開を支える機能をもつものが多いが，そのことと，ここでいう情報提示の機能をもつこととがどのようにかかわるかを追究することが，今後の重要な研究課題になると予想するからである。

2．名詞的表現とは

本章の「名詞的表現」という用語は，南不二男の1965年の論文によるものだが，その指し示す範囲は，南が1993年の著作で「名詞句」と呼んでいる，以下のような諸形式にほぼ相当する。

　　［2］工場　　バナナ　　雨フリ　　精神科医
　　　　笑ウ人　　流レル水　　赤イリンゴ　　静カナ海
　　　　ワタシノ本　　秋ノ雲　　住宅ノ申込ミ　　空ノ青サ
　　　　カレガ駅前デ買ッタ靴　　六月カラ七月ニカケテムシ暑イ日本
　　　　　　　　　　　　　　　　　　　　　　　（南1993：121）

南は，65年の論文で，上の「笑ウ人」以下の形式を「名詞的表現」と呼び[1]，93年の著作で，それに「工場　バナナ　雨フリ　精神科医」といった単純名詞や複合名詞を加えて「名詞句」と呼び直している。本章では，複合名詞も名詞的表現として扱うことから，どちらかといえば「名詞句」という用語に従うべきかとも思われたが，「句」という用語は，語や節と並ぶ言語単

位の一類を意味したり，場合によっては，文に相当するものを意味したりと，その表す範囲が必ずしも一定しておらず，上の諸形式すべてを覆うものとしては適当でないと考えて，「名詞的表現」を採ることにした。

　南が名詞的表現（名詞句）とする上の諸形式，すなわち，単純名詞・複合名詞・名詞連語（ノ格名詞によるものとそれ以外のもの）・名詞節は，通常の文法研究では異なる言語単位として（形態論／語構成論・連語論・複文論などで）別個に扱われることが多い。ところが，南は，これらを名詞的表現とまとめた上で文の構造の研究の中に位置づけ，それらが，「内部の構造」と「外部との関係」という2つの基準（野田1998）において，述語句と同様，描叙・判断・提出・表出の4つの段階の構造をもつものに区別されるということ，すなわち，名詞的表現にも（述語句に対応する）構造上の階層性を認めることができるということを主張した。本章も，名詞的表現という南のまとめ方を借り，また，その諸形式を横断的に見るという姿勢にならうものだが，注目するのは，名詞的表現の「内部の構造」や「外部との関係」ではなく，（主要部の）《情報》を表すという機能，および，それらを1つの情報提示構造にまとめあげる文構成・文章構成上の作用である。

　さて，本章でとりあげる「方針」の名詞的表現は，「方針」を主要部とする以下のような諸形式である。

　　①単純複合語：運動方針，廃止方針，基本方針，新方針，など
　　②複雑複合語：自衛隊派遣方針，完全実施方針，経済運営方針，など
　　③包摂複合語：医師数の抑制方針，主要国との外交方針，など
　　④単　純　連　語：執行部の方針，合併の方針，強気の方針，など
　　⑤複　雑　連　語：コメ開放の方針，県内移設の方針，球団運営の方針，など
　　⑥包　摂　連　語：党内論議のやり直しの方針，知事の辞職要求の方針，など
　　⑦連体節構造：早急に党総裁選を行う方針，テロには絶対に屈しない方針，選挙直前に与党が打ち出した方針，など
　　⑧引用的連体節構造：「小泉内閣では消費税は上げない」という方針，衆院議員の定数を50削減するとの方針，など

詳しい説明は後述するが，言語単位でいえば，①〜③は複合語，④〜⑥は連語（句），⑦⑧は節構造であり，また，それぞれの修飾部分——以下，「従属部」——の構造で言えば，①④は単純構造，②⑤は複雑構造，③⑥は包摂構造，⑦⑧は節の構造である。なお，単純複合語には，「新方針」「大方針」などの派生語も含める。

　複合語，とくに①単純複合語や②複雑複合語は，意味の特殊化（湯本1977，影山1993）が生じている場合，他の名詞的表現と同列に扱うことは困難となる。ただ，「方針」は漢語の抽象名詞であるせいか，その単純複合語や複雑複合語に「ひとまとまり的な意味」は認められないかきわめて希薄であり，対象から除くべきものはなかった。

　下例［3］のような従属部を伴わない単純名詞の用法は，「方針」について何らの《情報》も示していないことから，今回の検討では名詞的表現に含めない（用例文の後の数字は『毎日新聞』の発行年月日。以下，同様）。また，［4］のようないわゆる指示詞も「方針」の《情報》を（文脈の上で指示しても）直接に示すものではないから，名詞的表現には含めない。これらを含めない点において，本章の名詞的表現の範囲は，南（1993）の「名詞句」のそれと完全には一致しない。

　　［3］首相や六閣僚は方針を改め，資産公開に協力すべきだ。（94/5/22）
　　［4］五十嵐広三官房長官は記者会見で，いま政府として三原則を緩和する考えのないことを強調した。当然であり，この方針を堅持するよう政府に求めたい。（95/6/26）

3. 情報とは

　前述したように，「方針」の名詞的表現においては，各形式の従属部は主要部「方針」を何らかの観点から説明するという意味での《情報》を表している。今回の資料の範囲で見る限り，その《情報》は以下の4種に分類・整理できる。

①〈テーマ〉：その方針がどのようなテーマについてのものかを表す
②〈持ち主〉：その方針を誰が立てたのかを表す
③〈内　容〉：その方針がどのような内容をもつのかを表す
④〈特　徴〉：その方針がどのような特徴をもつのかを表す

　これらの《情報》分類は，今回の資料の範囲では排他的であり，一定の有効性をもつと考えるが，当面，「方針」の名詞的表現に固有のものであり，他の抽象名詞がつくる名詞的表現に拡張できるものではないと考えておく。
　たとえば，「事件」を主要部とする名詞的表現を横断的に調査・分析した雨宮（2003）は，その従属部に現れる要素，すなわち，従属部が表す《情報》を，

〈犯罪行為〉〈舞台〉〈被害者〉〈加害者〉〈道具〉〈対象物〉〈日時〉〈修飾的要素〉〈関連事項〉

の9種に分類しているが，なぜこのように分類するかといえば，「事件」の名詞的表現では，従属部の表す《情報》のほとんどが〈内容〉にかかわるものであり，それらを〈内容〉とまとめてしまっては分析ができないからである。ただ，最後の〈関連事項〉（「救難飛行艇開発をめぐる汚職事件」など）は，「方針」の場合の〈テーマ〉に類するかもしれない。また，雨宮は，上の9種の《情報》とは別に，「事件」を「中心的なことがら」と「周辺的なことがら」とに分類しているが，後者は「方針」の場合の〈特徴〉と重なる部分をもつかもしれない。とはいえ，「事件」の場合は，「方針」の場合の〈持ち主〉にあたる《情報》はもちにくい（「方針」には〈内容〉の主体（動作主）とは別にその〈持ち主〉が存在し得るが，「事件」には基本的に〈内容〉の主体しか存在しない）から，両者の《情報》の種類はやはり異なるとすべきだろう。
　また，新屋（2010）でも，「状況」「状態」を主要部とする名詞的表現が横断的に調査され，従属部と主要部との間に〈内容的結合〉〈素材的結合〉〈属性的結合〉〈関係的結合〉という4種の意味関係が設定されているが，このうち〈内容的結合〉は「方針」の場合の〈内容〉に，〈素材的結合〉の一部は同じく〈持ち主〉に，〈属性的結合〉〈関係的結合〉は同じく〈特徴〉に，それ

ぞれ，類するようにも思われる。ただ，この場合も，「方針」の〈テーマ〉に相当するものは見当たらないようであり，やはり「方針」の名詞的表現における《情報》の種類とは異なるとすべきだろう。

4. 文内情報提示の構造とは

　前述したように，本章では，名詞的表現を（主要部の）《情報》を表す単位ととらえ，それらが1文内でどのような情報提示の構造をつくりあげるのか，という問題について検討する。この，名詞的表現が《情報》を表す単位である，という考え方は，

　　<u>1つの名詞的表現は1文内でただ1種の《情報》しか表さない</u>

ということを前提とし，また，名詞的表現が1文内で情報提示の構造をつくりあげる，という考え方は，

　　<u>1文内で2種以上の《情報》を表すためには，それぞれの名詞的表現を連結しなければならない</u>

ということを前提としている。第一の前提は，2節で分類した8種の名詞的表現（の形式）は，それが1文内に置かれたとき，同じく3節で分類した4種の《情報》のうちの1種しか表さない，すなわち，1つの名詞的表現が同時に2種以上の《情報》を表すことはない，ということであり，第二の前提は，したがって，1文内で2種以上の《情報》を表すためには，それぞれの《情報》を表す名詞的表現を連結し，1つのより大きな情報提示の構造をつくりあげなければならない，ということである。

　こうした前提，すなわち，名詞的表現を（情報提示の）単位と考え，それらが結びついてより大きな（情報提示の）構造がつくられるという考え方は，これまでの名詞的表現の研究において必ずしも一般的ではない。南（1993）

では，名詞的表現の連結はそもそも問題とされていない。雨宮（2003）は，「事件」を主要部とする名詞的表現（「事件」の表現の基本類型）を4種8類にまとめているが，これらはそれぞれが固有の形式として並列されており，そこに「単位の連結による構造の形成」という考え方はみられない（雨宮が注目するのは，前述の9種の《情報》（事件を構成する要素）がこれらの形式をどのように構成するかという点である）。

一方，新屋（2010）は，前述のように，「状況」「状態」を主要部とする名詞的表現の，従属部と主要部との間に4種の意味関係を設定しているが，それとは別に，それらの意味関係が「複合」するタイプを立てている。これは，たとえば，「敷地に余裕がない日本の状況」という名詞的表現を，「敷地に余裕がない状況」という〈内容的結合〉と「日本の状況」という〈素材的結合〉とが複合したものと考える，ということのようである。そうであれば，新屋のいう「複合」は，本章でいう「名詞的表現の連結」と同義になる[2]。ただし，新屋は，この複合的な結合の意味関係は，「敷地に余裕がない［日本の状況］」のように，階層的なものであるとしており（新屋2010：183），あるいはこれを「敷地に余裕がない」という節が「日本の状況」という連語を連体修飾する構造とみているのかもしれない。

このような複合的な結合については，たとえば節と連語という「異質」な言語単位を結びつける構文活動ととらえ，それぞれの言語単位の文法的な機能や結合の法則性を追究する文法的な研究が可能であると同時に，名詞的表現という「同質」の単位を連結させてより豊かな《情報》をつくりあげる情報提示活動ととらえる研究もあり得るだろう。文章（今回は文内）における《情報》の提示法を探ろうとする本章においては，名詞的表現を主要部の《情報》を表す最小の単位と考え，それらが情報提示の構造をつくりあげるとする動的な見方を採用することがより有効であると考えたい。

以下，5節では，「方針」がつくる8種の名詞的表現がそれぞれ（「方針」の）どのような《情報》を表す単位としてあるのかを，他の名詞的表現と連結していない用例をもとに整理し，あわせて「1つの名詞的表現は1文内でただ1種の《情報》しか表さない」ということを検証する。その上で，6節では，1文内で複数の名詞的表現が連結している用例を調べ，その連結のパ

第4章　名詞的表現による文内情報提示の構造

ターンを整理して，どのような情報提示の構造がつくられているのかを明らかにする。最後に7節では，これらの整理にもとづいて，名詞的表現の（主要部の）《情報》を表すという機能，および，それらにもとづく情報提示構造のつくり方にどのような原理が働いているかを考察する。

5. 名詞的表現による情報提示

8種の名詞的表現が，他の名詞的表現と連結することなく，どのような《情報》を表しているかを整理する。紙幅の都合で，語例・用例の掲出は最小限にとどめる。なお，例中の"〜"は「方針」の代替表記である。

5.1　単純複合語

「方針」を主要部とする複合語（複合名詞）のうち，従属部の要素が単一のもの，すなわち，単一の連体要素（語基）と「方針」とが結びついた最も単純な構造の複合語である。単一の要素であるから，当然，異なる《情報》を同時に表すということはない。以下にみるように，単純複合語が表す《情報》の範囲は4種すべてに及んでいる（カッコ内の数字は，名詞的表現の異なり数。以下，同様）。もちろん，単一要素でしか表せないため，〈テーマ〉や〈内容〉などでは「活動」とか「解任」といった《情報》の核心部分のみを表すことになる。

　　〈テーマ〉（24）：運用〜，外交〜，活動〜，経営〜，経済〜，国会〜，治療〜，春闘〜，政治〜，捜査〜，対応〜，対処〜，対米〜，…
　　〈持ち主〉（9）：WTO〜，厚労省〜，国大協〜，執行部〜，首相〜，新座市〜，政府〜，政府・与党〜，党〜
　　〈内　容〉（24）：移転〜，解任〜，格下げ〜，実用化〜，据え置き〜，着工〜，調印〜，撤退〜，導入〜，廃止〜，民営化〜，離脱〜，…

〈特　徴〉(14)：基本〜，基本的〜，既定〜，強硬〜，具体的〜，最終〜，従来〜，柔軟〜，重要〜，初期〜，新〜，全体〜，大〜，当初〜

5.2　複雑複合語

「方針」を主要部とする複合語（複合名詞）のうち，従属部の要素が複数あり，それらが何らかの関係において（助詞・助動詞などを介さず）直接結びついているもの，すなわち，複数の連体要素（複合語基）と「方針」とが結びついた（単純複合語に比べて）複雑な構造の複合語である。重要なことは，従属部が複数の要素から成るものの，それら（のいくつか）がそれぞれに異なる《情報》を表すことはない，ということである[3)]。複雑複合語が表す《情報》の範囲は（今回の資料では）〈テーマ〉と〈内容〉に限られ，〈持ち主〉と〈特徴〉を表す例はない。

〈テーマ〉(7)：アジア外交〜，概算要求〜，経済運営〜，選挙闘争〜，対中外交〜，年金給付〜，予算編成〜
〈内　容〉(19)：1内閣1閣僚〜，賃上げゼロ〜，ODA増額〜，援助拡大〜，世界都市博覧会中止〜，早期合意〜，郵政3事業一部民営化〜，…

5.3　包摂複合語

「方針」を主要部とする複合語（複合名詞）のうち，従属部が連語，まれに節構造を構成し，それを主要部の「方針」が（助詞・助動詞を介すことなく）包摂する関係にある（単純複合語・複雑複合語に比べてさらに）複雑な構造の複合語である。林四郎のいう「ルーズな名詞の臨時一語」に相当する（林1982：19）。この複合語も，従属部が複数の要素（成分）から成るが，それら（のいくつか）がそれぞれに異なる《情報》を表すことはなく，その結びつきとしての連語や節構造がただ1種の《情報》を表すだけである。包摂複

合語の表す《情報》の範囲も，複雑複合語と同様，〈テーマ〉と〈内容〉に限られ，〈持ち主〉と〈特徴〉を表す例はない。

- 〈テーマ〉（21）：情報公開法の策定などへの取り組み〜，研究費の配分〜，主要国との外交〜，壁画の保存〜，イラク社会との対応〜，…
- 〈内　容〉（65）：権限の撤廃〜，参院選前の新党結成〜，組合員の範囲見直し〜，年内の自衛隊のイラク派遣〜，文部省との歴史的和解〜，…

5.4　単純連語

「方針」を主要部とする連語（名詞句）のうち，従属部の成分が単一のもの，すなわち，単一の連体成分と「方針」とが結びついた最も単純な構造の連語である。単一の成分であるから，単純複合語と同様，それが異なる《情報》を同時に表すということはない。

単純連語には，従属部が名詞であるもののほか，形容詞（「厳しい方針」「画期的な方針」「確固たる方針」など）や動詞（「思い切った方針」「はっきりした方針」「徹底した方針」）であるものも認められる。ただし，これらは名詞を従属部とする単純連語に比べて圧倒的に少なく，また，《情報》としては〈特徴〉を表すだけである。一方，名詞を従属部とする単純連語が表す《情報》の範囲は，以下に示すように，単純複合語と同様，4種すべてに及ぶ。

- 〈テーマ〉（6）：SRI に関する〜，あらゆる分野における〜，活用や配分の〜，終末期医療の〜，対策全体の〜，北方領土に関する〜
- 〈持ち主〉（91）：アラブ全体の〜，企業の〜，橋本首相の〜，政府・与党の〜，生産者としての〜，鳩山政権の〜，米国の〜，労働側の〜，…
- 〈内　容〉（33）：解雇の〜，見送りの〜，控訴の〜，賛成の〜，受け入れの〜，凍結の〜，反対の〜，非公開の〜，非自民の〜，輸入

〈特　徴〉(14)：これまでの〜，既定の〜，強気の〜，今回の〜，従来通りの〜，大枠の〜，当初の〜，当面の〜，独自の〜，不退転の〜，…

5.5　複雑連語

「方針」を主要部とする連語（名詞句）のうち，従属部の成分が複合語であるものである。この成分はほとんどが臨時的な複合語（臨時一語）であり，複数の要素から成るが，他の名詞的表現と同様，それら（のいくつか）がそれぞれに異なる《情報》を表すということはない。複雑連語が表す《情報》の範囲は，〈テーマ〉〈内容〉〈特徴〉の3種で，〈持ち主〉は表さない。ただし，〈内容〉が圧倒的に多い。

〈テーマ〉(3)：ゴミ処理の〜，球団運営の〜，国家運営の〜
〈内　容〉(67)：改革断行の〜，前年度以下の〜，景気対策優先の〜，国庫負担引き上げの〜，全面禁止の〜，毎年実施の〜，連立離脱の〜，…
〈特　徴〉(4)：3党合意通りの〜，JRスタート時の〜，全党納得ずくの〜，八三年当時の〜

5.6　包摂連語

「方針」を主要部とする連語（名詞句）のうち，従属部が連語や連体節構造を構成し[4]，それと「方針」とがさらに連語を構成するもので，意味的には，従属部の連語・連体節構造を「方針」が包摂する関係にある。これには，従属部が単純連語である一重包摂と，包摂複合語である二重包摂とがある。すなわち，[5]は「[二百万株の売却]の方針」となる一重包摂，[6]は「[[同機構の全施設]売却]の方針」となる二重包摂である。

［5］実際には（半分の）二百万株の売却の方針も決まった。（92/7/23）
［6］政府は同機構の全施設売却の方針を決めたが，遅すぎた。（03/6/30）

　包摂連語も，従属部の連語や連体節構造を構成する複数の成分（のいくつか）がそれぞれに異なる《情報》を表すということはない。包摂連語が表す《情報》の範囲は，〈テーマ〉〈内容〉に限られ，〈持ち主〉〈特徴〉を表す例はない。ただし，複雑連語と同様，〈内容〉が圧倒的に多い（下線は二重包摂の例）。

〈テーマ〉（3）：韓国企業を中心にした工事の〜，自衛隊の海外派遣に関する〜，土地の保有課税についての〜
〈内　容〉（35）：羽田のハブ空港化の〜，原発敷地外での中間貯蔵の〜，国内の登録湿地拡大の〜，早期に署名の〜，知事の辞職要求の〜，…

5.7　連体節構造

　「方針」を主要部とする節構造のうち，従属部が連体節であるもの。連体節であるから複雑な内容の《情報》を表すことができるが，それを構成する複数の成分（のいくつか）がそれぞれに異なる種類の《情報》を表すということはない。連体節構造が表す《情報》の範囲は，〈内容〉と〈特徴〉に限られ，〈テーマ〉と〈持ち主〉を表す例はない。ただし，数の上では，〈内容〉が〈特徴〉より圧倒的に多い（1003例対21例）。〈内容〉を表すときはいわゆる「外の関係」になり，〈特徴〉を表すときは「内の関係」になる。また，〈内容〉では，［7］のようにスル形述語が圧倒的に多く，［8］のような否定形，［9］のような意志形の述語は少ない。一方，〈特徴〉では，［10］のようなシタ形述語がほとんどで，［11］のようなスル形述語は少ない。

［7］今年度予算で約5兆3100億円にのぼる特殊法人向け補助金を，05年度までに2割，約1兆円減らす方針は評価できる。（01/6/23）

第1部　共時的全文コーパスによる探索

[8] 昨秋のCOP6決裂に続き，3月に米国のブッシュ政権が97年のCOP3で採択した京都議定書を支持しない方針を明らかにした。（01/6/5）

[9] 会議は今月中に最終案をまとめる予定で，大統領は今秋までに新憲法の採択に持ち込みたい方針だ。（93/6/6）

[10] 連合が同日決定した方針も，雇用の維持確保に絞り込んだ。（02/1/12）

[11] 一つの区切りを迎えたリーダーたちが，熱っぽく打ち上げる目標，方針，約束を，数え切れないほど聞いてきた。（97/5/20）

5.8　引用的連体節構造

「方針」を主要部とする節構造のうち，従属部が引用的連体節であり，「という」「との」「などの」を介して「方針」と結びつくもの。引用的であるから，連体節と同様，複雑な内容の《情報》を表すことができるが，それを構成する複数の成分（のいくつか）がそれぞれに異なる種類の《情報》を表すということはない。引用的連体節構造が表す《情報》の範囲は，〈内容〉と〈テーマ〉に限られ，〈持ち主〉と〈特徴〉を表す例はない。ただし，数の上では，〈内容〉がほとんどで（146例対2例），〈テーマ〉は［16］［17］のように疑問文を従属部とする例に限られている。〈内容〉を表す引用的連体節構造は，スル形述語を中心に連体節構造と同様の文を節にもつほか，［12］〜［15］のようにより多様な文末形式をもつものも現れる。

[12] そして，個別に実施可能なものからどんどん進めていこうという方針への転換である。（98/4/20）

[13] 自民党の通信関係部会は先月末，「郵政3事業は国営を堅持すべきだ」との方針をまとめ，行革会議に申し入れた。（97/9/4）

[14] 日本政府も核問題は日朝交渉の出口を出るまでに解決されていればよいという方針を固めているようだ。（93/11/27）

[15] 「増税ありきでなく歳出カットが先」との方針は支持したい。（06/7/11）

［16］現在の再処理工場で処理しきれない使用済み核燃料をどうするかの方針もまだ定まっていない。（04/12/22）

［17］日米安保を含む日本の安全保障体制をどう考えるのかなどの方向，方針はいまになっても何も示されていない。（94/12/20）

6．名詞的表現の文内連結

　8種の名詞的表現について，それぞれを基底部とする文内連結のパターンを整理する。「文内連結」とは複数の名詞的表現が1文中で継起的に結びつくことによってより大きな《情報》を表すことをいい，「基底部」とはその結びつきの最後に位置する名詞的表現をいう。基底部ごとに連結パターンを整理するのは，基底部にどのような名詞的表現が来るかによって連結の様相が異なるのではないか，という見込みがあるからである。

　下例［18］の「亡命者の扱いについてのこれまでの方針」でいえば，「これまでの方針」という単純連語が基底部となり，それに「亡命者の扱いについての方針」という包摂連語が連結して，主要部「方針」の《情報》が，「これまでの」という〈特徴〉から「亡命者の扱いについての」という〈テーマ〉を含むものへと広げられたことになる。基底部に連結した名詞的表現は，その従属部のみが残り，主要部は基底部の主要部と重複するので消去される（したがって，その構造上，複合語の名詞的表現は基底部に連結しにくい）。その意味で，連結とは，単なる並置ではなく，「合成」という側面をもっている。

［18］黄書記の第三国移送は，中国が北朝鮮に配慮し，亡命者の扱いについてのこれまでの方針を守ったためである。（97/3/20）

　なお，ここでは，［19］のように，連結された名詞的表現が並列関係にあるものは除く。これは，「資産査定の厳格化の方針」「不良債権処理の促進の方針」「資本充実の方針」という，いずれも〈内容〉を表す異なる3つの「方針」が並列的に連結されたもので，1つの「方針」について異なる複数の《情

報》が連結されたものではないからである。

> [19] 同プランの<u>資産査定の厳格化，不良債権処理の促進，資本充実の方針</u>は，大手銀行にぬるま湯から飛び出させる効果を生み，……（03/5/18）

6.1 単純複合語

　単純複合語は，単一の連体要素でしか《情報》を表せないため，それを補うように活発に他の名詞的表現と連結する。形式面では，複合語を除くすべての形式を連結させ，《情報》の面でも，自らが基底部として表す4種すべての《情報》を，連結する名詞的表現が表し得るさまざまの《情報》で広げている（カッコ内の数字は，連結する名詞的表現の異なり数。以下，同様）。

　（1）単純連語で広げる（188）
　　　1）〈持ち主〉で〈テーマ〉を：前政権の＋外交〜
　　　2）〈特徴〉で〈テーマ〉を：新しい＋運動〜
　　　3）〈テーマ〉で〈持ち主〉を：03年春闘での＋経営側〜
　　　4）〈特徴〉で〈持ち主〉を：正式な＋政府〜
　　　5）〈テーマ〉で〈内容〉を：訴訟での＋処理〜
　　　6）〈持ち主〉で〈内容〉を：厚労省の＋緩和〜
　　　7）〈特徴〉で〈内容〉を：唐突な＋格下げ〜
　　　8）〈テーマ〉で〈特徴〉を：財政再建計画の＋最終〜
　　　9）〈持ち主〉で〈特徴〉を：事業官庁の＋既定〜
　　　10）〈内容〉で〈特徴〉を：専守防衛の＋基本〜
　　　11）〈特徴〉で〈特徴〉を：明確な＋基本〜
　（2）複雑連語で広げる（38）
　　　1）〈内容〉で〈テーマ〉を：脱派閥の＋組閣〜
　　　2）〈特徴〉で〈テーマ〉を：執行部提案の＋新党〜
　　　3）〈内容〉で〈持ち主〉を：日米合意履行の＋政府〜

        4）〈テーマ〉で〈特徴〉を：国政運営の＋基本〜
        5）〈内容〉で〈特徴〉を：機構改編の＋最終〜
    （3）包摂連語で広げる（9）
        1）〈テーマ〉で〈特徴〉を：国から地方への権限移譲の＋基本〜
        2）〈内容〉で〈特徴〉を：「今国会での成立断念」の＋最終〜
    （4）連体節構造で広げる（63）
        1）〈内容〉で〈テーマ〉を：条約を学校現場に生かす＋運動〜
        2）〈特徴〉で〈テーマ〉を：大会で可決された＋政治〜
        3）〈内容〉で〈持ち主〉を：四島すべてに日本の主権があることを認めさせる＋政府〜
        4）〈特徴〉で〈内容〉を：いったん決まった＋廃止〜
        5）〈内容〉で〈特徴〉を：追加の食糧支援に応じない＋強硬〜
        6）〈特徴〉で〈特徴〉を：従来の地方の殻を破る＋新〜
    （5）引用的連体節構造で広げる（32）
        1）〈内容〉で〈テーマ〉を：受け入れた大学には補助金を増額するなどの＋対応〜
        2）〈テーマ〉で〈持ち主〉を：社会保障関係費をどうしていくのかの＋政府〜
        3）〈内容〉で〈持ち主〉を：「初めに河口堰ありき」の＋建設省〜
        4）〈内容〉で〈特徴〉を：国内産で自給するとの＋基本的〜

6.2　複雑複合語

　複雑複合語も，単純連語を連結させる例が多いが，形式面でも《情報》の面でも単純複合語ほど活発ではない。

　（1）単純連語で広げる（20）
        1）〈特徴〉で〈テーマ〉を：新たな＋対日外交〜
        2）〈持ち主〉で〈内容〉を：厚労省の＋「医師増員」〜
        3）〈特徴〉で〈内容〉を：あいまいな＋金融救済〜

（2）連体節構造で広げる（4）
　　　　1）〈特徴〉で〈テーマ〉を：今月初めに決定された＋予算編成〜
　　　　2）〈特徴〉で〈内容〉を：展望が見えない＋普天間移設〜
　　（3）引用的連体節構造で広げる（1）
　　　　1）〈内容〉で〈テーマ〉を：720万人の雇用を創出させるという＋緊急雇用対策〜

6.3　包摂複合語

　包摂複合語の連結は4例のみで，単純複合語・複雑複合語に比べてさらに少ない。

　　（1）単純連語で広げる（2）
　　　　1）〈内容〉で〈テーマ〉を：「対話と圧力」という＋北朝鮮への対処〜
　　　　2）〈特徴〉で〈テーマ〉を：明確な＋政局への対応〜
　　（2）連体節構造で広げる（2）
　　　　1）〈特徴〉で〈内容〉を：82年に閣議決定した＋医師数の抑制〜
　　　　2）〈特徴〉で〈テーマ〉を：国際サッカー連盟が示した＋大会の運営〜

6.4　単純連語

　単純連語も，単純複合語と同様，単一の連体成分でしか《情報》を表せないためか，他の名詞的表現との連結例が多い。ただ，単純複合語と違って，連体節構造・引用的連体節構造を連結させる例が多く，自らが基底部として表す《情報》の範囲も〈持ち主〉〈特徴〉および〈テーマ〉に限られていて，〈内容〉を広げる連結はつくらない。

　　（1）単純連語で広げる（10）

1）〈持ち主〉で〈テーマ〉を：日本の＋国際貢献の〜
2）〈テーマ〉で〈持ち主〉を：税に関する＋鳩山政権の〜
3）〈特徴〉で〈持ち主〉を：柔軟な＋文部省の〜
4）〈テーマ〉で〈特徴〉を：対露外交の＋今後の〜
5）〈持ち主〉で〈特徴〉を：中国の＋もともとの〜
（2）複雑連語で広げる（3）
1）〈テーマ〉で〈持ち主〉を：国有財産の有効活用に関する＋政府の〜
2）〈テーマ〉で〈特徴〉を：亡命者の扱いについての＋これまでの〜
（3）連体節構造で広げる（33）
1）〈特徴〉で〈テーマ〉を：国民が納得できる＋企業・団体献金に関する〜
2）〈内容〉で〈持ち主〉を：政府案通り成立させる＋与党の〜
3）〈特徴〉で〈持ち主〉を：衆院議員の影響力の強い＋党の〜
4）〈テーマ〉で〈特徴〉を：概算要求に向けた＋大枠の〜
5）〈特徴〉で〈特徴〉を：国が決める＋一つの〜
（4）引用的連体節構造で広げる（27）
1）〈内容〉で〈持ち主〉を：「外交を通じて平和解決する」との＋米政府の〜
2）〈内容〉で〈特徴〉を：「行動は自由」という＋当初の〜

6.5 複雑連語

単純連語の連結例がわずかにあるのみで，他の名詞的表現を連結させることは少ない。

（1）単純連語で広げる（2）
1）〈持ち主〉で〈内容〉を：国交省の＋指名競争入札廃止の〜
2）〈特徴〉で〈内容〉を：これまでの＋全選挙区候補者擁立の〜

6.6 包摂連語

連体節構造の連結例がわずかにあるのみで,他の名詞的表現を連結させることは少ない。

(1) 連体節構造で広げる (2)
　　1)〈特徴〉で〈内容〉を:1999年に政府が日米の合意を受けて閣議決定した＋普天間の名護市辺野古沖移転の〜

6.7 連体節構造

単純連語の連結例がわずかにあるのみで,他の名詞的表現を連結させることは少ない。

(1) 単純連語で広げる (2)
　　1)〈持ち主〉で〈内容〉を:鳩山代表の＋「4年間引き上げしない」〜
　　2)〈特徴〉で〈内容〉を:これまでの＋「今後2〜3年以内に確実に最終処理する」〜

6.8 引用的連体節構造

連体節構造の連結例がわずかにあるのみで,他の名詞的表現を連結させることは少ない。

(1) 連体節構造で広げる (1)
　　1)〈特徴〉で〈内容〉を:鳩山首相が就任早々,国連で表明した＋「温室効果ガスを2020年までに90年比で25％削減する」との〜

6.9 二重連結

　基底部の名詞的表現が，2つ以上の名詞的表現を連結させて，より大きな情報提示の構造をつくることがある。これを「多重連結」と呼んでおく。ただし，今回の資料の範囲では，基底部に2つの名詞的表現（以下，「連結部」）が連結する「二重連結」の例しかなかった。冒頭の［1］にある「靖国問題と他の問題を切り離すという韓国の新方針」でいえば，「新方針」という単純複合語が基底部となり，それに「韓国の方針」という単純連語と「靖国問題と他の問題を切り離すという方針」という引用的連体節構造とが連結して二重連結構造がつくられる。これにより，主要部「方針」の《情報》は，基底部の〈特徴〉から連結部の〈持ち主〉〈内容〉を含むものへと広げられることになる。

　一方，こうした二重連結を，基底部にまず「韓国の方針」という単純連語が連結して「韓国の新方針」という一重連結構造がつくられ，それにさらに「靖国問題と他の問題を切り離すという方針」という引用的連体節構造が連結して最終的な二重連結構造がつくられる，と階層的に解釈することもできる。ただし，その場合は，「基底部の連結」とその次の「一重連結を基底部とする連結」とを分けて整理することになるが，今回の用例数はそうした二段階の整理には耐えられないので，ここでは，あくまで便宜的に，二重連結を「基底部が2つの名詞的表現を連結させたもの」として，単純な形の整理を行う。

　とはいえ，得られた二重連結の例は，単純複合語・複雑複合語・単純連語を基底部とするものに限られ，しかも，そのほとんどは単純複合語の例だった（52例中49例）。これは，《情報》の広げ方の面でも制限的で，基底部の単純複合語は〈特徴〉か〈テーマ〉しか表さない。さらに，基底部が〈テーマ〉を表す二重連結は，基底部の直前に単純連語を連結させるタイプだけで，複雑連語・包摂連語・連体節構造を連結させるタイプは見られない。基底部が〈特徴〉を表す二重連結には，こうした制限はない。以下，紙幅の都合上，この単純複合語を基底部とする二重連結について，連結部の名詞的表現の組み合わせごとに，その代表的な《情報》の組み合わせを，基底部が〈特徴〉の場合と〈テーマ〉の場合とでそれぞれ1つずつ示す（用例中の下線部は連結部を示す）。

（1）単純連語＋単純連語で広げる（12）
　　〈特徴〉＋〈持ち主〉で〈特徴〉を：<u>当面の＋党の</u>＋基本〜
　　〈持ち主〉＋〈特徴〉で〈テーマ〉を：<u>企業側の＋硬直した</u>＋採用〜
（2）連体節構造＋単純連語で広げる（18）
　　〈内容〉＋〈持ち主〉で〈特徴〉を：<u>世界の被害者支援を実施する＋日本の</u>＋新〜
　　〈内容〉＋〈特徴〉で〈テーマ〉を：<u>1％の賃上げ要求を柱とした＋来年の</u>＋春闘〜
（3）引用的連体節構造＋単純連語で広げる（11）
　　〈内容〉＋〈持ち主〉で〈特徴〉を：<u>郵政事業を07年から民営化するとの＋政府の</u>＋基本〜
　　〈内容〉＋〈持ち主〉で〈テーマ〉を：<u>その帰国が実現しなければ国交正常化交渉は再開しないとの＋政府の</u>＋対処〜
（4）単純連語＋複雑連語で広げる（5）
　　〈特徴〉＋〈テーマ〉で〈特徴〉を：<u>11月の＋政策金融改革の</u>＋基本〜
（5）連体節構造＋複雑連語で広げる（1）
　　〈特徴〉＋〈テーマ〉で〈特徴〉を：<u>研究会が12日首相に示した＋日銀法改正の</u>＋基本〜
（6）単純連語＋包摂連語で広げる（1）
　　〈特徴〉＋〈テーマ〉で〈特徴〉を：<u>今年度からの＋中国に対する経済協力の</u>＋基本〜
（7）単純連語＋連体節構造で広げる（1）
　　〈持ち主〉＋〈特徴〉で〈特徴〉を：<u>日経連の＋97春闘に向かう</u>＋基本〜

7．名詞的表現による文内情報提示の構造

　以上，5節・6節において，どのような名詞的表現が（主要部「方針」の）

第4章　名詞的表現による文内情報提示の構造

どのような《情報》を表し，また，それらが1文内でどのように連結してどのような情報提示の構造をつくりあげているのか，を整理した。その結果から，以下のような傾向を見出すことができる。

　まず，名詞的表現の表す《情報》については，確かに「1つの名詞的表現は1文内でただ1種の《情報》しか表さない」のだが，一方で，以下のような順で上にあるものほど，より多くの種類の《情報》を表すことができる（太字は一定数の用例があるもの，細字はわずかな用例しかないもの。以下，同様）。

　　単純複合語・単純連語：〈テーマ〉〈持ち主〉〈内容〉〈特徴〉
　　複雑複合語・包摂複合語：〈テーマ〉〈内容〉
　　複　雑　連　語：〈テーマ〉〈内容〉〈特徴〉
　　連体節構造：〈内容〉〈特徴〉
　　包摂連語・引用的連体節構造：〈テーマ〉〈内容〉

　次に，名詞的表現がつくる文内連結のパターンでは，以下のような順で上にあるものほど，自らを基底部とするとき，より多くの種類の名詞的表現と連結してその《情報》を広げることができる。

　　単純複合語：単純連語で・複雑連語で・包摂連語で・連体節構造で・引用的連体節構造で
　　単　純　連　語：単純連語で・複雑連語で・連体節構造で・引用的連体節構造で
　　複雑複合語：単純連語で・連体節構造で・引用的連体節構造で
　　包摂複合語：単純連語で・連体節構造で
　　｛複雑連語・連体節構造：単純連語で
　　　包摂連語・引用的連体節構造：連体節構造で

　これらを要するに，おおよそ，従属部の構造が単純な名詞的表現（単純複合語・単純連語）ほど，表し得る《情報》の種類が多く，かつ，連結させる

113

名詞的表現の種類が多い，逆に，従属部の構造が複雑な名詞的表現（引用的連体節構造・連体節構造・包摂連語）ほど，表し得る《情報》の種類が少なく，かつ，連結させる名詞的表現の種類が少ない，そして，両者の中間的な名詞的表現（複雑複合語・包摂複合語・複雑連語）はその中間にある，ということであろう。

　単純複合語や単純連語は，単一の連体要素・成分しかもたないため，（主要部について）表すことのできる《情報》の「量」は非常に少ないのだが，逆に，どの種の《情報》でもその中核的な部分だけでよければ表すことができる。また，表す《情報》の「量」が少ないため，文内で他の名詞的表現を積極的に連結させて，より大きな《情報》を表そうとする。その際，自身の形態上の短さ（簡潔さ）は有利に働くだろう（二重連結が単純複合語に多いのも，同様の理由による）。

　一方，従属部の構造が複雑な名詞的表現のうち，連体節構造や引用的連体節構造は，文に相当する長くて複雑な従属部をもつことができるが，そうした構造を必要とする（「方針」の）《情報》は基本的には〈内容〉に限られて他の《情報》を表すことに適しておらず，また，表す《情報》の量が多いためにその形態が長くなり，自身を基底部（最終要素）として他の名詞的表現を連結させることが難しくなるのだろう。包摂連語も，従属部が（単純な連語だけでなく）連体節構造となったり二重包摂を構成したりと，節構造に次ぐ複雑さをもち，そのために，連体節構造や引用的連体節構造と同様，表す《情報》の種類は基本的に〈内容〉に限られ，他の名詞的表現を連結させることも難しくなるのだろう。

　この包摂連語を除いて，複雑構造・包摂構造の名詞的表現では，複雑複合語・包摂複合語という複合語類は前者（単純複合語・単純連語）に近く，複雑連語は後者（引用的連体節構造・連体節構造・包摂連語）に近いようである。ここでは，複合語と連語という言語単位としての違いが作用しているように見える。

　以上のように，「方針」を主要部とする名詞的表現の諸形式は，「方針」の《情報》を表すという点では共通しながらも，その文内情報提示の機能において（今回の調査による限り）大きく3分類することができそうである。それ

第4章　名詞的表現による文内情報提示の構造

らは，1つの名詞的表現が表す《情報》の種類が多いか少ないか，（自らを基底部として）連結させる名詞的表現の種類が多いか少ないかという点に加えて，表す《情報》の量が多いか少ないかといった点から（前2点と後1点とは逆相関の関係にある），上述したように，従属部の構造が単純な単純複合語・単純連語の類と，従属部の構造が複雑な引用的連体節構造・連体節構造・包摂連語の類とを対極に，中間的な複雑複合語・包摂複合語・複雑連語の類を両者の間に置くという関係で区分される。

　では，「方針」の名詞的表現に，なぜこうした文内情報提示機能の違いがあるのだろうか。その詳しい検討は今後の課題としなければならないが，1つの事例をあげて，その方向性を考えたい。下例［20］は，冒頭にあげた用例［1］を含む社説の文章の，［1］が現れるまでの全文を示したものである。

　　［20］韓国・釜山で18日行われた小泉純一郎首相と韓国の盧武鉉（ノムヒョン）大統領の会談は，首相の靖国神社参拝などの歴史認識問題で双方が主張を述べ合い，平行線に終わった。首脳交流が途絶えている日中間と異なり，トップ同士が直接会って対北朝鮮での協力を確認したことには意味がある。だが，今回も靖国問題がネックとなり，東アジアの将来を見据えた大局的な意見交換の場に出来なかったのは残念だ。

　　　6月の前回会談で，大統領は靖国問題を「日韓間の歴史問題の核心」として参拝中止を求めた。しかし，首相は先月，5年連続の参拝を敢行した。今回の会談は，その後初めての顔合わせだった。

　　　<u>韓国政府は首相の靖国参拝後，新たな対日外交方針を確認したと伝えられる。靖国問題などの政治問題とその他の一般外交問題を区別し，靖国問題では譲歩せず北朝鮮政策などでは連携するという。</u>

　　　会談で大統領は「靖国参拝，歴史教科書，独島（竹島）問題に対する日本の主張は受け入れられない」とし，首相の靖国参拝を「韓国に対する挑戦だ」と批判した。首相が「戦争の美化，正当化ではない。戦没者への哀悼の念から参拝している」と理解を求めたのに対しても，「どんなによい意味に解釈しようとしても，国民は受け入れることはで

きないだろう」と反論した。
　韓国の批判に首相が持論でやり返すというパターンを繰り返すだけでは，首脳会談をいくら重ねてもわだかまりは解消されない。小泉首相が参拝継続の考えを変えない以上，靖国問題と他の問題を切り離すという韓国の新方針は一つの現実的な対応ともいえる。靖国問題だけで両国関係全体を損なってはならない。（下略）（05.11.19）

　ここで，――線部「靖国問題と他の問題を切り離すという韓国の新方針」という（冒頭で紹介した）表現は，――線部の段落の内容を受けたもの，正確には，それを主題化したものであることがわかる。先行段落では，「方針」について，

　　１　〈持ち主〉韓国政府が（首相の靖国参拝後）確認した方針であること
　　２　〈特　徴〉新たな方針であること
　　３　〈テーマ〉対日外交方針であること
　　４　〈内　容〉靖国問題などの政治問題とその他の一般外交問題を区別するという方針であること
　　５　〈内　容〉靖国問題では譲歩せず北朝鮮政策などでは連携するという方針であること

という５つの《情報》が示されているが，この文章の書き手は，これらの《情報》をもつ「方針」を，「一つの現実的な対応ともいえる」という述部＝判断の主題とするにあたって，１・２・４を採って３・５は捨て，１の〈持ち主〉は「韓国の方針」という単純連語②に，２の〈特徴〉は「新方針」という単純複合語③に，４の〈内容〉は「靖国問題と他の問題を切り離すという方針」という引用的連体節構造①にそれぞれ変換して表し，それらを①②③の順に連結して，より大きな情報提示の構造をもつ――線部の表現をつくった，と考えることができる。要するに，この例では，主題化という文章構成上の操作においてその主題という《情報》を表すために，名詞的表現による文内情報提示の構造をつくっているのである。そこでは，単純複合語・単純

連語・引用的連体節構造という異なる名詞的表現の，その文内情報提示機能の違いが自在に活用されている。「方針」の名詞的表現は，こうした文章構成上の要請に応えるために，異なる文内情報提示の機能をもつ諸形式を分化させていると推測できる。もちろん，そのことを確認するためには，名詞的表現の文内情報提示の機能をさまざまな文章構成上の操作と関連づけていかなければならない。「方針」以外の名詞的表現の検討も含めて，今後の課題としたい。

注

1) 南（1965：55-56）にも，「酒飲ミ」「ヨチヨチ歩キ」など動詞的要素で終わる複合名詞への言及はあるが，それらは名詞的表現と「区別」すべきものとされている。
2) 新屋（2010）は，このタイプを「複合的連体部」と名づけているため，主要部と異なる意味関係を構成する複数の従属部——先の例でいえば「敷地に余裕がない」と「日本の」——との複合ととらえているのかもしれないが，実際の扱いは，他の4種の意味関係と並ぶ，「従属部と主要部との複合的な意味関係」すなわち〈複合的結合〉と呼ぶべきもののようである。
3) 「今年度活動方針」や「自民党運動方針」などは，複雑複合語ではなく，「今年度の方針」と「活動方針」，「自民党の方針」と「運動方針」とが連結したものと考えられる。ただし，こうした単純複合語どうしの連結例は非常に少なかったので，1つの類型として立てることはしなかった。
4) 包摂連語の従属部には，以下の例のように，連体節構造というより動名詞述語文とでもいった方がよいものもみられる。これらは，「長銀への」ではなく「長銀に」，「11年度までの」ではなく「11年度までに」とあるところから，文に近い構造であることがわかる。
   　長銀に5000億円を上回る公的資金の追加投入の方針を表明した。（98/8/27）
   　このため，日航の西松遥社長は15日，11年度までに6800人の削減や国際線25路線程度の廃止・減便の方針を示した。（09/9/16）

第 5 章

臨時的な四字漢語の文章内形成

1. はじめに

　語形成には，語彙的・命名的なものと，文法的・臨時的なものとがある。前者では，語彙に登録されることを前提として語がつくられ，後者では，構文活動の中でそのとき・その場限りの語がつくられる。四字漢語にも，この2種があるが，二字漢語や三字漢語に比べて，後者の比重が大きい。本章では，この，文法的・臨時的な四字漢語の形成に注目する[1]。

　文法的・臨時的な語形成といっても，文法規則だけで行われるわけではない。そこには，語彙・文法・文章の各レベルの機構が重層的に作用するものと考えられる[2]。四字漢語の形成についても，野村雅昭の語彙論（形態論）的な検討（野村1975），影山太郎・小林英樹などの文法論的な検討（影山1993・2010，小林2004）が先行しているが，それに加えて，文章論的な検討が必要になる。本章は，その一環として，文章中で臨時的につくられる四字漢語の形成法を，文章展開とのかかわりという側面から検討し，そこに働く文章論的な機構の一端を探る。

2. 臨時的な語形成と文章

　臨時的な語形成に，文章のあり方がかかわっていることは，次のような事

実からもうかがうことができる。

　まず，臨時的な語形成は，文章の種類によってその現れ方に大きな違いがある。たとえば，林四郎のいう「臨時一語」（林 1982）には，それが現れやすい文章と現れにくい文章とがある。現れやすい文章の代表は，林が臨時一語を「発見」した新聞の文章である。林は，臨時一語が新聞記事でつくりだされる事情について，次のように述べる。

　　　長い臨時一語を作って名詞的なかたまりを大きくし，それを運用する文法は，なるべく簡単なルールですまそうとする志向が，大量生産的な文章では，多く働くのではあるまいか。その結果，新聞の文章に，臨時一語が多く生まれることになるのだろうと思う。新聞の記事に，文章のきめ細かさなどは必要でない。早く，たくさんの情報を流してくれることを，私たちは，新聞に期待しているのだから，臨時一語の構造に多少無理なところがあろうと，意味がわかりさえすれば，いいのだし，それが一目見て早くとらえられれば，なおいいのである。そうすると，どうしても，漢字をたくさん使って，手っ取り早く意味を合成し，各要素の間の論理関係は深く追究しないというタイプの文章ができて来る。現代新聞と臨時一語との深い縁が，こうして保たれるのである。

　石井正彦（1993）は，この臨時一語（正確には臨時的な複合語）の比率を各種の文章で調査し，新聞のリードや科学技術抄録文など凝縮的な文章に多く，その対極にある日常談話や文学作品などには少ないことを報告するとともに，臨時一語が文章の凝縮度を高める独自の機能をもっているとする[3]。
　一方，同じ臨時的な語形成でも，「泳ぎ帰る」「散り隠れる」「吸われ寄る」といった（辞書に登録されていない，書き手がその場でつくった）臨時的な和語複合動詞になると，小説・随筆などの文学作品に特徴的であり，新聞などにはみられない（石井 2002）。この種の語形成には，凝縮的な情報伝達などとは別の，文学的・創造的な文章表現活動とのかかわりが看取される。

3. 文章顕現型の臨時一語化

また，臨時的な語形成には，文章の展開の中でその過程を観察できる場合がある。たとえば，次のようなものである（用例は『CD－毎日新聞91年版』から）。

(1) 大学入試——受験生にとって大きな悩みだが，十八歳人口が来年から減るため，大学側にもどうしたら学生を確保できるかが大問題。そこで受験生の便宜と学生確保を同時に達成しようと，地方都市で入試を行う大学が増えている。

(2) 三十年に及ぶエチオピア内戦終結を目指すエチオピア政府と反政府勢力の交渉を仲介しているコーエン米国務次官補（アフリカ問題担当）は，二十七日午後，政府側と反政府側が停戦に合意したと語った。同次官補は政府代表と反政府勢力三団体と個別に協議した後，この停戦合意を発表した。

これらの例において，臨時一語（——線部）は，それに先行する単語列（……線部）と照応的な関係にあるのだが，文章の流れに即していえば，先行する単語列は，後続の文において臨時一語にまとめられている（臨時一語化されている）といえる。とくに（2）では，臨時一語に先行の単語列を指示する「この」が前接しており，両者の結束性を形式の上でも確認することができる。普通，臨時一語は書き手が頭の中で単語列を圧縮してつくるのだが，これらの場合には，書き手が単語列から臨時一語をつくるその過程が文章の中に顕現しているわけである。このような現象を，石井（2007）では「文章顕現型の臨時一語化」と呼んだ[4]。文章顕現型の臨時一語化は，臨時的な語形成が文章の展開の中で行われることを具体的に示している。

第1部　共時的全文コーパスによる探索

4. 指示語句の中で

さらに，臨時的な語形成が文章論的な機構のもとに行われるさまを，より具体的に示したものとして，高崎みどりの「指示語句」の研究（高崎 1988）がある。

高崎は，文章の「展開」というものを「あることがらが，それとなんらかの関連をもつ他のことがらに変容すること」とする見方（金岡孝による）に立ち，そうした作用に関与する言語単位の1つとして，「指示語句」というものを設定する。指示語句とは，(3) にみるように，指示詞（──線部）と（いくつかの語からなる）後要素（□部）とから構成され，「(文章の) 前方からある部分を選び取り，意味を与えて1つの意味単位としてとらえ直し，それを後の部分にすえ直して文脈を継続していく働きをする」ものである。この過程で，前の叙述は指示語句（の後要素）に「変容」されるのだが，高崎は，そこにこそ文章の「展開」という言語現象が生起しているとみる。

(3) 人はもちろん，物や情報の交流に国境がなくなりつつある時代に，犯罪だけがその例外であるはずがない。犯罪もいまや，国境を越えて人々の生活を脅かしている。しかも，犯罪の国際化は年々，加速されている。

　警察庁が三十一日に公表した六十二年版の警察白書は「国際化社会における警察の役割」を特集している。犯罪の国際化とそれに対応する警察活動をテーマに取り上げているのだが，タイムリーな問題提起だといえよう。

　白書によると，六十一年の来日外国人の刑法犯検挙は，十年前に比べて件数で五・九倍，人員で四・七倍になっている。外国人入国者の総数は，この間に約三倍にしかなっていないことを考えると，犯罪の浸透ぶりは著しい。

　一方，日本人の国外での犯罪もゆるがせにできない事態になっている。

第5章　臨時的な四字漢語の文章内形成

　例えば，暴力団の海外進出がそのよい例だ。暴力団はアジア各国や米国を舞台に銃器や覚せい剤を調達，国内に密輸して資金源としていることは周知の事実だが，近年はいっそう外国を組織的活動の根拠とする傾向を強めている。このような日本人「ヤクザ」の暗躍に各国とも強い関心を寄せており，一斉摘発，追放の動きを見せている国もある。
　こうした状況の下で求められるのが各国間のスムーズな捜査共助関係であり，操作の側の国際化である。
　そのための組織としては国際刑事警察機構（ICPO）がある。（以下略）

（高崎1988：68）

　たとえば，上の「こうした状況」という指示語句は，冒頭段落の「〜脅かしている。」から始まる「〜している」という文末表現に象徴される一連の叙述を，「状況」という観点で選択したのち要約ないしは抽象してとらえ直し，「こうした状況の下で」と従属的な連体修飾の形にすえ直して，後の部分に受けつがせたものである。ここで，この指示語句は，前の叙述（状況の説明）と後の叙述（それに対する方策の説明・提案）との間のスウィッチとして位置（機能）しているという[5]。
　高崎は，こうした指示語句に顕現する「変容」のあり方を，構文的な役割と意味の，2つの面から整理している。前者については，指示語句が後の部分に対して主語・題目語か（連用）修飾語になる場合がほとんどであること，後者については，①要約，②名づけ，③比喩，④次元転換，⑤形式化，の5種に分けられることが，それぞれ，指摘されている。そして，後者のうちの②名づけと④次元転換とにおいて，臨時的な語形成が行われるのである[6]。
　名づけとは，（4）のように，前の叙述を指示語句でとらえ直すとき，後要素に臨時的な複合語をつくり[7]，それによって前の叙述を名づけるもので，要約などとは違い，「書き手の把握の個性の打ち出された，新しいものの見方の提示」であるという。新しいものの見方だからこそ，新しい複合語がその場でつくられるのだろう。

(4) 尊い犠牲の積み重ねのうえに，飛行機の安全性は高まる。こうした「墓石安全論」が航空関係者の間でいわれてきた。（同前）

次元転換とは，前の叙述を指示語句でとらえ直すとき，次元の転換が起こるもので，いくつかのタイプがあるが，その一種に，前の叙述に含まれるいくつかの概念を（指示語句の後要素で）臨時的な複合語へとまとめあげるものがあるという。

(5) 認可された通話料金表によると，なるほど東京－大阪間の昼間の三分は，三社のほうがNTTより二五％も安く設定されている。三社は「全体で見ればNTTより平均二〇％は安い」というのをPRの第一にしている。
　　もっとも，その三社料金でも，距離や時間によって料金体系はまちまちだし，近距離ならNTTのほうが安いという場合もある。（同前）

高崎は，(5)について，「前の部分中に既出の『料金』『三社』の二語を複合させた『その三社料金』という指示語句だが，単なる繰り返しとは異なり，料金についての叙述を，一個の名詞に集約化し，次の叙述の題目として焦点化している。すなわち『三社料金』という新たな概念として提出している。これはやはり要約や比喩や名づけなどとはやや異質な変容のしかたといえよう」としている。これもまた，新たな概念を提出するからこそ，新しい複合語がその場でつくられるのだろう。

高崎のこのような指摘は，指示語句のとらえ直し＝変容の機能の中でも，とくに，書き手が新しいものの見方を提示する「名づけ」と，書き手が新たな概念を提示する「次元転換」（の一種）において，前の叙述が臨時的な複合語に変容する，すなわち，臨時的な語形成が行われるという現象を見出したものと解することができる。高崎は，このことを明言しているわけではないのだが，臨時的な語形成が，文章の展開の中で，文章論的な機構のもとに行われることを，具体的に示した点で，価値ある発見といえよう。

5. とらえ直しか，繰り返しか

　指示語句には，文章顕現型の臨時一語化といえるものがある。(5)は，まさにその例である。また，前掲の(2)も，先行する「(三十年に及ぶエチオピア内戦終結を目指すエチオピア政府と反政府勢力の交渉で)政府側と反政府側が停戦に合意した」という叙述を「この停戦合意」によってとらえ直していると考えれば，「停戦合意」という臨時一語は指示語句の後要素ということになる。しかし，高崎によれば，指示語句は単なる繰り返し語句ではないから，その後要素となる語は「その文脈に初出の語，あるいは初出として捉えられている語であることが条件」となる。(5)の「三社料金」は，既出の「料金」「三社」を複合語にまとめたものだが，次元転換しているので「初出としてとらえる」ことができる。しかし，(2)の場合，臨時一語「停戦合意」は，先行の単語列「停戦に合意した」をそのまま名詞化したもので，次元転換といえるかどうか，難しいところである。実質的には，繰り返し語句とみた方がよいのかもしれない。また，(四字漢語ではないが)(6)では，とらえ直しという働きはほとんどなく，単なる繰り返し語句とみてよいだろう。

> (6) 一九九四年は「イジメ」の問題が，世間の話題をさらいました。そして，年が明けて，九五年になりますと，突如襲った阪神大地震で，イジメという活字がいっせいに新聞紙上から消えてしまいました。もちろん，このイジメ問題が解決されたわけではなく，学校で，職場で，地域で，このいまわしい現象は依然として行われ，その犠牲者になっている人も少なくないと考えられます。(石井(2007)より)

　このように，文章顕現型の臨時一語化には，指示語句であるものも，繰り返し語句であるものも，また，両者の中間的なものもある。本来，文章顕現型の臨時一語化とは，(1)(2)のような句だけではなく，節，文，連文など，さまざまな形式の単語列が臨時一語化されることをいう(石井1997)。(7)は，(これも四字漢語ではないが)文を構成する単語列が臨時一語化さ

れる例である。こうした大きな単位になると,単語列と臨時一語の形式上・意味上の同一性・類似性はかなり弱まり,単なる繰り返し語句とはいいにくくなる。

(7) 向こうからやってくるものを,視覚的・受容的に受け入れることがテレビを見る態度である。日本のテレビの送り内容は,こうした受容的態度に合わせたサービスに徹している。(同前)

また,文章顕現型の臨時一語化は,先行単語列の構文的な関係が臨時一語の内部構造にどのように変容されるかという観点からみると,単語列をその構文的関係を保ったまま臨時一語化する「関係保存型」(1)(2),単語列の派生的な構文的関係をもとの基本的な関係に戻すようにして臨時一語化する「関係還元型」(8),他の単語が介在するため構文的には間接的な関係にしかない単語列が,その間接的な構文的関係を基本的な構文的関係に組み直して臨時一語化する「関係再構型」(9),形式上は直接的にも間接的にも構文的な関係にはない単語列が,新たな構文的関係をつくりあげて臨時一語化する「関係創造型」(10)の4類に整理できる(石井2007)。

(8) 同校では,一九八八年度から二回,生徒自身によって校則が改正され,(略)校則問題の一つのモデルケースとして注目されている。校則改正の取り組みの中で,服装についての要望が出て,昨年十一月には「服装について考える」をテーマに全校討論集会が行われた。

(9) 席上,連合は前回のように確認団体をつくって「連合候補」を擁立することはせず,社会,公明,民社,社民連の選挙協力による無所属統一候補を連合が推薦していく方針を説明した。民社党は連合方針を基本的に了承したが,公明党は,社会党の党改革の行方を慎重に見極めたいなどの理由を挙げ,難色を示した。

(10)「サンデー毎日」が四月十四日号から表紙を模様替え,若い女性の写真にした。文字デザイン,報道写真などから久方ぶりの女性表紙へのモデルチェンジである。

ここで，構文的関係（内部構造）の変容の度合いは，関係保存型から関係創造型にかけて大きくなっていく。関係保存型は繰り返しといってもよく，関係還元型もその側面が大きい。逆に，関係創造型はとらえ直しの側面が大きく，関係再構型はその中間というところである。

要するに，文章顕現型の臨時一語化には，繰り返し語句といえるものから指示語句といえるものまで，いろいろなものがある。したがって，それらをつくる文章論的な機構にも，それに応じた違いがあるものと考えられる。

6. 構文的なすえ直しのパターン

臨時的な語形成に文章論的な機構が働くとすれば，それは，おそらく，文章の展開にかかわるもの，具体的には，前の叙述を臨時一語に変容させる力として働くものだろう。文章顕現型の臨時一語化は，臨時一語に変容される前の叙述（を構成する単語列）が明示されている点で，そうした変容の力を観察するのに都合がよい。ただし，文章顕現型の臨時一語化とは，先行単語列が後続の臨時一語にまとめられるという現象を形式的に把握したにすぎず，そこには，文章展開上のさまざまな機能をもつものが混在しているはずである。高崎が次元転換（あるいは名づけも）の指示語句とするものは，そうしたものの1つであろう。この種の指示語句以外に，臨時一語をつくりだすどのような文章論的な機構があるのか，文章顕現型の臨時一語化を手がかりに追究していく必要がある。

そうした追究にあたっては，文章顕現型の臨時一語化の事例を数多く収集し，多くの事例に共通してみられる変容のパターンをとりだすことが，基礎的な作業として，有効であろう。パターンのとりだしには，高崎が示した「変容（のあり方）」のとらえ方が参考になる。前述したように，高崎は，指示語句における変容のあり方を，前の部分に対する意味の面での変容と，後の部分に対してどのような構文的役割を担うかという変容との，2つの面から考察している。このうち，前者の意味的な変容は「とらえ直し」に，後者の構文的な変容は「すえ直し」に，それぞれ，かかわるものだろう。文章顕現型

の臨時一語化についても，同様のとらえ方ができるように思われる。すなわち，後続の臨時一語は先行の単語列を意味の面でどのように変容させているのか（意味的なとらえ直し），そして，先行の単語列は後続の文の中でどのような構文的役割を担う臨時一語として形成されるのか（構文的なすえ直し），という観点からの把握である。

ただし，前者の意味的なとらえ直しは，意味にかかわる点でより複雑であり，また，繰り返しの側面が強い臨時一語化の場合にも適用できるかどうか不明な部分があるという点で，なお，検討の余地がある。一方，後者の構文的なすえ直しは，形式の上からより客観的にとらえることが可能であり，また，繰り返しの場合にも問題なく適用できる（繰り返しと考えられる（6）でも，臨時一語が第2文の（並列節の）主語になっているとみることはできる）。そこで，ここでは，この構文的なすえ直しという観点から，文章顕現型の臨時一語化としてつくられる四字漢語に，どのようなパターン化された傾向がみられるか，きわめて限られたものではあるが，検討してみよう。

データには，10年分の新聞コーパスから採った文章顕現型の臨時一語化のうち，とくに，記事の第1文に二字漢語の単語列が現れ，それが第2文で四字漢語化しているものをとりだして，<u>どのような単語列がどのような構文的成分としての四字漢語にすえ直されるか</u>，を整理してみる。記事の冒頭2文のみに限るのは，四字漢語が形成される文章上の環境を統一して[8]用例数の比較を可能とし，主要なパターンをとりだすためである。

得られたパターンは，単語列と臨時一語とのどちらからでも分類できるが，以下では，まず，臨時一語の構文的な位置によって大きく分類し，次いで，それぞれの，単語列による下位分類を示すことにする。

6.1　題目語化

第1文の単語列が，第2文の題目語として四字漢語化するパターンである。第1文が事実の報告，第2文がその事実のある側面についての解説ないし補足という文章構成で，事実の側面を表す単語列が主題化される際に四字漢語として臨時一語化されるという場合が多い。

第 5 章　臨時的な四字漢語の文章内形成

　単語列には，述語句，補語句，連体句が多いが，動詞述語句が四字漢語化される例が最も多い。動詞述語句は，第 1 文の骨格的な部分（「何（が／を／に……）どうした」）を表す。その骨格的な部分を，第 2 文で主題化する際に，四字漢語化するパターンである。動詞述語句だから，単語列の第 2 要素は当然 V，第 1 要素はその V の格成分である N であることが多い（少ないが，副詞成分である場合もある）。したがって，題目語となる四字漢語も N ＋ V という構成になることが多い。このパターンは，単語列の第 1 要素 N が何であるかによって，さらにいくつかの下位パターンに分けることができるが，(11) ～ (16) のように，ヲ格名詞の例が群を抜いて多い。

(11) インドネシアのスハルト大統領は，一部にあった「退陣要求」を振り切り，3 月の大統領選挙への出馬を表明した。出馬表明は，その政治状況から「7 選確実」を意味する。

(12) 松本サリン事件の四遺族が十日，宗教法人法に基づいてオウム真理教の解散を東京地裁に請求した。オウム真理教の解散請求は，東京地検，東京都などに続いて四件目。

(13) 海上自衛隊の大型掃海ヘリコプター「MH53E」が神奈川県城ケ島沖に墜落した事故で，防衛庁海上幕僚監部は二十日午前，機体が発見された近くの海底から機上電子員のＴ三曹（30）の遺体を収容した。遺体収容は，不明だった乗務員八人のうち六人目。

(14) 生命維持装置を取り外した安楽死患者の心停止を待って臓器を摘出する「安楽死ドナー」について，米国の一部医療機関が，患者の心停止前に臓器保存を目的とする血液凝固阻止剤などの薬物を投与していることが，29 日分かった。こうした薬物投与は患者の死期を早める積極的安楽死を招く恐れがあり，医療界に是非論議が起きている。

(15) 大蔵省は二十四日，税関職員の制服を来年夏から改定すると発表した。制服改定は一九七九年以来，十五年ぶり。

(16) アマチュア天文家の松江市石橋町，山陰中央テレビ社員，K さん（40）がカシオペア座 β 星近くに六・五等級の新星を発見，十三日までに国際天文学連合から「一九九三年カシオペア座新星」として登録

された。今年に入って国内での新星発見は三件目，世界で五件目。

なお，ここでは，ヲ格名詞と動詞との結びつき（単語列）が，(11)(12)では単文の述語句，(13)では複文の主節の述語句，(14)では名詞節（～コト，～ノ）の述語句，(15)では引用節の述語句，(16)では並列節の述語句としてあるが，今回の調査では，こうした違いは区別せず，すべて同じパターン（この場合なら，述語句の主題化）にまとめることを原則とした（第2文の四字漢語についても同様）。これらは，文の構造としては同類のものと考えられるからである。

また，(12)(16)では，第2文で主題化された四字漢語の前に修飾語句があり，とくに，(12)では，「オウム真理教の解散請求」全体が"[[オウム真理教の解散]請求]"という構造をもつ臨時一語になっているが，今回の調査では，こうした構造の中にある四字漢語も対象としている。

補語句が主題化＝四字漢語化する場合には，ヲ格補語句（17）とガ格補語句（18）が多い。これらは，第1文が報告することからの「何を・何が」にあたる側面を主題化するパターンである。補語句であるから，単語列の第2要素はNであり，したがって，四字漢語も，V＋N，N＋N（VN）といった構成になることが多い。

(17) ロンドンで開かれた主要8カ国（G8）外相会合は9日午前11時半（日本時間同日午後7時半），2日間にわたる協議を総括した文書を採択して終了した。総括文書は，昨年8月に誕生したイランのハタミ政権の改革路線について「前向きな動き」として，初めて積極的な歓迎の意向を示すとともに，対人地雷の犠牲者をゼロにするという目標に向け国際社会が協力するよう強く訴えた。

(18) 遺伝子を組み換えた耐病性のトマトを野外で育てる実験が，茨城県つくば市の農水省農業環境技術研究所で行われる。こうした野外実験は日本では初めてのケースだ。

連体句が主題化＝四字漢語化する場合は，連体句と被修飾名詞とがいわゆ

第 5 章　臨時的な四字漢語の文章内形成

る「内の関係」になる場合（19）と「外の関係」になる場合（20）とがあるが，後者の方が多い。

(19) カンボジアの復旧・復興に協力するため，同国に派遣される青年海外協力隊の女性隊員 4 人が 25 日午前，外務省に渡辺副総理・外相を表敬訪問した。同隊員の同国派遣は 1970 年の内戦ぼっ発で全隊員が引き揚げて以来，22 年ぶり。
(20) 全国の石炭じん肺訴訟で最大の原告を抱える筑豊じん肺訴訟は，古河機械金属（本社・東京）を相手取った生存患者 5 人と死亡した 9 人の遺族 38 人の計 43 人との和解が 27 日午後，福岡高裁で成立する見通しとなった。提訴から 12 年がたつ同訴訟で和解成立は初めて。

(20) では，第 1 文の連体句は「見通し」という同格連体名詞（奥津 1974）を底の名詞とする連体修飾節＝内容節の述語句となっており（他に，「方針」「考え」「疑い」「人事」などの例が多い），その点で，先の述語句と同様に，ことがら（内容）の骨格的な部分（「何（が／を／に……）どうした」）を表し，それが第 2 文で主題化＝四字漢語化されるというパターンである。単語列の構造も，述語句と同じように，第 2 要素が V，第 1 要素がその格成分の N となり，したがって，四字漢語も N＋V という構成になることが多い。

第 2 文の四字漢語は，そのまま「〜は」という形式で主題化されることが多いが，(21) のように，「〜のは」という主題化形式の中で，サ変動詞として臨時一語化されるものもある。この場合，第 1 文の単語列は述語句であることがほとんどで，四字漢語も N＋V という構成になる。（複合）名詞ではなくサ変動詞となることによって，(22) のように名詞節にして主題化できたり，(23) のように受身にして主題化できたりする。

(21) 雪印乳業大阪工場製の乳製品による集団食中毒で，一斉点検のために今月中旬から生産を停止していた神戸，京都，広島の 3 工場が 29 日，操業を再開した。これで操業再開したのは，20 工場のうち 8 工場になった。

(22) WOWOWが米ウォルト・ディズニー社と共同で，ドラマ仕立てのセミ・ドキュメンタリー「夢工房！ディズニー・スタジオ」を制作する。日本のテレビ局がディズニー社と番組を共同制作するのは初めてのケースという。

(23) フランス内務省は21日，サッカー・ワールドカップ（W杯）の「米国―イラン戦」に関連して，ドイツやベルギー国境からフランス入りしようとした在外イラン人約1000人の入国を拒否したことを明らかにした。入国拒否されたのはドイツ，オーストリア，スウェーデンなどに住むイラン人。

6.2 述語化

第1文の単語列が，第2文の述語として四字漢語化するパターンである。名詞述語になる場合と，サ変動詞として動詞述語になる場合とがある。(24)は名詞述語の例，(25)の「～となった」も名詞述語とみなしてよい。(26)は動詞述語の例，(27)も「～した」が省略された動詞述語としてよいが，(24)と同じように「～だ」が省略されていると考えれば名詞述語ということになる。いずれにしても，第1文の単語列は述語句である場合がほとんどであり，したがって，四字漢語の構成も多くがN＋Vとなる（(27)はA＋V）。

(24) 朝鮮民主主義人民共和国（北朝鮮）は，金日成（キムイルソン）主席の死去後，中断していた韓国に対する非難を十六日から本格的に再開した。金主席の葬儀延期の決定とほぼ同時の非難再開。

(25) 国際通貨基金（IMF）は23日，声明を発表し，来年2月半ばまでに辞任することを表明しているカムドシュ専務理事（66）の後任人事の選任論議を同日の理事会で開始したことを明らかにした。金融通貨危機で，IMFの閉鎖性が批判されたことを受け，異例の声明発表となった。

(26) 東北旧石器文化研究所の藤村新一・前副理事長（50）による遺跡

発掘ねつ造問題で，宮城県上高森遺跡などの記述がある日本史教科書を発行している三省堂（東京都千代田区）は4日，来年4月から供給する教科書について，記述を削除する訂正を文部省に申請した。これで，上高森遺跡の記述がある教科書を出している6社のうち4社が訂正申請した。

（27）ユーラシア大陸を横断する第二の欧亜横断鉄道が十四日，正式に開通した。中国新疆ウイグル自治区のウルムチからカザフスタンとの国境駅であるアラ峠駅まで全長四六〇キロの「北疆鉄道」が正式開通。

　これらは，第1文の述語句を四字漢語化して第2文でも同じく述語としているわけだが，その場合，第2文の述語はいわゆる旧情報であり，新情報はその修飾語が担っている。すなわち，（24）は「非難再開は，〜とほぼ同時」，（25）は「声明発表は，異例」，（26）は「訂正申請したのは，〜6社のうち4社」，（27）は「正式開通したのは，〜北疆鉄道」と言っているのに等しい。つまり，第2文の四字漢語は，述語でありながら，主題として機能しているといってもよく，形式的には述語化であっても，機能的には主題化に近い。

6.3　状況語化

　第1文の単語列が，第2文の状況語として四字漢語化するパターンである。状況語とは，述語の表すことからの外的状況を表す文の成分で，基本的には，時間・場所・原因・目的・場面などを表すが，ここでは，第1文の単語列の表すことがらを，第2文で「話題」として四字漢語化し，「その話題についていえば，〜」と叙述を続けるという意味で，状況語の役割を果たしていると解釈できる。題目語化や述語化に比べて用例数が少ないせいもあり，第1文の単語列に明確なパターンをみとめることは難しいが，（28）（29）では第1文の述語句が，（30）では連体句が，それぞれ，第2文で状況語となって話題を提示し，それに続けて，「"ミセス差別"の告発は〜」「同地検は〜」「身元が分かったのは〜」という有題の叙述を連ねている。

(28) 住友生命（大阪市北区）の女性職員二十人が、「既婚の女性職員が、昇進で著しい不利益を被っているのは男女雇用機会均等法違反」として、今月末にも労働省大阪婦人少年室長に職種変更を求める調停を申請する。同法に基づく調停申請で、"ミセス差別"の告発は全国初。

(29) 愛知県知多郡美浜町のＴヨットスクール事件で、名古屋地検は五日、名古屋地裁刑事四部が言い渡した校長のＴ被告（51）に対する懲役三年、執行猶予三年の判決など、十被告中六被告への判決を不服とし、量刑不当などを理由に控訴した。控訴理由について同地検は「一審判決は事件の実態、犯情の評価を誤って寛刑に処しており、到底納得できない」と説明している。

(30) 旧ソ連東シベリアのチタ州タタウロボで抑留死者の遺骨を収集している政府の遺骨収集団から十日、厚生省に入った連絡では、収集した遺骨九柱のうち一柱の身元は、高知県出身の元陸軍上等兵、Ｔさん（大正八年七月十三日生まれ、昭和二十一年二月九日死亡）＝最終所属部隊は関東軍野戦病馬廠（しょう）＝と判明した。今年の遺骨収集で身元が分かったのは初めて。

(31) も、第２文の構成は（30）と同じだが、第１文の単語列がすでに状況を表す連体修飾節構造（あるいは副詞節）の中にあり、その述語（「配属された」）と同格連体名詞（「問題」）とが四字漢語化している点では異なる。

(31) 国鉄からJRへの分割・民営化移行に伴い、東京と神奈川県、長野県の国労組合員が配属された問題で、中央労働委員会（萩沢清彦会長）は25日、JRの使用者責任と不当労働行為を認め、JRに改めて公正に配属先を決め直すよう命じた。配属問題でJR側の使用者責任を中労委が認めたのは初めて。

このほか、（32）（33）では、第１文の単語列は、原因ないし理由を表す状況語として四字漢語化している。

（32）関西国際空港開港に伴い，法務省が計画している「西日本入国管理総合センター（仮称）」（大阪府茨木市）の建設が，地元住民の反対で宙に浮いていた問題で，反対住民側は十四日までに周辺整備などの"条件闘争"に転換する方針を固めた。今回の方針転換で，同センターは当初の着工予定から約一年三カ月遅れで建設に向けて動き出すことになる。

（33）訪ソ中のイスラエル国会・同胞受け入れ問題委員会，クライナー委員長は19日，モスクワとテルアビブを結ぶ航空機の直行便の運航が近く開始される，と語った。運航開始により，ソ連国内の約150万人のユダヤ人のイスラエルへの移住に弾みがつくものとみられる。

7. 文章論的な機構の解明に向けて

　以上，きわめて限定的にではあるが，どのような単語列がどのような構文的成分としての四字漢語にすえ直されるかについて，いくつかのパターン（と思われるもの）をとりだしてみた。上に見た，題目語化，述語化，状況語化は，いずれも主題化の側面が（その度合いは異なるにしても）あることで共通している。題目語は文字通り主題化だし，述語化は機能的には主題化と重なる。また，状況語化は，話題という，主題と同様の，ただし，第2文中で他の題目語と共起できるという点ではやや異なるものを表している。これらは，いずれも，第1文の単語列（を含む叙述）をひとまとまりの新しい概念にまとめて主題化する。新しい概念だからこそ，臨時一語としての四字漢語がつくられるのだろう。

　このほか，得られたデータには，第2文の補語や規定語（連体修飾語）で四字漢語化する例が多数ある。ただし，これらについては，文章展開の変容として，その構文的な位置で四字漢語にまとめられる理由があるのか，必ずしも明らかではないものが多く，結果として，どのような単語列がどのような四字漢語に変容するのか，明確なパターンを見出すことが難しかった。

　たとえば，第1文と第2文とが，「これで／これにより／この結果」などの

接続表現で結ばれる場合には，(34)(35)のように，第2文の主語が四字漢語化されることがある。

(34) 米下院は十一日，エイズ感染者の米国への移民を禁止する法案を三五六票対五八票で可決した。同様の法案が先月，上院で可決されているため，これでエイズ感染者の移民禁止が確定した。
(35) 英上院は2日，英国国教会が女性に司祭の資格を与えるための法案を投票なしで承認した。これにより，来春にも同国で初の女性司祭が誕生することになった。

これらは，第1文であることがらが「可決」「承認」されたことを述べ，それによって，そのことがらのある側面が「確定」したり「誕生」したりすることを第2文で述べるもので，その際に，「確定」「誕生」するものを第2文の主語として四字漢語化するものである。

また，(36)(37)では，第1文の述語句・連体句がともに第2文で規定語（連体修飾語）として四字漢語化しているが，この第2文は，第1文のことがらに対して「その原因は？」「その狙いは？」と問いつつ，その答えを述べるような関係にあり，四字漢語は，この問いの「その」にあたる部分を表すものとして，「原因」「狙い」といった語の規定語としてつくられている。

(36) 松下寿電子工業は28日，ハードディスクドライブ（HDD）大手のクアンタム社（米国カリフォルニア州）と設立したキーデバイス（基幹部品）の記録ヘッド会社「MKQC」（米国マサチューセッツ州）の合弁を解消することで同社と合意した，と発表した。MKQC社が技術革新の流れに乗り遅れ，損失が予想されるのが合弁解消の原因。
(37) 三菱自動車工業の河添克彦社長は25日，大阪市内で会見し，昨年中止を決めたインドネシアでの「アジアカー」の生産を今春にも開始する方針を明らかにした。当初予定より1年遅れるが，「インドネシア国内での当社のシェアはいい位置にあり，そのポジションを維持したい」と生産開始の狙いを説明した。

第5章　臨時的な四字漢語の文章内形成

　こうした事例は，パターンとみるにはなお個別的で，もっと多くの類例を確認する必要がある。補語化，規定語化の事例は多様で，より詳しい検討が求められる。

　また，今回は，第1文と第2文とが非対比的な関係にあるものを対象としたが，対比的な関係にある場合にも，文章顕現型の四字漢語化は観察される。その場合，四字漢語化が第1文の単語列と同じ成分で起こるものと，異なる成分で起こるものとがある。前者には，(38)(39) のように，第1文の述語句が第2文でも述語の四字漢語になるものが多い。

(38) 任期満了に伴う兵庫県知事選（10月25日投票）で，原水爆禁止兵庫県協議会事務局長の梶本修史氏（50）が2日，共産党推薦で出馬することを表明した。同知事選では既に現職の貝原俊民氏（65）が4選を目指し出馬表明している。

(39) JR西日本は八日午前，大阪証券取引所に株式の上場を申請した。午後には東京，九日に名古屋，京都，十日には広島，福岡のそれぞれの証券取引所にも上場申請する。

　後者の，異なる成分で四字漢語化するものには，単語列が述語句であるものが多い。(40) ではその述語句が題目語に，(41) では補語に，(42) では規定語に，それぞれ，四字漢語化している。

(40) 米上院は二十日午後，クリントン大統領就任後に本会議を開き，クリストファー国務長官，アスピン国防長官，ベンツェン財務長官の任命を承認した。他の閣僚の任命承認は，二十一日に行われる予定。

(41) 海部首相の自民党総裁選出馬断念をうけた政局は五日午前，宮沢喜一元蔵相が正式に総裁選へ出馬を表明，十九日の告示に向けた選挙戦の火ぶたを切った。渡辺美智雄元政調会長，三塚博前政調会長の両氏も同日午後，出馬表明を行う。

(42) 計算ミスを犯す欠陥が発見された米インテル社製の最新鋭マイクロプロセッサー（MPU，超小型演算処理装置）「ペンティアム」をめ

137

ぐって，同MPU搭載パソコンなどを製造・販売しているNECと富士通は十四日，問題のMPUを来年一月から無料で交換すると発表した。東芝，日立製作所も無料交換の方針を打ち出している。

　連文間の連接関係には，対比的・非対比的というだけでなく，たとえば，永野賢（1972・1986）の，連接関係の類型（「展開型」「反対型」「累加型」「同格型」「補足型」「対比型」「転換型」「飛石型」「積石型」）や，文の連鎖の基本方式（「現象文→現象文」「現象文→判断文」「判断文→判断文」「判断文→現象文」「現象文→準判断文」「判断文→準判断文」など）などがあり，新聞の報道文に特化したものとしては，竹内和広・松本裕治（2001）の，修辞構造理論（RST）にもとづく修辞関係（「背景状況の提供」「補足・詳細説明」「言換え・要約」「連続事態の提示」「対比，対立」など）などがある。ただ，連接関係の分類は必ずしも明快に行えるものではないため，今回は，構文的なすえ直しのパターンに加味することを断念したが，これも，今後の課題とする必要がある。

　さらに，今回は，5節で紹介した「関係保存型」以下の類型の違いを，すえ直しのパターンに加味することもできなかった。とくに，第1文の単語列がどのようなものであるかを把握しようとするとき，そもそも，関係創造型のような（単語列の）要素どうしが構文的な関係をもたない場合にどうするかという問題がある。

　このほか，指示語句ともかかわるが，文章顕現型の四字漢語化では，四字漢語に指示詞が前接する場合としない場合とで，指示のあり方が異なる場合がある。（43）の「この死刑執行」は，第1文の単語列「死刑が執行された」（特定の事態）を直接に指示するが，（44）の指示詞のない「死刑執行」の方は，今年行われた，あるいは，橋本政権下で行われた「死刑執行」を広く一般的に指している。このような違いも，パターンのとりだしの際には考慮しなければならないことだろう。

　（43）中国で職権を利用して収賄し死刑判決を受けた市長，局長ら計三人に二十九日，死刑が執行された。新華社は「腐敗反対闘争の勝利」

第 5 章　臨時的な四字漢語の文章内形成

と報道しており，この死刑執行で十一月の共産党第三回中央委員会総会（三中全会）を前に行われていた腐敗反対キャンペーンは幕を引くことになりそうだ。

（44）東京拘置所（東京都葛飾区）で 20 日，死刑囚 3 人に対し，死刑が執行されたことが分かった。死刑執行は今年 7 月 12 日にやはり 3 人に対し執行されて以来で，橋本政権下では 2 回目。

注

1) 語彙的・命名的な四字漢語については，村木新次郎（2002・2004）などを参照。
2) 石井（2007）が，「臨時の複合語」の形成を，構文論（とくに連語論）とのかかわりから検討すべきとし，文章論的な検討の必要性を述べていないのは不十分である。
3) 臨時一語は，大量生産的（文章の作り方），凝縮的（情報の密度），専門的（情報の内容），概略的（情報の述べ方），硬い・難しい（文体）といった特徴（のいくつか）をもつ文章に現れやすい（石井 1993）。
4) 「文章顕現型の臨時一語化」という用語は，石井（1997）などで，「Syntagmatic な臨時一語化」，「文章における臨時一語化」などと呼んでいたものを改めたものである。
5) この指示語句の機能は，McCarthy（1991＝1995）のいう「談話構成語（discourse-organizing words）」のそれに重なるように思われる。
6) ただし，高崎は，名づけについても次元転換についても，そこでつくられる複合語が「臨時的」なものであることには，とくに言及していない。
7) 指示語句の「名づけ」は，基本的に，書き手がその場限りで行うものであって，語彙に登録されることを前提として行われる語彙的な語形成ではない。もちろん，そうしてつくられた臨時的な語が，結果として，社会に定着することはあり得る。
8) ただし，新聞記事冒頭の連文が，同じタイプの文章とは限らない。永野（1965）が示すように，第一面の記事では冒頭に有題文が，社会面の記事では無題文が来るというような，顕著な違いも見られる。

第 2 部
通時的全文コーパスによる探索

第 6 章

「デフレから脱却する」
——新聞におけるコロケーションの成立と変化

1. はじめに

　本章は「コロケーション」を，田野村忠温の規定に従って「類似の複数語の共起に比べて特によく見聞きされる複数語の共起」（田野村 2012：194）とする。したがって，「コロケーションの成立」とは「類似の"複数語の共起"のなかで特によく見聞きされる"複数語の共起"が現れること」であり，「コロケーションの変化」とは「類似の"複数語の共起"のなかで特によく見聞きされる"複数語の共起"が変わること」である。

　このように，コロケーションとは使用頻度（使用率）の高低に依存する概念であるから（田野村 2012：200），その成立や変化を問題とする場合には，個別の表現の使用頻度を安定的に知るための言語資料，すなわち，大規模な通時コーパスが必要になる。コロケーションの通時的な研究が英語において先行しているのも（秋元 [編]（1994），堀 [他]（2009）など），そのようなコーパスの整備状況と関係しているだろう。日本語に関しては，近年，国立国語研究所を中心に大規模な通時コーパス構築のプロジェクトが進められており，コロケーションの通時的な研究についても今後大きな進展が期待されるところである。

　本章は，そうした本格的な研究の前段階にあって，コロケーションの成立

と変化に関する事例的な検討を，いわゆる「簡易コーパス」（McEnery and Hardie 2012＝2014：16）としての20数年分の新聞データを利用して行おうとするものである。どのような"複数語の共起"がコロケーションとして成立するのか，それはまたどのように変化する（しない）のか，その仕組みや要因は何なのかということを明らかにするためには，個別の事例について，コロケーションが成立する過程，変化する過程を詳細に跡付け，記述する作業を積み重ねることも必要だと考えるからである。

2．コロケーションの変化の研究法

　田野村（2012：211-212）は，コロケーションの変化の研究として，アプローチの異なる2つの事例を紹介している。1つは，「過去30年に『自己』『意識』という2語のコロケーションがそれぞれどのように変化したかを，構築途上の『現代日本語書き言葉均衡コーパス（BCCWJ）』の分析によって明らかにし」た前川（2009）であり，いま1つは「『可能性』『必要性』『危険度』『影響力』といった程度性名詞とその程度の大小を表す形容詞類の共起傾向の過去60年における変化の様相を国会会議録のデータに基づいて論じ」た服部（2011）である。田野村によれば，前者は「ある語がどんなことを表現する文脈でよく使われるか」ということの時間的変容を，後者は「同じことを言うのにどの述語がよく選ばれるか」ということの時間的変容をそれぞれ対象としている点で性質を異にするという。

　コロケーションはその規定上「類似の"複数語の共起"」を想定し，その中で「特によく見聞きされる」ものをそれと認めるわけであるから，「類似の"複数語の共起"」というものの範囲をどのように定めるかということが問題となるが，上の2つの研究事例はその点でも異なっている。「自己」という語がつくるコロケーションが時代によってどう変化するかという問題設定は，「自己」を中心語とする共起をすべて「類似の"複数語の共起"」と見るわけで，その範囲はかなり広い。それに対して，「可能性が多い・強い」から「可能性が高い」へというコロケーションの変化は，「類似の"複数語の共起"」

の範囲を「同じことを言う」同義・類義の共起に狭く限定することによって見出すことができるものである。

さらに,後者の「同じことを言うコロケーションがどう変化するか」を問う研究においても,その「同じこと」とは何かということが問題となる。"複数語の共起"[1]の中でも,自立的な単語どうしの(従属的な)語結合には,単語と同様に,現実(の断片)を指し示すという機能と,それに名づける(一般的な名前を与える)という機能とがある。したがって,この種の語結合が「同じことを言う」というとき,そこには「同じ現実(の断片)を指し示す」「同じ名づけ的意味[2]を表す」という2つの意味合いが生じることになる。これらの語結合についてコロケーションを考えるときには,それが「同じ現実を指し示す」語結合の中でのコロケーションなのか(現実指示のレベル),「同じ名づけ的意味を表す」語結合の中でのコロケーションなのか(意味表示のレベル)を区別する必要がある。

3. 対象と資料:新聞の「デフレ+動詞」句

本章でとりあげる事例は,新聞で用いられる「デフレ+動詞」句である。ここで「デフレ+動詞」句とは,名詞「デフレ」を修飾要素とする動詞句で,《経済の状態をデフレからそうでない状態にする意図的な行為》という現実を指し示すものの意である。他動詞句ばかりでなく,「主体が意志を持って自らをデフレでない状態に置くこと」を表す自動詞句も,そうした現実を指し示すものとして含める。ただし,「デフレが終わる」「デフレが収束する」などの非意図的な表現,「デフレと闘う」「デフレを緩和する」などデフレの継続・残存を含意する表現は,異なる現実を指示するものとして除いている[3]。また,修飾要素は基本的に単純語の「デフレ」[4]に限定し,「デフレ経済」「資産デフレ」「土地デフレ」といった(専門的な)複合語を修飾要素とする動詞句は,これも指示する現実が異なる可能性があると考えて対象としていない(これらは用例数も少ない)。

資料には,『毎日新聞』の全文記事データ26年分(1991年〜2016年)[5]を

表1 「デフレ＋動詞」句の種類と使用量

順位	動詞句	使用頻度	使用率	累積使用率	順位	動詞句	使用頻度	使用率	累積使用率
1	～から脱却する	233	0.385	0.385		～を打破する	2		
2	～を脱却する	90	0.149	0.534		～を抜け出す	2		
3	～を克服する	89	0.144	0.678		～を払しょくする	2		
4	～を止める	49	0.081	0.759	23	～から脱する	1	0.002	1.000
5	～から抜け出す	34	0.056	0.815		～から抜け切る	1		
6	～を解消する	27	0.045	0.860		～に終止符を打つ	1		
7	～を退治する	11	0.018	0.878		～を抑え込む	1		
8	～から脱出する	10	0.017	0.911		～を終わらせる	1		
	～を脱する	10				～を改革する	1		
10	～を食い止める	7	0.012	0.922		～を改善する	1		
11	～を阻止する	5	0.008	0.939		～を根絶する	1		
	～を脱出する	5				～を征伐する	1		
13	～に歯止めをかける	3	0.005	0.949		～を取り払う	1		
	～を終息させる	3				～を直す	1		
15	～から抜け出る	2	0.003	0.975		～を乗り越える	1		
	～を打ち破る	2				～を封じ込める	1		
	～を抑える	2				～を振り切る	1		
	～を解決する	2				～を抑制する	1		
	～を是正する	2				計	605		

通時的全文コーパスとして用いる。1991～2016年は，日本経済がバブル崩壊後にデフレ状態に陥ってから長くデフレに苦しむ期間であり[6]，新聞でも「デフレ＋動詞」句が活発に使用されていて，あくまで「新聞における」という限定は付くものの，コロケーションの成立と変化の様相を観察・記述し得る好適な資料であると考える。

いま，コーパスから得られたすべての「デフレ＋動詞」句を，調査期間（1991～2016年）の総使用頻度の降順に示すと表1のようになる。

これを見ると，まず37種という多様な動詞句が現れている一方で，個々の動詞句の使用量（使用頻度）に大きな差のあることもわかる。最も多い「～から脱却する」（以下，個別の「デフレ＋動詞」句について「デフレ」の部分を「～」で表示する）がこれだけで全体使用量の4割近くを占める一方，全期間を通して1回か2回しか使われていない動詞句が23種にも及ぶ。頻度順上位3種で全体使用量の7割近く，上位5種で8割以上を占めるなど，種類

として多様な「デフレ＋動詞」句も使用の面では少数の個別動詞句に集中する傾向があるのは明らかであり，同じ現実を指し示す多様な表現の中から慣習的に用いられるコロケーションが成立する様子をうかがうことができる。ただし，本章の目的は，これらの動詞句の通時的な使用の中から，コロケーションが成立し，また，変化していく過程を跡付けることであり，そのためには，現実指示と意味表示のそれぞれのレベルで個別動詞句の通時的な出現状況を調べる必要がある。

4. 意味表示のレベル：コロケーションの成立

　はじめに，動詞句の意味表示のレベルで，コロケーションが成立しているかどうか検討する。以下は，表1の37種の「デフレ＋動詞」句をその名づけ的意味によって分類してみたものである。ここでいう名づけ的意味とは，それぞれの動詞句が《経済の状態をデフレからそうでない状態にする意図的な行為》という同じ現実（の断片）をどのような観点から（一般的に）名づけ，表現しているかを表すものである。

① 〈デフレを滅ぼす〉類……〜を征伐する，〜を退治する，〜を根絶する
② 〈デフレを破る〉類……〜を打ち破る，〜を打破する
③ 〈デフレを消す〉類……〜を解消する，〜を払しょくする，〜を取り払う，〜を振り切る
④ 〈デフレを終わらせる〉類……〜を終わらせる，〜を終息させる，〜に終止符を打つ，〜を解決する
⑤ 〈デフレを止める〉類……〜を止める，〜を食い止める，〜を阻止する，〜に歯止めをかける
⑥ 〈デフレを抑える〉類……〜を抑える，〜を抑え込む，〜を封じ込める，〜を抑制する
⑦ 〈デフレを正す〉類……〜を直す，〜を改革する，〜を改善する，〜を是正する

⑧〈デフレに打ち勝つ〉類……〜を克服する，〜を乗り越える
⑨〈デフレを抜け出す〉類……〜を抜け出す，〜を脱する，〜を脱却する，〜を脱出する
⑩〈デフレから抜け出す〉類……〜から抜け出す，〜から抜け出る，〜から抜け切る，〜から脱する，〜から脱却する，〜から脱出する

表2は，各動詞句の年次別の使用状況を，上の①〜⑩の意味分類ごとにまとめたものである。今回は1991年から2016年までの新聞コーパスを調査したが，実際に「デフレ＋動詞」句が観察されたのは1995年からであったため，表2においても95年以降の使用頻度を記している。

これを見ると，使用量が少なく明確な傾向を見出せない類が5類あるが，残りの5類については，以下に示すように（表2では太字で示した），いずれもただ一つの動詞句に使用が集中する傾向が見られる（カッコ内は，同一意味分類の総使用量に対する当該動詞句の使用率）。

③〈デフレを消す〉類：〜を解消する（87.1%）
⑤〈デフレを止める〉類：〜を止める（76.6%）
⑧〈デフレに打ち勝つ〉類：〜を克服する（98.9%）
⑨〈デフレを抜け出す〉類：〜を脱却する（84.1%）
⑩〈デフレから抜け出す〉類：〜から脱却する（82.9%）

これらはいずれも，それぞれの意味分類の同義・類義の動詞句の中で使用量が圧倒的に多く，他に比べて「特に見聞きされることの多い」コロケーションとして成立していると考えてよいだろう。

また，表2を見ると，1つの意味分類の中で複数の動詞句がコロケーションの地位を争ったり，交代したりといった競合（秋元［編］1994：9-10）の形跡はなく，したがって，意味表示のレベルではコロケーションの変化という現象は生じていないと言ってよい。

なお，同じ意味分類の中で（他の動詞句ではなく）これらの動詞句がコロケーションとして成立した理由は簡単にはわからないが[7]，漢語サ変動詞が

第6章 「デフレから脱却する」——新聞におけるコロケーションの成立と変化

表2 「デフレ＋動詞」句の使用量（意味分類別）

意味分類	「デフレ〜」	95	96	97	98	99	00	01	02	03	04	05	06	07	08	09	10	11	12	13	14	15	16	計
①	を根絶する							1																1
①	を征伐する							1																1
①	を退治する								2	2	5					2								11
②	を打破する								1						1									2
②	を打ち破る																				2			2
③	を払しょくする					1							1											2
③	を解消する							5	7	3	2	2	2				2			3	1			27
③	を取り払う																			1				1
③	を振り切る																			1				1
④	を解決する							1												1				2
④	に終止符を打つ							1																1
④	を終息させる								2	1														3
④	を終わらせる									1														1
⑤	に歯止めをかける			1				1	1															3
⑤	**を止める**				1	1		8	16	9	1					4	2	1		5			1	49
⑤	を食い止める							1	1	2				1	1								1	7
⑤	を阻止する								1	1										1	1	1	1	5
⑥	を抑える							1	1															2
⑥	を抑え込む									1														1
⑥	を抑制する									1														1
⑥	を封じ込める											1												1
⑦	を是正する								1									1						2
⑦	を改革する									1														1
⑦	を改善する									1														1
⑦	を直す																				1			1
⑧	**を克服する**							3	19	23	4	2	9	11		2	3	1	5	2		2	1	87
⑧	を乗り越える																			1				1
⑨	を脱出する	1						2		1	1													5
⑨	**を脱却する**					1			4	7	2	5	16	3	2	1	5	1	14	18	7	3	1	90
⑨	を脱する				1	1			2					1	1					1	1		2	10
⑨	を抜け出す										1											1		2
⑩	から脱出する							1	2	1				1	1									10
⑩	**から脱却する**						1	4	6	15	10	9	17	6	3	3	11	5	24	51	29	17	22	233
⑩	から抜け出す								3	2	3	2	2	1			4	2		7	3	3	2	34
⑩	から抜け切る											1												1
⑩	から抜け出る																				2			2
⑩	から脱する																				1			1

多いのは，新聞文体と親和性が高いこと，名詞句（「デフレの解消／克服／脱却」）や複合語（「デフレ解消／脱却／克服」）がつくりやすいことなどが考えられる。また，「解消する」「克服する」「脱却する」は，いずれも「良いこと」「立派なこと」といったプラス評価のコノテーション（暗示的意味）をもつ単語であり，そのことが関係している可能性もある。ただし，「～を止める」はこれらのいずれにも該当しないので，さらに検討が必要である。いずれにしても，同じ意味を表す（同義・類義の）動詞句が複数ある場合は，言語使用の経済性を高めるために，そのうちの一つがコロケーションとして成立して慣習的に使われるようになるという作用が共通して働いている可能性はあるだろう。

5. 現実指示のレベル：コロケーションの変化

5.1 「デフレ＋動詞」句の通時的な使用状況

　前節では，1つの意味分類に1つのコロケーションが成立し，「デフレ＋動詞」句全体では5種のコロケーションが成立していることを確認した。これらは，意味表示のレベルではそれぞれに異なる名づけ的意味を表すコロケーションであるが，現実指示のレベルではみな同じ現実（の断片）を指し示すと想定されるものである。なぜ，同じ現実を指し示すのに5つものコロケーションが存在するのか。現実指示のレベルでこれらはどのような関係にあるのか。こうしたことを明らかにするためには，改めて個別動詞句の通時的な使用状況を見る必要がある。

　表3は，表1の37種の動詞句を初出の年次が早い順に並べたものである（初出年が同じものは使用の最終年が早いものほど，それも同じものは総使用量の少ないものが上段になるように配置した）。いま，最下行の「計」の欄にある新出動詞句の数（異なり），個別動詞句の種類（異なり），全動詞句の使用量（延べ）に注目すると，「デフレ＋動詞」句の現れ方には年次によって大きな変動のあることがわかる。これは現実の政治経済の動きと関係している

可能性があるが，そのことを，日本の歴代内閣とインフレ率の変化をまとめた表4を参照しながら，確かめてみよう。

まず，1991年以降を対象とした今回の調査で「デフレ＋動詞」句が最初に現れるのは1995年だが，これは日本が戦後初めてデフレ状態（インフレ率がマイナスになる）に陥った年（衣川2015：1）と一致している。

その後，2000年までに8種の「デフレ＋動詞」句が現れるが，いずれも使用頻度が少なく，散発的である。この6年間は，1995年に戦後初めてデフレに陥ったものの，翌年にはインフレ率もプラスに戻り，内閣も村山→橋本→小渕→森と短期間で交代した時期である。

これに対して，2001～03年には，数多くの新出動詞句が現れ，「デフレ＋動詞」句の種類も使用量も一気に増加する。2001年という年は，1999年に再びインフレ率がマイナスに陥ってから3年目，デフレの度合いも深刻化し，また，その後長期政権となる小泉内閣が発足した年である。

2004・05年になると，新出動詞句の数も少なくなり，「デフレ＋動詞」句の種類も使用量もかなり減ってしまう。この2年間は小泉内閣の後半で，デフレ状態も改善に向かっている。

2006～08年は，新出動詞句はまったくなくなり，「デフレ＋動詞」句の種類も使用量もさらに減って，2008年には2種類の動詞句が5回使われただけという状態にまで少なくなる。この3年間はインフレ率もプラスに転じ，また，小泉内閣が終わって，第一次安倍→福田→麻生と内閣が交代した時期である。

2009～12年も，新出動詞句はまったくなく，「デフレ＋動詞」句の種類・使用量が少ない状況に変わりはない。2009年という年は，4年ぶりにインフレ率がマイナスとなり（2012年まで続く），自民党内閣から民主党内閣に政権交代した年である。2010年と12年に延べの使用量がやや増えるのは，菅内閣・野田内閣がそれぞれ「新成長戦略」「日本再生戦略」という基本方針を打ち出したことと関係する可能性がある。

第 2 部　通時的全文コーパスによる探索

表 3 「デフレ＋動詞」句の使用量（初出年次順）

「デフレ〜」		95	96	97	98	99	00	01	02	03	04	05	06	07	08	09	10	11	12	13	14	15	16	計
を脱出する ⑨		1						2		1	1													5
に歯止めをかける ⑤				1				1		1														3
を止める ⑤					1	1		8	16	9	1				4	2	1		5				1	49
を脱却する ⑨				1					4	7	2	5	16	3	2	1	5	1	14	18	7	3	1	90
を払しょくする ③					1								1											2
を脱する ⑨						1	1		2				1	1						1	1		2	10
から脱出する ⑩								1	2	1	4		1	1										10
から脱却する ⑩							1	4	6	15	10	9	17	6	3	3	11	5	24	51	29	17	22	233
を根絶する ①								1																1
を征伐する ①								1																1
を抑える ⑥								1	1															2
を退治する ①								2	2	5						2								11
を解決する ④								1												1				2
を解消する ③								5	7	3	2	2	2			2				3	1			27
を食い止める ⑤								1	1	2			1	1									1	7
から抜け出す ⑩								3	2	3	2	2		1			4	2		7	3	3	2	34
を克服する ⑧								3	19	23	4	2	9	11		2	3	1	5	2		2	1	87
に終止符を打つ ④								1																1
を終息させる ④								2	1															3
を打破する ②								1								1								2
を是正する ①								1										1						2
を阻止する ⑤								1	1											1	1	1		5
を終わらせる ④									1															1
を改革する ⑦									1															1
を抑え込む ⑥									1															1
を抑制する ⑥									1															1
を改善する ⑦									1															1
から抜け切る ⑩											1													1
を抜け出す ⑨											1											1		2
を封じ込める ⑥													1											1
を取り払う ③																			1					1
を乗り越える ⑧																			1					1
を打ち破る ②																				2				2
から抜け出る ⑩																				2				2
を直す ⑦																				1				1
から脱する ⑩																				1				1
を振り切る ③																				1				1
計	新出異なり	1	0	1	2	2	2	9	5	5	2	1	0	0	0	0	0	0	0	2	5	0	0	37
	全体異なり	1	0	1	2	3	3	14	15	19	9	7	8	6	2	4	8	5	4	10	11	5	9	37
	全体延べ	1	0	1	2	3	3	35	65	82	24	22	48	23	5	10	30	10	44	90	49	26	32	605

第 6 章 「デフレから脱却する」――新聞におけるコロケーションの成立と変化

表 4　日本の歴代内閣とインフレ率（%）[8]

年	1991	1992	1993	1994	1995	1996	1997	1998	1999	2000	2001	2002	2003
インフレ率	3.25	1.76	1.24	0.7	-0.13	0.14	1.75	0.67	-0.34	-0.68	-0.74	-0.92	-0.26
首相	海部 宮澤	宮澤	宮澤 細川	細川 羽田 村山	村山	村山 橋本	橋本	橋本 小渕	小渕	小渕 森	森 小泉	小泉	小泉

年	2004	2005	2006	2007	2008	2009	2010	2011	2012	2013	2014	2015	2016
インフレ率	-0.01	-0.28	0.25	0.06	1.38	-1.35	-0.72	-0.27	-0.06	0.34	2.76	0.79	-0.11
首相	小泉	小泉	小泉 安倍	安倍 福田	福田 麻生	麻生 鳩山	鳩山 菅	菅	野田	野田 安倍	安倍	安倍	安倍

　2013・14 年には 8 年ぶりに新出の動詞句が現れ，「デフレ＋動詞」句の種類も使用量も増加に転じる。2013 年は前年の年末に第二次安倍内閣が発足し，インフレ率もプラスに転じた年である。

　2015・16 年は，再び新出動詞句がなくなり，「デフレ＋動詞」句の種類・使用量も少なくなる。この時期（とくに 2016 年），安倍内閣はいわゆる「骨太の方針」に「もはやデフレ状況ではない」と明記している。

　以上のように，新聞における「デフレ＋動詞」句の現れ方は現実の政治経済の動きと関係している可能性が高いが，それは新聞が現実の動きを報道するメディアであることを考えれば当然のこととも言える。そして，このことは，以下で行う，現実指示レベルでのコロケーションの変化の検討においても十分に考慮する必要がある。

5.2　コロケーションの交代

　図 1 は，前節の（5 つの意味分類ごとのコロケーションと考えた）5 種の動詞句とそれ以外の「その他」の動詞句について，表 3 の各年次の使用量（延べ）を積み上げ棒グラフに表したものである。上述したように各年次の使用量には大きな変動があるため，このグラフからは動詞句間の関係をただちに読み取ることは難しい。

　そこで，図 1 を構成比棒グラフに変えて，動詞句間の使用率を比較したの

第2部 通時的全文コーパスによる探索

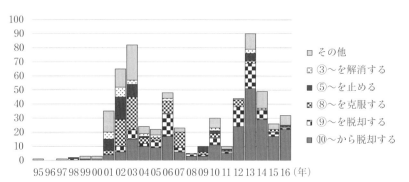

図1 「デフレ+動詞」句の使用量（延べ）

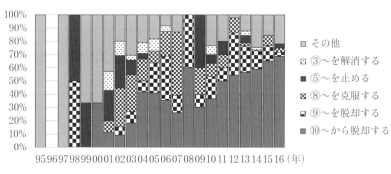

図2 「デフレ+動詞」句の使用率

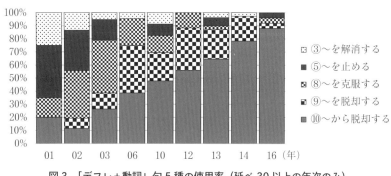

図3 「デフレ+動詞」句5種の使用率（延べ30以上の年次のみ）

が図2である。このグラフからは,「〜から脱却する」の割合が増えていることはわかるものの,他の動詞句の変動傾向はわかりにくく,また,全体の使用量が少なく構成比の数値が不安定になる年次も含んでいるため,一貫した傾向を読み取ることも難しい。

そこでさらに,「その他」を除き,年次も全体の使用量が延べ30以上の9年分に限定して,改めて5種の動詞句のみの構成比を示すと図3のようになる。

図3を左から右に眺めると,各年次で使用率の最も大きい動詞句が,2001年は「〜を止める」,02・03年は「〜を克服する」,06年以降は「〜から脱却する」と交代していることがわかる。「〜を解消する」と「〜を脱却する」はどの年次でも最も優勢になることはないが,ただ,「〜を脱却する」は06年で「〜から脱却する」とほぼ同率であること,また,「〜を解消する」は01年で「〜を止める」に次いで2番目の使用率であり,かつ,その後減少することなどを勘案すると,図3からは,おおよそ,左上から右下に向かって,

③「〜を解消する」→⑤「〜を止める」→⑧「〜を克服する」→⑨「〜を脱却する」→⑩「〜から脱却する」

という動詞句の交代,すなわち,コロケーションの変化を想定してよいのではないかと考える。つまり,意味表示レベルで名づけ的意味ごとに成立した5種のコロケーションが,現実指示のレベルでは同じ現実を指し示すコロケーションとして競合・交代し,最終的には「〜から脱却する」に変化していくという図式である。

この想定の興味深いところは,これらの交代の順番が各動詞句の他動性の強弱の序列と平行しているという点である。他動性については多くの議論があるが,ここでは「デフレ+動詞」句における動詞の「語彙的な他動性」(藤縄1993:132)を問題とし,「動詞の表す行為の他者=名詞へのかかわり方,とくに行為が他者にどれほどの影響(変化)を及ぼすか」という意味的側面のみに注目する。

すると,名詞「デフレ」を対象とし,それに働きかける他動的な結びつき

の中で，対象に最も大きな影響（変化）を及ぼす（名づけである）のは③〈デフレを消す〉類の「〜を解消する」であり，次に大きな影響を及ぼす（名づけである）のは⑤〈デフレを止める〉類の「〜を止める」であろう。

⑧〈デフレに打ち勝つ〉類の「〜を克服する」は，「デフレ」を対象としてそれに働きかける点では前二者と同じだが，対象をどう変化させるかという側面より，対象への働きかけによって主体自身がより良い状態・より高い次元の存在に変化するという再帰的な（名づけである）側面が強く，その分，他動性は前二者よりも弱まるものと考えられる。

次の「〜を脱却する」は，「脱却する」を，「デフレ」を対象とする他動詞とみるか，それとも抽象的な起点とする自動詞とみるかという点で，多義的である。「固定観念を脱却する」などという場合は「捨て去る」に近い他動詞であろうし，「過酷な状況を脱却する」などという場合は「逃れる」に近い自動詞であろう。前節では，「デフレ」が経済的な状況であることを考え，「〜を脱却する」を⑨〈デフレを抜け出す〉類に属する自動詞句と考えた。とすれば，その他動性は，前の三者よりもさらに弱まるものと考えられる。

最後の⑩〈デフレから抜け出す〉類の「〜から脱却する」は，カラ格をとっていることもあり自動詞句としてよいが，とすれば，同じ自動詞句と考えた「〜を脱却する」との他動性の差が問題となる。これについては，ヲ格とカラ格の両方が可能な移動動詞の場合，「カラ格を用いた方がより起点を強調した表現となる」という三宅（1995）や，「『から』が第一義的に〈起点〉を標示するのに対し，『を』は広い意味で〈働きかけの対象〉を標示するものである」とする杉村（2005）などを参考に，「〜から脱却する」の他動性が最も弱いものと考えたい。なお，杉村（2005）のいう「働きかけの対象」とは，「〈起点〉に対してそこからの離脱を働きかける」（同：115），「主体がヲ格で表される『場所』に対して何らかの働きかけをして，その所属から離れる」（同：116）ことなどを指すものである。

以上のように，「デフレ＋動詞」句を現実指示のレベルで「同じことを言う」動詞句と見てその通時的な使用状況を調べると，そこには5つの意味分類を代表する動詞句が順次交代していくという，コロケーションの変化と言ってよい現象を見出すことができる。そして，その変化は，興味深いことに，

第 6 章 「デフレから脱却する」――新聞におけるコロケーションの成立と変化

他動性の度合いの序列と平行していて、より他動性の強い動詞句からより弱い動詞句へと交代していくように見えるのである。

5.3　変化の要因

そもそも、「デフレ＋動詞」句とは、《経済の状態をデフレからそうでない状態にする意図的な行為》という同じ現実を指し示すものの、その同じ現実をどのような観点から名づけるかという点では①〜⑩の意味分類に分けられるものであった。そのうちの5つの意味分類を代表する動詞句がコロケーションとして成立し、それらが順次交代していったということは、同じ現実をどう名づけるか、その名づけ方が交代＝変化したということを意味する。

これを表現主体（「デフレ＋動詞」句の使用者）の側から見れば、《経済の状態をデフレからそうでない状態にする》という「同じこと」を指し示すのに、はじめは③〈デフレを消す〉類の「〜を解消する」や⑤〈デフレを止める〉類の「〜を止める」という名づけ方を選びながら、それを⑧〈デフレに打ち勝つ〉類の「〜を克服する」という名づけ方に代え、さらには⑨〈デフレを抜け出す〉類の「〜を脱却する」や⑩〈デフレから抜け出す〉類の「〜から脱却する」に代えていったということである。要するに、「デフレを対象ととらえてそれをなくそうと働きかける」という名づけ方から、「デフレを自らを取り巻く困難な状況ととらえてそれから逃れる」という名づけ方へ、という方向の変化である。

なぜこのように変化したのか、その要因を明確にすることは現時点では難しいが、1つの可能性として、この期間のデフレの長期化・深刻化があるのではないか。つまり、デフレの長期化・深刻化によって、表現主体の側のデフレに対するとらえ方が「対象」から「状況」へと変化していったのではないか、ということである。以下に、このような推測に矛盾しない事実を2つほどあげる。

まず、コロケーションと考えられた5種の動詞句の紙面分布である。図4は、新聞コーパスに付与されている紙面情報をもとに、各動詞句がこの期間で優勢であった2年分（「〜から脱却する」の場合は使用率が初めて50％を

第 2 部　通時的全文コーパスによる探索

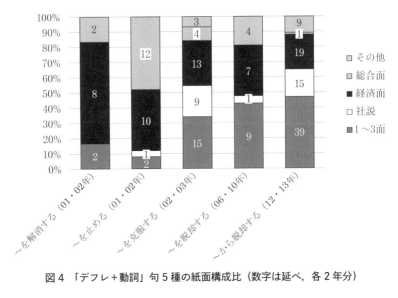

図 4　「デフレ＋動詞」句 5 種の紙面構成比（数字は延べ，各 2 年分）

超えた 2012 年と翌 13 年とした）の紙面別の使用量（延べ）を構成比棒グラフにしたものであるが，2001・02 年の「～を解消する」は経済面での使用がとくに多く，同じ年次の「～を止める」も経済面と総合面（いろいろな分野の詳報などが多い）が多い。これらの動詞句は，専門的な経済記事で使われることが多いといえる。一方，2002・03 年の「～を克服する」，2006・10 年の「～を脱却する」，2012・13 年の「～から脱却する」は，経済面だけでなく 1 ～ 3 面や社説にその使用が広がり，むしろ後者の紙面の方が多くなっていて，デフレを単なる経済分野の問題ではなく，より深刻な社会全体の問題として扱った記事で使われることが多くなっている，ということを想像させる。つまり，「デフレ」が長期化し，より深刻な問題として社会がとらえ始めたときに，表現主体によってこれらの動詞句が選ばれている可能性がある，ということである。

　次に，政府の経済政策との関係である。2001 年の小泉政権以降，歴代の内閣は，以下のように，経済財政に関する基本方針（自民党政権の場合は，いわゆる「骨太の方針」）を発表している。

第6章 「デフレから脱却する」——新聞におけるコロケーションの成立と変化

 2001 年「今後の経済財政運営及び経済社会の構造改革に関する基本方針」（小泉内閣）
 2002 〜 2006 年「経済財政運営と構造改革に関する基本方針」（小泉内閣）
 2007 〜 2009 年「経済財政改革の基本方針」（安倍・福田・麻生内閣）
 2010 年「新成長戦略」（菅内閣）
 2012 年「日本再生戦略」（野田内閣）
 2013 〜 2016 年「経済財政運営と改革の基本方針」（安倍内閣）

いま，これらの「方針」で，日次を除く本文部分で使われた「デフレ＋動詞」句を拾うと以下のようになる（数字は使用回数。カッコ内に名詞句・複合語を参考までに示す）。

 2001 年：なし
 2002 年：<u>デフレを克服する</u> 3（デフレの克服 2，デフレの解消 1，デフレ克服 1）
 2003 年：<u>デフレを克服する</u> 1（デフレの克服 3，デフレ克服 6）
 2004 年：なし（デフレからの脱却 4，デフレ克服 5）
 2005 年：<u>デフレを克服する</u> 1（デフレからの脱却 3，デフレ脱却 2）
 2006 年：なし（デフレからの脱却 2，デフレ克服 1）
 2007 〜 09 年：なし
 2010 年：<u>デフレを終結させる</u> 2，<u>デフレを終わらせる</u> 1（デフレの終結 3，デフレからの脱却 1，デフレ終結 2）
 2012 年：<u>デフレから脱却する</u> 2（デフレの克服 1，デフレからの脱却 1，デフレ脱却 14）
 2013 年：<u>デフレから脱出する</u> 2，<u>デフレから脱却する</u> 1（デフレからの脱却 5，デフレ脱却 2）
 2014 年：<u>デフレを脱却する</u> 2（デフレからの脱却 3，デフレ脱却 5）
 2015 年：なし（デフレからの脱却 1，デフレ脱却 13）
 2016 年：なし（デフレ脱却 1）

先ほどの図3で「～を克服する」が最も優勢になっている2002・03年には，上の「方針」でも「～を克服する」が使われ，同じく図3で「～から脱却する」が50％を超えた2012年と翌13年は上の「方針」でも「～から脱却する」が使われている。こうしたことは，政府がデフレを深刻にとらえ，その対策に力を入れた年に，「～を克服する」「～から脱却する」という動詞句が表現主体によって選ばれ，使われている（政府自らもこれらの動詞句を使っている）ということを推測させる。

6．まとめと今後の課題

　以上，新聞の「デフレ＋動詞」句の通時的な頻度調査から，そのコロケーションが成立，変化する過程を跡付け，記述する作業を試みた。その結果，「デフレ＋動詞」句のコロケーションが名づけ的意味にもとづく意味分類ごとに成立していること，それらのコロケーションが2001年以降，他動性の強いものから弱いものへと交代する形で変化していることを見出し，そのようなコロケーションの変化が，デフレの長期化・深刻化によって，表現主体の「デフレ」に対するとらえ方が変化することで引き起こされた可能性を述べた。

　この最後の点については，以下のような疑問が残る。すなわち，もしデフレが長期化・深刻化したというならそれは現実が変わったということであり，また，それによって表現主体のとらえ方が変わり，コロケーションが変化したというなら，それはやはり表現主体にとっての現実が変わってしまったということではないのか。もしそうなら，つまり，同じ現実というものがそもそもあり得ないのであれば，「同じことを言う（＝同じ現実を指し示す）コロケーションがどう変化するか」という問題設定自体が成り立たなくなるのではないか，それは結局，「ある語（＝「デフレ」）がどんなことを表現する文脈でよく使われるか」という問題設定と変わらないことになってしまうのではないか，という疑問である。

　残念ながら，いまこの疑問に答える用意はないが，「克服する」「脱却する」の美化的な性格や，「脱却する」の責任回避のニュアンスなどがコロケーショ

第 6 章 「デフレから脱却する」——新聞におけるコロケーションの成立と変化

ンの成立・変化にどう関係するかという問題を含めて，具体的な用例を吟味しながら検討することを今後の課題としたい。

注

1) 田野村（2012：194）の「コロケーション」には，「気を確かに持つ」のような「多要素から成る語連鎖」，「（〜）より（も）＋はるかに」のような「構成素を成さない語連鎖」，「さぞ〜だろう」のような「あいだに長い表現が介在し得る不連続な語の共起，連鎖」も含まれるなど，その範囲が一般的なコロケーションよりも広いという特徴もある。
2) 鈴木（1972：25）は，「名づけ的な意味とは，現実の断片をそれに固有な諸特徴にもとづいてさししめす意味のことである」とし，「連語とは，名づけ的な意味をもった一つの単語と，それにかかって，その名づけ的な意味を限定する一つ以上の（名づけ的な意味をもった）単語とからなりたち，全体で一つの合成的な名づけ的な意味をあらわす単位である」とする。
3) 意図的か非意図的かは，「デフレから反転する・転換する」のように，文脈をもとに判断した場合もある。また，「デフレから立ち直る」はデフレ後の回復に焦点を当てた表現と判断して対象としなかった。
4) 略語でない「デフレーション」を修飾要素とする例はなかった。
5) この 26 年という調査期間は通時的な変化を見るには短すぎるようにも思われるが，結果としてそうした懸念は当たらない。田野村（2012：220）も「コロケーションの変化は語の変化よりも速いと言える面がある。語自体が交替しなくても，その組合せの慣用は変化し得るからである」として，35 年ほど前の研究で示された「決め込む」の目的語の例が 2012 年時点でもはや一般的でなくなっている例などをあげている。
6) 「不況が深刻化するなかで，日本では戦後なかったデフレーション（物価の持続的な下落）が 95 年から始まった。このデフレは 2015 年の今日に至るまで続いており，先進諸国では日本を除いて皆無である超長期のデフレである。」（衣川 2015：1）
7) 田野村（2012：195-197）は，「コロケーションをコロケーションたらしめる原因は場合によってさまざまに異なる」としつつ，「言語外的な事実」「文体的な適合性」「語の意味」「単なる習慣（とでも言うしかない可能性）」の 4 つをあげる。
8) インフレ率の数値は，GLOBAL NOTE『世界の消費者物価上昇率 国際比較（IMF）』2019 年 4 月 12 日更新版（https://www.globalnote.jp/post-7889.html）による。

第 7 章

「不良債権処理」
──新聞における語結合の一語化・語彙化

1. はじめに

　本章では，前章と同じく新聞の通時的全文コーパスを用いて，語結合の一語化・語彙化という現象の通時的なパターンを事例的に検討する。ケーススタディーとしてとりあげるのは「不良債権処理」という語である。この語は，いわゆるバブル崩壊後の日本社会のキーワードとして使われた。その経緯を簡単にまとめると，以下のようになる。

　1989 年，平成という時代は，バブル景気のまっただ中で幕を開けた。しかし，ほどなくバブルは崩壊（1991 年の春とされる），一転して，「平成（大）不況」とか「失われた 10 年（20 年）」とかいわれる不景気の時期が続くことになる。高騰し続けていた不動産や株などの資産価格は急速に下落，金融機関（銀行，ノンバンク，証券会社など）は大量の不良債権（担保割れしたり，回収の見込みが立たなくなったりした貸し付け）を抱え，倒産するものも現れた。

　このまま不良債権を放置することは金融システムの破綻を招くとして，政府による金融機関への公的資金の投入が検討されたが，とりわけ住宅金融専門会社（住専）やその母体行などの責任を問う国民からは大きな反発を招いた。その後，日本経済再生のためには，不良債権の解消による金融再生が不

可欠との認識が徐々に一般化し，政府による支援の下，大手都市銀行をはじめとする金融機関は不良債権の償却を進めていくことになる。

　この間，マスコミは，こうした不良債権にかかわる問題を大々的に報道し，とくに新聞では「不良債権処理」ということばが一種のキーワードとして多用された。次の記事では，「不良債権処理」が説明抜きで使われており，この用語がすでに定着していることをうかがわせる（傍線は引用者，以下同様）。

　<u>不良債権処理</u>，必要なら税金投入　米国に事実上公約──竹中担当相
　　【ワシントン逸見義行】訪米中の竹中平蔵経済財政担当相は７日，米大統領経済諮問委員会（CEA）のハバード委員長，リンゼー大統領補佐官（経済政策担当），オニール財務長官と個別に会談し，<u>不良債権処理</u>に関連して，金融機関に公的資金を再注入することに前向きな考えを表明した。竹中氏はその後の講演でも，「必要なら（金融機関に）税金を投入する」と明言，事実上，公的資金再注入を"公約"した格好だ。
　　米政府や市場の間では，小泉政権が経済構造改革を唱えながら，中核の問題である<u>不良債権処理</u>の進み方が遅いことにいらだちが広がり始めており，国際通貨基金（IMF）も公的資金の早期投入を主張していた。竹中経済財政相のこの日の一連の発言は，米国側の不満に応える意味もあると見られる。（略）

　　　　　　　　　　　　　　（『毎日新聞』2002 年 1 月 8 日夕刊一面）

　ただし，この「不良債権処理」という語は，はじめからこの形で定着したわけではない。バブル崩壊以降いろいろな表現が行われ，最終的に「不良債権処理」に収束したものである。以下では，この時期の新聞で「不良債権処理」という語がどのようにつくられたかを記述し，そうした語形成（一語化・語彙化）の現象と新聞記事の文章上の特徴とがどのように関連しているか，両者の関連パターンを探ってみる。資料には，『毎日新聞』の全文記事データ 20 年分（1991 年～ 2010 年）を通時的全文コーパスとして利用する。ただし，本文のみを対象とし，見出し・箇条書きでの使用例は除く。大阪本社版の記事は除かないが，同じ記事が複数ある場合は 1 つだけを採る。なお，『朝日新

聞』の記事データベース（東京・大阪版の本文のみ）も部分的に参照する。以下，この2つのデータを，それぞれ，『毎日』『朝日』と略称する。

2. 範列的な側面（動詞要素の選択）

　「不良債権処理」という語の形成を考える場合，（1）なぜ「処理（する）」という動詞要素が選択されたのか[1]という範列的（paradigmatic）な側面と，（2）なぜ「不良債権」と「処理」が一語として結びついたのかという統合的（syntagmatic）な側面とを分けて考える必要がある。この節では，前者について検討する。

　「不良債権処理」という複合語（複合名詞）は，「不良債権を処理する」という基底構造をもつが，この「処理する」という動詞は，国語辞書では「仕事・問題・事件などをとりさばいて片付けること，始末をつけること」などと説明されている。「不良債権処理」の場合は，問題としての「不良債権」を「何らかの方法によってなくす」ことであり，要は，「ゴミ処理」「下水処理」などの「処理」と同じである（「情報処理」などは，「情報をなくす」わけではないから，これとは異なる）。

　ただし，新聞には，《不良債権をなくす》に近い意味合いで，いろいろな動詞が（複合語に限らず）使われている。いま，『毎日』に使われた，「不良債権をVする」という動詞句，「不良債権のVN」という名詞句，「不良債権VN」という複合語の，VないしVNに相当する動詞要素を一括して，簡単な分類のもとに示すと，次のようになる（以降の記述では，サ変動詞については「する」を省略する）。

　　①処理，処分，整理，手当て
　　②なくす，片付ける，解消，一掃，退治，後始末，消去，除去，切り捨てる，清算，穴埋め，解決，正常化
　　③減らす，減少させる，半減させる，削減，圧縮
　　④回収

⑤償却，損金計上，損切り，（帳簿から）消す，消し去る，落とす，オフバランス，オフバランス化，棒引き，放棄
⑥売る，売却，転売，売り戻す，譲渡
⑦移す，移し替える，移管，切り分ける，切り離す，引き離す，分散，分離，付け替える，飛ばす

②は《なくす》類，③は《減らす》類，④～⑦は，《なくす》あるいは《減らす》ための具体的な方策を表す動詞要素である（経済の専門語が多い）。一方，「処理」が所属する①は，《なくす》あるいは《減らす》という結果面と，具体的な方策すなわち過程面の両方を一般的に表せるという意味で，②～⑦の上位語の位置にあるといえる。

表1は，これらの動詞要素の20年分の使用頻度を，度数10以上に限ってまとめたものだが，「処理」が圧倒的に多いことがわかる。新聞では，《不良債権をなくす》に類する表現にいろいろな動詞要素が使われてはいるが，「処理」が他を圧して選択されているのである。

表1 《不良債権をなくす》類の動詞要素

処理	7829	圧縮	38	処分	13
償却	501	飛ばす	29	移し替える	13
回収	275	引き当て	29	消す	13
売却	55	減らす	27	後始末	12
切り離す	47	解消	23	削減	10
穴埋め	47	整理	16		
分離	38	一掃	15		

では，なぜ「処理」が選ばれたのだろうか。いま，20年間のごく初期をみると，どちらかといえば，「処理」以外の動詞要素が多く使われている。表2は，1991年と92年について，使用頻度の多かった上位4語の，月ごとの推移を見たものである。92年8月に「処理」が急増するまでは，「回収」「償却」

「分離」も少なからず使われている。

表2　初期における動詞要素上位4語の使用量

動詞要素	1991年								1992年										
	1	3	5	6	7	8	9	11	2	3	4	5	6	7	8	9	10	11	12
回収		1	2		1							2		2					
償却	1				1	2				3	1	3	2	2	7		4	1	2
処理			1		1			2		5		1	1	3	13	7	18	7	5
分離			5		1	2	7		1										

　実は，この時期には，不良債権問題はまだ社会問題化しておらず，「イトマン事件」など個別の経済事件か，バブル崩壊後に証券会社や銀行の収益が悪化していることなどを，経済ニュースとして報道することが多かったのである。そこでは，「償却」「回収」「分離」など，具体的な処理方策を表す動詞要素が経済面を中心に使われている。

[インサイド] 太平洋銀行，再建に暗雲　再建回収子会社が債務利払い不能に
　（略）都銀四行と太平洋銀行の当初の計画では，九一年度（九二年三月期）までに不良債権の回収を終わることになっているが，バブル（泡）経済の崩壊で，残り一年間で九百五十億円前後の回収を行うのは絶望的。
　年度決算が迫っているため，今のところ各銀行とも支援体制については態度を変えていないが，「不良債権の回収メドが立たないようなら，支援体制そのものについても再検討する必要が出てくるだろう」（支援都銀幹部）との支援見直し論が出始めている。
（91年3月7日朝刊経済面）

大阪府民信組が再建策発表　不良債権960億円分離
　イトマン事件にからみ，伊藤寿永光・イトマン元常務（46）の関連会社などに対する巨額融資で資金不足に陥った大阪府民信用組合（本店・大阪市，南野洋理事長）は二十三日，再建策を発表した。南野理事長の

理事長職退任,約九百六十億円にのぼる<u>不良債権</u>の<u>分離</u>,都銀の協調融資などが柱で,二十九日の組合員総会に諮り決定する。後任の理事長には岸本一夫・大阪高速鉄道常務が就任する。同信組は経営立て直しに向け踏み出すことになる。
(91年5月24日朝刊一面)

東邦相互銀行の24店舗,営業権売却へ――合併の伊予銀行
　伊予銀行は十六日,来年四月に救済合併する東邦相互銀行(本店・松山市)の店舗四十四店のうち二十四店の営業権を都市銀行などに売却することを明らかにした。「合併後二年ほどかけて売却し,三百億円にのぼる東邦相互の<u>不良債権償却</u>の一部に役立てたい」(同行首脳)としている。
(91年8月17日朝刊経済面)

一方,「処理」は,91年には4例中3例が経済面(残る1例も「イトマン事件」の特集)で使われるものの,92年の1～8月には,23例中,経済面は5例だけで,一面9例,社説7例,三面2例と,非経済面での使用の方が多くなる。これらの紙面,とくに社説では,不良債権の問題を,個別の事件などではなく,より一般的な問題として論じている。

「バブル病」を克服するには
　(略)<u>不良債権を処理</u>しやすくするため金融緩和を行うだけでは,本当の意味での"バブル病"の克服にならないことを指摘しておきたい。
(92年7月29日社説)

貧血経済をどう改善するか
　(略)第三は,金融機関の体質を強化することだ。<u>不良債権の処理</u>を急ぎ,店舗の統廃合など合理化,再編を進め,収益力を強化する。そうすれば銀行株は上昇し,銀行経営者の融資姿勢に積極性が蘇(よみがえ)るだろう。
(92年10月22日社説)

第7章 「不良債権処理」——新聞における語結合の一語化・語彙化

不良債権処理は三原則で

　大蔵省は「金融行政の当面の運営方針」を発表した。その最大の目的は、「金融システムの安定確保」である。大蔵省・日銀はこれまで、不良債権処理で金融システムそのものが危機に陥ることはない、と表明してきた。（略）そのためには、三つの原則が必要である。第一は、銀行をはじめとする当事者の自己責任原則、自助努力が、不良債権処理に当たって最優先することの確認である。　　　　（92年8月20日社説）

　先の分類からもわかるように、「処理」は、②～⑦の動詞要素の上位語として、《不良債権を何らかの方法でなくす》ことを最も一般的に表す。それだけ意味が広いわけだから、《不良債権をなくす》ことを（個別具体的な事例としてではなく、より大きな問題として）一般的に論じる場合にふさわしいということになる[2]。つまり、「処理」という動詞要素の選択が拡大していく背景には、新聞がこの事象をより大きな問題として一般化していくという論調の変化ないし形成があると考えられるのである。

　なお、①の動詞要素には、「処理」のほかにも「処分」「整理」がある。ただし、「処分」は、動詞要素（「懲戒処分」「除名処分」「資格停止処分」など）か副詞要素（「厳正処分」「社内処分」「大量処分」など）と結びつきやすく、名詞要素との結びつき（「在庫処分」「廃棄物処分」など）は活発でない。「整理」は、「債務整理」「負債整理」「会社整理」「住専整理」などの語もあるように、「処理」により近いが、「不良債権整理」は20年でわずか一例しかない。「不良債権整理機構」「整理・回収機構」「年金・健康保険福祉施設整理機構」など機関名によく使われることから、「処理」とは文体的な特徴が異なるのかもしれない。

3. 統合的な側面（句の一語化）

　この節では、「不良債権処理」という語が形成される際の、統合的（syntagmatic）な側面について検討する。

第 2 部　通時的全文コーパスによる探索

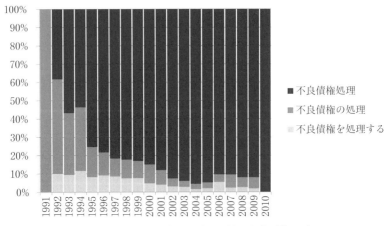

図 1　動詞句・名詞句・複合語の使用頻度（『毎日』）

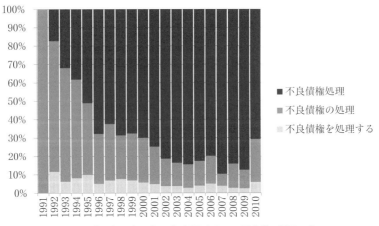

図 2　動詞句・名詞句・複合語が現れる記事数（『朝日』）

『毎日』で，「不良債権処理」という複合語が初めて現れるのは，1992 年 6 月 8 日の社説である。それ以前は，すべて「不良債権の処理」という名詞句が使われている（10 例）。『朝日』も，同じ 92 年の 9 月 8 日の経済面が初出で，それ以前は，やはり，「不良債権の処理」という名詞句が多く，「不良債

第7章 「不良債権処理」——新聞における語結合の一語化・語彙化

権を処理する」という動詞句も使われている。図1は，『毎日』で，これら動詞句・名詞句・複合語の3形式の使用頻度を，構成比棒グラフで表したもの，図2は，『朝日』で3形式が本文に現れる記事の件数を，同じく構成比棒グラフで表したものである。

　用例数と記事数という違いはあるが，両者はよく似ており，新聞社による違いはないといってよい。動詞句は，割合が小さいため，明確に位置づけることができないが，どちらのグラフからも，名詞句から複合語への移行・交代は明らかである。確かに，通時的には，動詞句→名詞句→複合語という順番でつくられるものと考えられるが，共時的には，(モノの名などではない)これら3形式は共存し得るはずであり[3]，1つの形式に収束するには，それなりの理由があるはずである。

　前節で見たように，上の3形式は，「処理」という動詞要素を選択・使用していることで，一定の一般性・抽象性を獲得している。いずれの形式でも，前述した新聞の一般化された論調にかなうはずのものであり，そうした用例を見出すことも容易にできるが，しかし，総体として見たとき，それぞれの一般性の度合いは，必ずしも同じではない。たとえば，動詞句は，主語や時制をとることができるから，《不良債権をなくす》ことを，特定の時点における特定の主体による特定の行動として具体的に表すことができる。

　住友銀行，公的資金5000億円申請へ　自己資本比率10％超に
　　(略)住友銀は1998年3月期決算で過去最大の1兆438億円の<u>不良債権を処理</u>。不良債権カバー率は，米国基準でも85％まで高まった。さらに，99年3月期には要注意債権である第二分類債権を米銀並みに引き当てる計画で，約5000億円の<u>不良債権を処理</u>，カバー率も100％を超える見通し。　　　　　　　　　　　　　(98年11月16日朝刊三面)

　一方，名詞句は，機能動詞(村木1991)を使えば，同様の表現も可能だが，その多くは，特定の事態ではなく，一般的なことがらとして表すもののようである。

171

第 2 部　通時的全文コーパスによる探索

不良債権で無税償却を弾力認定　景気回復の障害除く――大蔵省方針
　大蔵省は十九日，株価や地価下落に伴う不良債権の取り扱いについて，税務処理上，無税償却を弾力的に認定する方針を明らかにした。金融機関の不良債権の増大が景気回復の障害になっているため，早期に<u>不良債権の処理を進める</u>ことが必要だと判断した。（略）
　　　　　　　　　　　　　　　　　　　　（92 年 8 月 20 日朝刊三面）

　ただ，名詞句の場合も，ノ格名詞（不良債権）にかかる修飾語句を冠することによって，より具体的な表現をつくることも可能である。

佐川急便社長に，真鍋邦夫・副社長昇格
　佐川急便（本社・京都市）は 20 日，18 日付で真鍋邦夫副社長が社長に昇格し，栗和田栄一社長が会長に就任したと発表した。<u>東京佐川急便の経営陣による特別背任事件で負った約 6000 億円の不良債権の処理</u>が，01 年度で終了し，10 年間社長を務めた栗和田氏が退いて若返りを図る。
　　　　　　　　　　　　　　　　　　　（02 年 6 月 21 日朝刊経済面）

　ところが，複合語は，主語や時制を欠き，前項要素のみにかかる修飾語句も（原則として）前接させ得ないから，動詞句や名詞句のように特定の事態や具体的なことがらを表すことが難しい。機能動詞表現を使うなどして，特定の事態を表すこともあるが，全体として見れば多くはない。いま，『毎日』から「不良債権処理」に後続する動詞要素をとりだしてみると，以下のように，特定の事態を表すというより，《不良債権をなくす》ことの進展や遅速に注目する動詞要素が多いことがわかる（カッコ内は用例数）。

　　〜を加速する・させる（153），〜の加速（268）／〜が進む（102），〜
　　を進める（184）／〜が遅れる（55），〜の遅れ（100）／〜を促進する
　　（40），〜の促進（68）／〜にめどがつく・めどをつける（83）／〜を
　　行う（66）／〜を急ぐ（52）

次の例では，動詞句が特定の事態を表す一方で，複合語は一般的なことがらを表している。

関西銀行が住友銀行の子会社に　監督庁検査迫り決断　不良債権処理の先送り許されず
　（略）関西銀は98年3月期で283億円の<u>不良債権を処理</u>，202億円の当期赤字を計上した。「<u>不良債権処理</u>のめどが付いた」とし，本業のもうけである業務純益が出る範囲内で<u>不良債権処理</u>を2～3年かけて進める方針だった。　　　　　　　　　　　　　　（98年10月31日朝刊経済面）

このように，これら3形式は，動詞句＜名詞句＜複合語の順に一般性の度合いが高くなっていくものと考えられる。前節でも述べたように，新聞の論調は，《不良債権をなくす》ことを，より大きな問題として一般的に論じる傾向を強めていくから，それに呼応して，より一般性の度合いが高い複合語の使用に収束していくのではないかと想像される。つまり，複合語という形式の選択・使用にも，新聞の論調の変化・形成がかかわっているわけである。

4. 一語化と語彙化

以上に見た「不良債権処理」という語の形成は，言語学では「一語化（univerbation）」と呼ばれる現象である。一語化とは，統語的な語群が凝縮して一語になることをいうが（『ドイツ言語学辞典』），ここでは，「処理（する）」という動詞要素が選択されたという範列的な側面と，それを用いた動詞句・名詞句から「不良債権処理」という複合語がつくられたという統合的な側面の，両方を含むものとして考えてよいだろう。ただし，ほんとうに語が作られたというためには，さらに「語彙化（lexicalization）」という過程が必要になる。語彙化とは，ある言語要素がその言語の語彙（レキシコン）に登録されることをいう（同上）。何をもって登録された（語彙化された）とみるかは難しい問題だが，「不良債権処理」のような複合語の場合は，要素間の結びつきが強

まり，1つのまとまりとしてとらえられることが手がかりとなる。

　要素間の結合度については，林（1990）が，合成語（複合語と派生語）のそれを「固定結合」「安定結合」「浮動結合」に3区分している。結合度はこの順に強く，それが語の存在の安定性に直結しているととらえられる。すなわち，固定結合の語とは，日本語に確固として存在していて，一般の国語辞書にまず間違いなく載っていることば，安定結合の語とは，日本語に安定して存在してはいるものの，国語辞書に載ることはほとんどないことば，浮動結合の語とは，日本語における存在が不安定であり，もちろん辞書に載ることもあり得ないが，初めて見聞きしても少しも変に感じないことばである。

　「不良債権処理」も，初期には，句を臨時的に一語化した浮動結合であったろう。それは，句の使用が優勢である間も継続したと考えられるが，次第に使われる回数が多くなり，我々の目にもなじんでくると（名詞句を圧倒するようになったころ）安定結合になった可能性がある。つまり，先の図1・2は，「不良債権処理」が浮動結合から安定結合に変化する過程を表しているとみることもできるのである。このことを裏付けるように，初期の例には，修飾語句が「不良債権」のみにかかり，それ全体を「処理」が包摂するような例が散見される。たとえば，次の最初の例では，「中南米や不動産の」は「不良債権」のみにかかる修飾語句であり，それ全体を「処理」が包摂する関係になっている。後の例はもっと長く，「府民信組の融資先だった伊藤寿永光・元イトマン常務（同）や許永中被告（同）らが関連する不良債権」を「処理（する）」という関係になっている。こうしたことは，これらの「不良債権処理」が，いまだ要素間の結合のゆるい浮動結合だったことの現れである。

　　こうしたことは，米国の大手商業銀行が<u>中南米や不動産の不良債権処理</u>のため，現実に取り組んできたことだ。日本の場合も，この自助努力抜きに，不良債権処理のツケを国民に転嫁することは，許されない。
　　　　　　　　　　　　　　　　　　　　　　（92年8月20日社説）

前大阪府民信組理事長・南野洋被告の企業がイトマン筆頭株主に
　イトマン事件にからむ大阪府民信用組合の乱脈融資で，背任罪で起訴

第7章 「不良債権処理」——新聞における語結合の一語化・語彙化

されている南野洋・前府民信組理事長（公判中）のグループ企業四社が，イトマンの発行済み株式の一一・六六％を取得，筆頭株主になっていることが十一日までに，大蔵省に提出された株式の大量保有報告書でわかった。

　四社は，保有理由を融資に対する「代物弁済」としており，<u>府民信組の融資先だった伊藤寿永光・元イトマン常務（同）や許永中被告（同）らが関連する不良債権処理</u>に伴う株移動とみられる。

（92年8月12日朝刊経済面）

では，「不良債権処理」は，固定結合にまでなったといえるだろうか。一般に，語彙（レキシコン）に登録される語は，構成要素の意味の和からは導けない特殊化した意味をもっているといわれる。残念ながら，「不良債権処理」はその意味が透明で，いつでも句に開くことができるから，いまだ安定結合にとどまっている可能性が高い。しかし，浮動結合から安定結合への変化も語彙への定着の一環であるから，「不良債権処理」がそうした意味で語彙化したとはいえるはずである。

5. 一語化・語彙化と文章（論調・言説）

　以上，バブル崩壊以降の1991～2010年の新聞で，「不良債権処理」という複合語がつくられる過程を，一語化（範列的な側面と統合的な側面）および語彙化という現象として観察した。一語化の過程では，範列的な側面では，「処理」という（意味の広い）上位語が選択され，統合的側面では，動詞句や名詞句が「不良債権処理」という（より一般性の高い）複合語に一語化されるのだが，いずれの側面にも，新聞が，《不良債権をなくす》ことを，個別・具体的な事例の報道に終わらせず，広く社会にかかわる重要な問題として一般化し，その進展を求める論調ないし言説を形成していったことがかかわっているものと考えられた。そのことは，「不良債権処理」という複合語が，名詞句を圧倒しながら浮動結合から安定結合へと変化していく語彙化の過程に

おいても，同じように，作用したものと考えられる。「不良債権処理」という語は，その（範列的・統合的な）一般性と，ことがらの一般化（社会問題化）をめざす新聞の論調・言説とが呼応するところにつくられたものということができる[4]。

注

1) 「不良債権」は経済の専門語であり，また，国語辞書にも立項されるなど，日常語にも定着した語であるから，ここでは「処理（する）」の選択だけを問題にする。
2) 「処理」が上位語であることには，それが専門語ではなく日常語であることも関係している。「償却」などの専門語は，その概念が明確である分，意味範囲が狭い。
3) ハリデーは，これらの句や複合語を文法的な変種ととらえ，テクスト内でこれらを用いる順序が，これらが歴史的に形成された順序を反映している可能性があるとする（Halliday and Martin 1993：55-56）。
4) 語彙化，名詞化などと文章との関係については，Eggers（1973＝1975），林（1982），村木（1989），石井（1993）などを参照。このほか，日本語の一語化・語彙化の記述的研究には，雨宮（2003），蔡（2007），金姝伶（2011）などがある。

第 8 章

「ユビキタス」
——論文標題における借用の位相

1. 目的：「借りる／借りない」の最前線

　外来語は「借用語」ともいわれるが，その「借りる」という行為は，外国語（原語）に接触する一部の人間（専門家など）によって行われるものであり，大多数の一般人にとっては，無縁のものである。一般人にとって，外来語は，いつのまにか「来た」ものであり，それを「使うか／使わないか」するしかない点で，和語や漢語と同じ，ただの「単語」である。

　一方，原語と（その初期に）接触し得る専門家は，原語によって表される概念を受け入れ，自国語として表現しようとする際，その原語を「借りるか／借りないか」という判断をし，借りるならばそれを外来語として用い，借りないならば翻訳語を決める（つくる）ということができる。借用語も翻訳語も，その（借用や翻訳の）主体は専門家である。

　ただし，こうした主体的活動が行える時期は，専門家においても限られており，いったん外来語なり翻訳語なりが定まってしまえば，後続の専門家もまた，それを「使うか／使わないか」するしかない点で，原語についての知識がある点を除けば，一般人と変わらない。

　このように，外来語の借用に関しては，その「借りる／借りない」という行為を，それに続く「使う／使わない」という行為と区別してとりだすこと

は，容易ではない。

しかし，言語活動として，「借りる」と「使う」とはあくまで別の行為であり，また，外来語の（最大の）特徴が「借りる」ことにあるのであれば，「借りる－使う」の連続相の中から，原語と接触し「借りる／借りない」の判断を行う局面をとりだして，そこで専門家が何をしているのか，とくに，どのような場合に「借りる」という選択を行うのかを具体的に見ていくことが必要だろう。

これについては，古く『蘭学事始』をはじめとして，「借りないで訳語をつくった」人々の苦労話が数多く残っている[1]。しかし，「借りた」人々の話というのは，あまり聞いたことがない。「借りる」ことは「訳語をつくる」ことに比べて，安直だと考えられているからだろうか。しかし，外来語の側から見れば，「なぜ訳さずに借りるのか」を明らかにすることは，きわめて重要なはずである。

そこで，本章では，専門家が，ある原語に接触した初期の段階で，それを外来語として借りるか，借りないで翻訳語を当てるか，という選択をどのように行っているのか，いわば，現代の「借りる（借用）／借りない（翻訳）」の「最前線」の様子を，資料にもとづく事例研究によって探り，どのような場合に「借りる」という選択が行われるのかを試行的に検討してみたい。

2．事例：「ユビキタス」

そうした「最前線」における事例の1つとして，コンピュータ関連分野で用いられる"ubiquitous"という原語（英語）への，専門家の対応に注目する。"ubiquitous"の概念，その外来語や翻訳語，さらに，外来語を用いる専門家の意図などについては，この概念（を含むコンピューティング・モデル）の提唱者である坂村健の，以下の記述が参考になる（坂村2002：9-13）。少し長くなるが，後の論述に関係する部分も多いので，引用する。

　　　最近，ユビキタス・コンピューティングとかユビキタス・ネットワー

第8章 「ユビキタス」――論文表題における借用の位相

キング，はてはユビキタス社会など「ユビキタス」という言葉が少しずつ目に付くようになってきた。コンピュータ関係のメディアだけでなく，経済系の新聞や雑誌まで，ちょうど「インターネット」がブームになる前夜の感じだ。

　とはいっても「ユビキタス」などこの流行がはじまるまで聞いたこともない言葉だ。そもそも何語かもわからない，という方が大部分だろう。語感も何となく英語らしくない。それも当然，これはもとは近代ラテン語から来た英語で，日本語に訳すと「遍在」である。だから，ユビキタス・コンピューティングは直訳すると「遍在する計算力」ということになる。もっと簡単に言うと「どこにでもコンピュータ能力があること」―「どこでもコンピュータ」と言ったほうが分かりやすいかもしれない。

（中略）

　ところで，「ユビキタス」という言葉。綴りも分からないし，あたりをつけて英語辞典で引いても，小さな辞典ではそもそも載っていないことが多い。実際，欧米人であっても，教養のある人でないと知らない言葉である。

　何か新しいことをやろうとするとき，プロジェクト名にしろ商品名にしろ，英語―というかそれらしいカタカナ言葉を使わないとありがたみがないというのが，近代日本である。確かにプロジェクト名で「どこでもコンピュータ」より「ユビキタス・コンピューティング」の方がお金が出そうだ。良いものはすべて外国からくるという舶来志向の名残で，なさけないような気もするが，実は似たようなことは欧米にもあるらしい。

　小学生でも分かるような，あまりに分かりやすい言葉を使うと軽く見られる。そこで教養がないと知らないような単語をわざと持ってくるのだ。そういうときに欧米で良く使われるのがラテン語である。近代以前の日本において，漢語をありがたがっていたようなものだ。だから「ユビキタス」を訳すなら「どこでも」などという小学生でも分かる言葉でなく「遍在」が正しい。同じ読みの「偏在」では，一八〇度意味が違ってしまうわけで，不便きわまりないのだが，漢語だからしかたがない。

実は，コンピュータ・サイエンスの研究分野として，このコンピューティング・モデルを最初に唱えたのは私なのだが，そのとき日本語では「どこでもコンピュータ」—それが軽すぎるときは「超機能分散システム」などと言っていた。英語で発表した論文では，それぞれ「Computing Everywhere」と「Highly Functionally Distributed System：HFDS」であった。

それから数年後にゼロックス・パロアルト・リサーチセンター（PARC）の故マーク・ワイザー博士がこのモデルの研究をはじめた。そのときに出てきたのが「Ubiquitous Computing」という言葉である。もちろん知らなかったが，大きな英語辞典を調べて感心した。このあたりの言葉に対するセンスはどうしても日本人にはかなわない。確かに「Computing Everywhere」では教養がないといわれればその通りである。

しかし，それ以上に感心したのは，この言葉が「神はどこにでも遍在する」という使い方をされる宗教用語だったということだ。当然キリスト教は一神教の神だから，「同一の神がどこにでもいる」ということであり，ネットワークでつながれた多数の小型コンピュータからなる統合された単一システムがあまねく世界をおおっているという感じを（教養ある欧米人相手なら）うまく伝えるであろう巧みなネーミングであったのである。

しかし，その一方で，私のイメージする「どこでもコンピュータ」モデルとは，少し感じが違うのも事実だ。身の回りのものに制御用の小型コンピュータ・チップがどんどん入っていって，それが次のステップとしてネットワークでつながれ，協調・妥協しながら人々の生活を黒子のように支えるというのが私のイメージだ。ここに，「妥協」という言葉が出てくるように，全体として「統合された単一システム」というより「やはり個別システムの集合体が協力して何かやってくれる」という感じなのである。

その意味では私の「ユビキタス」は一神教の神ではなく，あくまでも日本的な八百万の神が「そこにもいて，あそこにもいて，裏のネットワークで話し合っている」というイメージである。そしてこのイメージの方

が実現性が高いと思っている。諸般の事情で，残念ながら日本でこれから流行るのはやはり「ユビキタス」という言葉だろう。そういう私自身もはずかしながら使ってはいるのだから，本書の題名もそれにあわせている。しかし，内容はあくまで「八百万のユビキタス」。だからこそ，この分野については日本がリードできるのである。

3. 資料：JSTの科学技術文献情報

　上の坂村の記述は，まさに，（原語を外来語として）「借りた」人の話であり，「なぜ借りるのか」を考える上で非常に参考になる。しかし，これについての検討は後に行うことにし，まずは，"ubiquitous"という原語に対して専門家がどのように対応したか，その実態の一端を，科学技術振興機構（JST）の「科学技術文献情報」を利用して調べてみることにする。

　調査は，2008年9月30日から10月3日にかけて，当時JSTが提供していた"JDream II"というオンライン・データベースサービスを利用して行った。JSTは，前身の日本科学技術情報センター（JICST）の時代から，国内外の科学技術分野の文献情報（科学技術系のジャーナル，学会誌，協会誌，企業・大学・独立行政法人・公設試験場等の技術報告，業界誌，臨床報告等）を収集し，それを「科学技術文献情報」として提供してきた。2008年時点で，"JDream II"の収録文献（論文）数は（1976年以降の）約4,800万件で，文献ごとに人手で概要（抄録）が作成され，キーワードも付与されている。外国文献については，日本語で標題・抄録等が作成されている。検索は，キーワード検索を基本とし，発行年・言語・記事区分・発行国などで絞り込むことができる[2]。

　調査では，この"JDream II"の（医学分野を除く）「科学技術全般ファイル」を通時的全文コーパスとして利用し，コンピュータ関連分野の"ubiquitous"という英単語（原語）が日本語の標題でどのように表現されているかを調べ，「借りる／借りない」の選択がどのようになされたかを探った。"JDream II"を利用した理由は，第一に，1976年以降の文献情報データが大量に蓄積され

ており，それを経年的に調べることで，専門家が原語に接触した初期の段階，すなわち，(「使う／使わない」以前の)「借りる／借りない」を主体的に選択した段階をとりだすことができると見込まれること，第二に，次節に述べるように，「訳出」と「案出」という，「借りる／借りない」の選択にかかわる2つの「位相」を区別することができるからである．

4. 調査：「訳題」と「原題」

　調査では，まず，"JDream II"を使って，1976年から2007年まで，日本国外で英語で発表された（コンピュータ関連分野の）文献の，原語"ubiquitous"を含む英語標題が，日本語に訳出[3]された標題でどのように表現されているかを調べる．いま，この場合の日本語標題を「訳題」と呼ぶことにする．この訳題で，原語"ubiquitous"に相当する部分に，外来語「ユビキタス」が用いられているか，「遍在」などの翻訳語が用いられているか，を調べるわけである．

　次に，同じく"JDream II"を使って，これも1976年から2007年まで，日本国内で日本語で発表された（同じく，コンピュータ関連分野の）文献の，その英語標題に原語"ubiquitous"を含むものについて，"ubiquitous"に相当する部分が日本語標題でどのように表現されているかを調べる．いま，この場合の日本語標題を「原題」と呼ぶことにする．

　前者（訳題）は，外国語の標題を訳出する際に，原語"ubiquitous"を外来語で表現するか否かをみるものであり，後者（原題）は，自国語（日本語）の標題を案出する際，"ubiquitous"に相当する概念を外来語で表現するか否かをみるものである．両者を比べることで，（自国語への）「訳出」と（自国語での）「案出」という異なる位相で，「借りる（借用）／借りない（翻訳）」の選択の様子を観察することができる．

第 8 章 「ユビキタス」——論文表題における借用の位相

5. 結果："ubiquitous"の表現

5.1 使用頻度

訳題，原題のそれぞれに用いられた表現を，原語・外来語・翻訳語句に 3 分類して，年表（表 1）に記す。

表 1 "ubiquitous"の表現

年	訳題			原題		
	原語	外来語	翻訳語句	原語	外来語	翻訳語句
1982			2			
1983						
1984			1			
1985						
1986						
1987						
1988						
1989						
1990						
1991			1			
1992						
1993			3			2
1994			2			3
1995	1		1	1	2	3
1996			2	2	1	1
1997		1	3		3	1
1998		1	4		7	1
1999		10	5	1	5	2
2000		3	3		6	1
2001		23	1	2	6	4
2002		38	2	1	59	3
2003		37	1		124	5
2004		86	1		178	4
2005		81	2		163	8
2006		182			140	3
2007		129	1		75	5
計	1	591	35	7	769	46

183

5.2　訳題での使用

　訳題では，1982年から1996年までの間は，翻訳語句しか用いられず，外来語は使われていない。この間の翻訳語句は，「遍在／遍在的（な）／遍在する」（6件），「普遍」「普遍的（な）」（3件），「至るところ／至るところにある」（3件）である。いずれも，以前から他分野[4]で使われている翻訳語句である。

　（1）　The ubiquitous parity bit.
　　　　（訳題）遍在的なパリティビット

　（2）　Materialization: a powerful and ubiquitous abstraction pattern.
　　　　（訳題）実体化：強力で普遍的な抽象パターン

　（3）　The coming of the ubiquitous signal processor.
　　　　（訳題）至るところ信号プロセッサの時代の到来

　この間，1993年には，先の引用で坂村が紹介するマーク・ワイザー著の，"Ubiquitous Computing" という用語を含む論文が現れる[5]が，これも「遍在」と訳されている。

　（4）　Some Computer Science Issues in Ubiquitous Computing.
　　　　（訳題）遍在情報処理における計算機科学のいくつかの課題

　なお，1995年には，原語を（おそらくは固有名であるために）そのまま使った例があるが，訳題では，全期間を通してこの1件だけである。専門家は，日本語文章中でも原語を気軽に使うように思われるが，少なくとも訳題では，原語の使用は抑制されるようである。

　（5）　Ubiquitous Talker: Spoken Language Interaction with Real World

Objects.
（訳題）Ubiquitous Talker 実世界オブジェクトとの話し言葉による対話

　次いで，1997年から2000年までは，外来語と翻訳語句との両方が用いられる時期であるが，とくにその前半では，なお翻訳語句の方が多用されている。外来語が初めて使われるのは1997年で，最初の文献から15年後，マーク・ワイザーの論文から4年後になる。

（6）Ubiquitous tele-embodiment: applications and implications.
　　（訳題）ユビキタス遠隔実体　応用とその意味

（7）The Ubiquitous Communication Program.
　　（訳題）ユービキタス通信プログラム

　この期間の外来語は，「ユビキタス」（8件）と「ユービキタス」（7件）だが，1999年の「ユビキタス」には，1件だけ，「ユビキタスな」という形容動詞型の形式も使われている。

（8）Roaming Aspects of Ubiquitous Mobile Service Support.
　　（訳題）ユビキタスなモバイルサービスのサポートにおけるローミングの諸側面

　同じ期間の翻訳語句には，すでにあげたもののほか，「どこにでもある」「広域」「分散」がある。

（9）Ubiquitous Optical Link in Access and Residential Broadband Networks.
　　（訳題）アクセス及び住宅用広帯域網のどこにでもある光回線

（10）Web-enabled smart card for <u>ubiquitous</u> access of patient's medical record.
（訳題）患者の医療記録の<u>広域</u>アクセスのための Web で利用できるスマートカード

（11）Industrial semiosis: founding the deployment of the <u>ubiquitous</u> information infrastructure.
（訳題）産業記号過程 <u>分散</u>情報基盤展開の基礎

2001 年から 2007 年までは，外来語が急増し，翻訳語句がほとんど使われなくなる時期である。外来語のほとんどは「ユビキタス」となり，「ユービキタス」は，2001 年の 11 件をピークにその後は減り，次第に使われなくなる。また，これも 1 件だけであるが，名詞用法の「ユビキタス」もある。

（12）A Study on Scalable Bluetooth Piconet for Secure <u>Ubiquitous</u>
（訳題）安全な<u>ユビキタス</u>のためのスケーラブル Bluetooth ピコネットに関する研究

5.3　原題での使用

原題では，マーク・ワイザーの論文が現れたのと同じ 1993 年に，英語標題に "ubiquitous" とある（コンピュータ関連分野の）最初の文献が現れるが，翌 94 年までは，翻訳語句のみ（「遍在／遍在化」）が用いられ，外来語は使われない。

（13）（原題）<u>遍在</u>個人コミュニケーション環境の提案
　　　A <u>Ubiquitous</u> Personal Communications Environment.

（14）（原題）アクセス転送による個人通信環境の<u>遍在化</u>の検討
　　　A <u>Ubiquitous</u> Personal Environment for Communications using Access

第8章 「ユビキタス」——論文表題における借用の位相

Transfers.

　次いで，1995年から2001年までは，外来語と翻訳語句との両方が用いられるが，95年は，まだ，翻訳語句の方が多く，英語標題に"Ubiquitous Computing"とある論文でも，「遍在的」となっている。

　（15）（原題）遍在的コンピューティングの動向と将来
　　　　The Ubiquitous Computing, Now and the Future.

　しかし，1997年以降は，外来語の使用が優勢になる。95年に外来語が使われ始めるというのも，訳題より2年早い。また，同時に，原語"ubiquitous"も使われる（これも，（5）と同じ固有名）。

　（16）（原題）Ubiquitous Talker：実世界指向の音声対話システム
　　　　Ubiquitous Talker: A Spoken Dialogue System that Can be Aware of Real World Situations.

　外来語の語形は，1999年までは「ユービキタス」が優勢で，「ユビキタス」は1997年に初めて使われ，その後，1999年までは各年1件ずつしか使われていない。

　（17）（原題）ユービキタスオートノミーの構想
　　　　Toward Ubiquitous Autonomy.

　（18）（原題）人間・ロボット間のユビキタス・インタラクション環境
　　　　Development of Environments for Ubiquitous Human-robot Interaction.

　しかし，2000年以降は，「ユービキタス」はあまり用いられなくなり，外来語は「ユビキタス」にほぼ固定される。

第 2 部　通時的全文コーパスによる探索

　2002 年から 2007 年までは，外来語が急増する時期である。これは，訳題より 1 年遅れるが，その後の増加傾向は，訳題より急である。また，訳題には少なかった「ユビキタス」の名詞用法がみられるようになるのも，2002 年からである。

　　（19）（原題）デジタル放送から始まるブロードバンドそしてユビキタスへ　デジタル放送とブロードバンドのビジネス動向
　　　　 Broadband Network Beginning with Digital Broadcasting toward Ubiquitous Service. Business Trends in Digital Broadcasting and Broadband.

　ただし，このように外来語が圧倒的になっても，訳題と違って，翻訳語句がまったく使われなくなるということはない。各年 3 ～ 8 件と決して多くはないが，2007 年まで使われ続けており，翻訳語句自体も，「移動」「非関所型」「広域性」「いつでも，どこでも，誰でも使える」「街角」「空間」など，バリエーションも豊かである（原題の場合は，"ubiquitous" の翻訳語句と言うのは正しくないかもしれないが，便宜的にそう呼んでおく）。

　　（20）（原題）移動計算機環境（Ubiquitous Computing Environment）を実現させるモジュール指向型オペレーティングシステムの設計

　　（21）（原題）ディジタル情報の無証拠性とその影響　非関所型防御の必要性
　　　　 Ubiquitous Security System Architecture for the Future.

　　（22）（原題）いつでも，どこでも，誰でも使える情報アクセスを実現する音声ポータルソリューション
　　　　 Voice portal solution can realize Ubiquitous information access.

　　（23）（原題）大規模な街角センサネットワークにおけるデータ収集・管

理システムの設計
A Design of a Data Collection and Management System for Large Scale Ubiquitous Sensor Networks

なお,原語は,1995年以降も,各年0〜2件と使われていたが,外来語が急増した2002年の1件を最後に,その後は使われなくなっている。

6. 考察：借用の位相

　以上見たように,訳題,原題のいずれも,翻訳語句だけが使われる時期から始まり,次いで,外来語と翻訳語句とが両方使われる時期を経て,外来語が圧倒的に優勢になる時期へと移行している。

　ただし,訳題は,翻訳語句だけの時期が長く,また,両方使われる時期でも,外来語が急増するまでは,翻訳語句の方がやや優勢である。一方,原題の方は,翻訳語句だけの時期は短く,また,外来語が使われ始めるのも訳題より早い。また,両方使われる時期でも,外来語の急増以前から,外来語の方がやや優勢である。

　このように,外来語が急増し,圧倒的に優勢になる時期,すなわち,すでに「使う／使わない」の局面に移行したと考えられる時期より前においては,訳題は,どちらかといえば,「借りない（翻訳）」方を選択し,原題は,どちらかといえば,「借りる（借用）」方を選択しているように見える。

　このことは,外来語として「借りる」という行為は,原語を含む外国語を「訳出」しようとする際にその場（ここでは訳題）でその原語を借りるというものではなく,原語の表す概念を含む何らかの表現（ここでは原題）を日本語で「案出」しようとするときに（知って間もない）その原語を（外来語として）使うというものだ,ということを示唆しないだろうか。つまり,「借りる」という行為は,「自国語に訳出する」という行為＝位相の一部として行われるというより,「自国語で案出する」という行為＝位相の中で行われることが多いのではないか,ということである。これについては,以下のように考

えることができる。

　訳題は，JSTの専門家が，"ubiquitous"という原語を含む外国語（コンピュータ関連分野の英語標題）に接し，それを日本人の読み手にわかるよう訳出したものである。わかりやすさを旨としているから，標題とはいえ，（ほんとうにわかりやすいかどうかは別として）他分野でも使われている翻訳語句を使って日本語に翻訳する＝「借りない」ことを選択するのだろう。とはいえ，訳題でも，原題をはじめとして，外来語「ユビキタス」が一般的に使われるようになると，外来語を本格的に使い始める（ように見える）。そして，一度，外来語を使うことになってしまえば，それに統一し，翻訳語句を使うことはなくなってしまう。ただし，これらの選択は，すでに「使う／使わない」の局面でのものである。

　これに対して，原題は，（基本的には）日本人の研究者が自ら日本語で案出した標題であり，訳題よりも，語選択の自由度が大きい。また，訳題と違って，読み手のわかりやすさを考慮する度合いも小さくてかまわない。この後者の点は，原題が「カセット効果」をもつ語を使いやすい環境である，ということをうかがわせる。カセット効果とは，柳父章（1976：23-44）の用語で，（新しい）翻訳語や外来語が，その意味がまったくないか，不十分であるにもかかわらず，受け手の側が，その存在自体を魅力的に感じる，何かありがたくて重要な意味がありそうだと思い込むことをいう。「中味が何かはわからなくても人を魅了し，惹きつけるカセット（宝石箱）」というわけである。先に，坂村が，「ありがたみのあるカタカナ言葉」「教養がないと知らないような単語」だからこそ「ユビキタス」が使われるとしたのは，まさにこのカセット効果を言い当てたものである。そして，現代では，翻訳漢語がもっていたカセット効果は，漢字の表意性によってある程度意味がわかってしまい，また，硬く古臭い表現と受け取られることなどから失われつつあり，もっぱら外来語が担うようになっている（陣内2007：6-7）。読み手のわかりやすさをさほど気にしなくてよいとなれば，カセット効果をもつ外来語を使おうとすることも多くなるはずである。こうした事情から，原題，すなわち，「案出」という行為（位相）では，訳題よりも「借りる」ことを選択しやすいのだろう[6]。

第8章 「ユビキタス」——論文表題における借用の位相

　ただし，このことは，案出であれば常に外来語を選択する，ということを意味するわけではない。原題では，外来語が優勢になっても（バラエティー豊かな）翻訳語句も使い続け，また，形容詞である原語を名詞として使うことも（訳題に比べて）多い。これは，案出が，外国語と引き比べられない分，訳出よりも自由であり，また，より主体的に，自分の責任で行える活動であることによるものと考えられる。

　外来語は，外国語（原語）を借りるのであり，したがって，その「借りる」という行為も，外国語に接してそれを訳出するという行為に伴って行われるように思いがちだが，実際は，専門家が自ら何らかの案出を自国語で行うときに行われることが多いのかもしれない。ただし，そのことを確かめるには，なお詳しい調査が必要である。

注

1) 近代の翻訳（漢）語については，広田（1969），飛田（2002）など参照。
2) "JDream II" は，2013年4月から "JDream III" と名称を変えて，株式会社ジー・サーチから提供されている。
3) 本文中，原語を翻訳語に訳すことを「翻訳」，外国語標題を日本語標題に訳すことを「訳出」として区別する。
4) コンピュータ関連分野以外で "ubiquitous" が使われている分野には，医学，化学，地質学，光学，生化学，環境学，機械学，建築学，航海学，生物学，分子生物学，免疫学，農学など，多数ある。
5) （坂村が命名者と指摘する）マーク・ワイザー以前に "ubiquitous" を用いた文献が4件あるが，これらとマーク・ワイザーとの関係は不明である。
6) 坂村の指摘する，"ubiquitous" という原語がコンピューティング・モデルの概念を巧みに表現するという側面が「借りる」の選択に影響するとすれば，それは「カセット効果」と反対の作用となる。これについては，なお検討が必要である。

第3部

多様なコーパスによる探索

第9章

多様なコーパスによる日本語研究の可能性

1. はじめに

　「コーパス言語学」という名称は,「コーパスを使う」という方法論から言語学を規定したものであり，その内実は，用いるコーパスがどのようなものであるかによって，いろいろに変わり得る。言い換えれば，さまざまなコーパスの可能性を考えることによって，コーパス言語学の可能性——コーパスを使って可能になる言語研究の領域——もまた広がっていくわけである。探索的コーパス言語学の場合には，序章でも述べたように，全文コーパスの利用によって言語的関連パターンの発見が促進されるものと考えられるが，そのほかにもさまざまな可能性，すなわち，さまざまなコーパスを使って可能になるデータ主導型研究の領域が予想される。そうした見通しを確かなものにするためには，たとえ小規模でも，ユニークなコーパスをいろいろと作ってみて，それらがどのような点でデータ主導型の研究につながり得るかを吟味することが有効だろう。本章では，こうした趣旨で筆者がこれまでに試作し，利用しているいくつかのコーパスの中から，「マルチレベル通時コーパス」「マルチメディア・コーパス」「言説コーパス」の3種を，また，次章では「単一言語パラレルコーパス」を紹介し，それらによってどのような探索的な日本語研究が新たに可能となるのかを，限られた経験の範囲内ではある

が，展望してみたい。

2. マルチレベル通時コーパス

2.1 マルチレベル通時コーパスとは

　「通時コーパス」とは，共時的研究のための「共時コーパス」に対して，通時的研究を行うために作成されたコーパスを言う。より具体的には「言語変化を見出すための時系列データから成るコーパス」であり，一定の時間間隔をおいた言語資料をコーパス化して，そこに見られるデータの変動から「実時間上の言語変化」をとりだそうとするものである。共時コーパスにおいても，書き手・話し手の年齢情報が付与されていれば，その違い（年齢差・世代差）をもとに「見かけ上の言語変化」を見出すことが可能だが，一般には，こうしたコーパスを通時コーパスと言うことはない。

　通時コーパスには，特定の研究目的のもとに明確なコーパスデザインをもって新規に作成されるものと，他の目的のために作られた時系列データの集積を全体的あるいは部分的にコーパスとして利用するものとがある。近現代に限れば，国立国語研究所の「太陽コーパス」（国立国語研究所 2005）は前者の例，インターネット上の電子図書館「青空文庫」（野口 2005）や，国立国会図書館の国会会議録検索システム（松田 2008）は後者の例ということになる。斎藤［他］［編］（2005：24）は，通時コーパスを「複数の時代区分を設け，その時代別にサンプルを抽出して整理したもの」としており，前者を通時コーパスの基本としているようだが，後者のようなデータも史的資料として価値の高いものが多く，通時コーパスの範疇に含めてよいように思われる。とはいえ，日本語の通時コーパスはまだまだ少なく，とくに前者のような本格的なコーパスは，国立国語研究所が大規模な「日本語通時コーパス」の構築に着手しているものの（近藤 2012），今後の課題とするところが大きい。

　ところで，こうした通時コーパスを利用した研究では，多数の書き手によるテキストの集合を時系列に配置して，そこに書き手の集団（言語社会）に

おける言語変化を読み取ろうとすることが一般的である．個人における個別的な言語変化は，そうした集団の言語変化を構成する断片であって，それ自体が主題とされることは少ないし，場合によっては，ノイズとして処理（無視）されることもある．しかし，言語変化の実相をより具体的・立体的・動的に把握するためには，集団の変化を平均値としてとらえるだけでなく，それを構成する個人の変化にも注目し，両者の関係を明らかにしようとする姿勢があってよい．

　こうした集団レベルと個人レベルの両面から言語変化をとらえようとする方法は，方言の共通語化の研究などでは，定点経年調査を行う際に，無作為抽出した多数のインフォーマントを対象とするサンプリング調査と同一個人を対象として追跡するパネル調査とを組み合わせるという形で採用されているが（横山 2011），コーパス言語学では，上述したように，サンプリング調査に相当する集団レベルのコーパスがほとんどで，パネル調査に相当するような個人レベルのコーパスによる調査はあまり行われておらず，当然，両者を組み合わせた「マルチレベル」の通時コーパスもない．もっとも，過去の限られた言語資料をソースとすることが一般的な通時コーパス言語学で，社会調査のように計画的にデザインされたコーパスを用意することは簡単ではない．

　そこで，本節では，20世紀後半の新聞という短期間の限られたデータではあるが，不特定多数の書き手による集団レベルのコーパスに，不完全ではあるが複数の書き手による個人レベルのコーパスを組み合わせた「擬似的なマルチレベルの通時コーパス」を作成し，集団レベルの変化と個人レベルの変化とを対照することによってどのような知見が得られるのか，その見通しを探り，本来の「マルチレベル通時コーパス」の有効性について検討してみたい．

2.2　新聞のマルチレベル通時コーパス

　ここで紹介する疑似的なマルチレベル通時コーパスは，20世紀後半の『毎日新聞』をソースとするもので，集団レベルについては「全紙面」の，個人

レベルについてはコラム「余録」欄のデータを，いずれも10年おきにコーパス化したものである。

このうち，前者の集団レベルのコーパスには，金愛蘭氏作成による「通時的新聞コーパス」（金 2011）を利用する[1]。このコーパスは，『毎日新聞』の朝刊全紙面の記事本文を，1950・60・70・80・91・2000年の各年24日分（毎月5日と25日），計144日分収めた平テクストコーパスで，多人数の書き手の記事を多数収めていることから，新聞の書き手集団の言語変化を平均的にとりだすことができるものと考えられる。

一方，後者の個人レベルのコーパスは，筆者が所属大学の学生諸君と共同で作成したもので，同じ『毎日新聞』第一面のコラム「余録」欄の，1950・60・70・80・90・2000年の各1年分，計6年分を収めた平テクストコーパスである（石井 2004-2006）。「余録」は，現在では複数の書き手が日替わりで執筆する体制であるが，20世紀の後半は基本的に毎日同じ書き手が書き続ける体制で，上の収録対象年には以下の4人が務めていた（カッコ内は，生没年と執筆時の満年齢）[2]。これにより，異なる4人の「個人間の変化」と，後半の1980〜2000年については同一人物が書いていることから「個人内の変化」を追うことができる。

1950年：丸山幹治（1880〜1955，70歳）
1960年：古谷綱正（1912〜1989，48歳）
1970年：藤田信勝（1908〜1980，62歳）
1980・90・2000年：諏訪正人（1930〜，50歳・60歳・70歳）

ただし，本来の個人レベルの通時コーパスは，パネル調査のように，同一個人の変化を追うデータを数多く集めたものであるべきだから，このコーパスはその点で不完全である。また，テクストジャンルもコラムに限定されていて，全紙面を対象とする集団レベルの通時コーパスと均衡がとれていないし，コーパスサイズも大きく異なっている（表1）。

第 9 章　多様なコーパスによる日本語研究の可能性

表 1　新聞のマルチレベル通時コーパスの語彙量（自立語[*1]）

年	延べ		異なり	
	個人（余録）	集団（全紙面）	個人（余録）	集団（全紙面）
1950	79,597	392,020	11,279	19,696
1960	91,771	1,061,230	10,231	32,652
1970	101,153	1,459,078	11,697	35,815
1980	79,960	1,500,577	13,181	36,550
1990・91	82,634	1,337,071	13,904	31,092
2000	89,650	1,698,704	13,482	38,661
計	524,765	7,448,680	29,707	（未集計）

*1　解析器に MeCab，解析辞書に UniDic1.3.8 を使用した書字形短単位（自立語）の語数。

要するに，この 2 つのコーパスを比べても，その違いが集団対個人の違いのみによるとは言い切れず，したがって「疑似的なマルチレベル通時コーパス」にとどまるのだが，以下では，こうした限界を認めた上で，用例数も比較的多く，新旧の関係が明らかないくつかの類義形式・表現を選んで，集団レベルと（不完全な）個人レベルの変動傾向を比較し，その異同を検討することによって，マルチレベル通時コーパスの利用による動的・立体的な通時的研究の可能性を探ることにする。なお，以降の記述・図表では，1990 年の「個人」と 1991 年の「集団」の年次をともに「1990 年」とまとめて表記する。

2.3　新聞のマルチレベル通時コーパスによる分析事例

図 1 は，文末の推量表現「〜であろう／〜だろう」について，より古い形式「〜であろう」の使用率を示したものであるが，集団・個人それぞれの変動はおおむね平行している。ただし，1980 年以降，集団レベルではなお減少傾向が見られるのに，個人（諏訪）の中では変化が見られない。なお，集団レベルより個人レベルの値が常に小さいのは，テクストジャンルの影響だろう（コラムは「だろう」を使いやすい）。

第 3 部　多様なコーパスによる探索

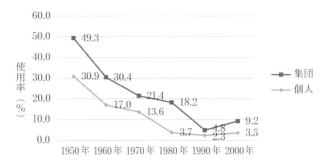

		1950 年	1960 年	1970 年	1980 年	1990 年	2000 年
（集団）	〜であろう	179	262	205	191	21	68
	〜だろう	184	600	751	857	417	671
（個人）	〜であろう	73	91	67	10	7	10
	〜だろう	163	445	424	263	298	279

図 1　古い形式（〜であろう）の使用率

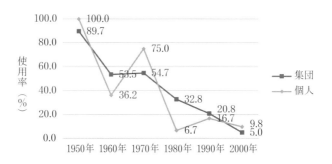

		1950 年	1960 年	1970 年	1980 年	1990 年	2000 年
（集団）	〜ずる	61	76	99	61	30	9
	〜じる	7	66	82	125	114	170
（個人）	〜ずる	40	17	21	2	3	4
	〜じる	0	30	7	28	15	37

図 2　古い形式（〜ずる）の使用率

図2は，一字漢語サ変動詞のうち，「信ずる／信じる」など語尾が「〜ずる／〜じる」となるものについて，その終止形・連体形における旧形式「〜ずる」の使用率の変動を示したものである。集団レベルでは「〜ずる」から「〜じる」への変化がほぼ直線的に進行しているが，個人レベルの結果はその直線をまたぐようにジグザグに変動し，ここでの4人の値が同時点の集団の平均値から外れていることを示している。丸山（50年）は「〜ずる」のみを使い，古谷（60年）は「〜じる」を多く，藤田（70年）は，古谷とほぼ同世代であるにもかかわらず，「〜ずる」を多く使うが，諏訪（80年）はほとんど「〜じる」を使う。1950年時点で書き手としては高齢（70歳）の丸山が旧形式しか使わないことは，それ以前に集団としても旧形式専用の時期があったことを推測させるし，80年時点で中堅（50歳）の諏訪がほぼ新形式を使うことは，それ以降に集団としても新形式専用に至ることを予想させる（実際にその方向に変化している）。一方，古谷と藤田はこの変化の過渡期にあり，新形式を多用する前者と旧形式を多用する後者とで個人差が大きい。個人レベルのコーパスだけを見ると，古谷から藤田にかけて逆の変化が起こっているように見えるが，もちろん，見かけ上のものである。ただし，集団の変化も，この時期（60・70年）には停滞しているように見える。いわゆる「踊り場」の時期だったのかもしれない。なお，ここでも，個人（諏訪）内の変化は観察されない。

図3は，「よかろう／よいだろう」のような形容詞型述語の推量の形「〜かろう／〜いだろう」について，旧形式「〜かろう」の使用率の変動を示したものである。集団レベルの変動を見ると，1950年から80年にかけての緩やかで直線的な変化が80年代に急速に進行したことがわかる。前段の緩やかな変化の時期でも，丸山（50年）はやはり旧形式の方を多く使い，集団の平均からかなり外れている。古谷（60年）と藤田（70年）はどちらも新形式を多く使うが，集団レベルとの差を見ると，古谷の方が旧形式を使う割合がやや大きく，藤田は新形式を使う割合がかなり大きい。前項とは逆に，藤田の方が新形式を積極的に使用していることになる。言語変化の始端では旧形式を好む者が，終端では新形式を好む者が多くなるはずだが，過渡期では，新旧の好みは個人間でばらつき，また，個人内でも言語素性によって変わる

ことが推測される。一方，80年以降の諏訪における変動は集団レベルの変動とほぼ一致し，80年代の急激な変化が諏訪個人においても生じたことを示している[3]。

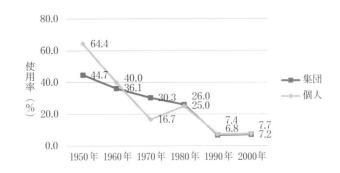

		1950年	1960年	1970年	1980年	1990年	2000年
（集団）	〜かろう	17	61	64	56	5	8
	〜いだろう	21	108	147	159	69	103
（個人）	〜かろう	47	22	12	10	2	3
	〜いだろう	26	33	60	30	25	36

図3　古い形式（〜かろう）の使用率

　図4は，いわゆる当為表現の述語形式のうち，最も古い「〜ねばならぬ」（A），次いで古い「〜ねばならない」（B），最も新しい「〜なければならない」（C）の3形式について，それぞれの使用率の推移を示したものである。集団レベルでは，すでに（C）が優勢だが，その中で，はじめに最も古い（A）が使われなくなり，次いで，次に古い（B）が使われなくなりつつあるという変化が読み取れる。一方，個人レベルでは，4人とも集団より保守的で（これにはテクストジャンルの影響もある），丸山は最も古い（A）をもっぱら用いている。古谷と藤田は丸山より新しい形式を多用するが，古谷は中間の（B）を最も多く使うのに対し，藤田は最も古い（A）と最も新しい（C）とを同程度に使っている。諏訪は，1980年時点では，（B）と（C）とを約4割ずつ使い，最も古い（A）も2割程度使っているが，その後，90年には

いったん（B）を最も多く使うも，2000年には（C）を7割以上使うようになっている。これらを勘案すると，古谷と諏訪からは「(A)から(B)を経て(C)へと移行する」変化が，藤田からは「(A)から(B)をあまり介さずに(C)へと移行する」変化がうかがわれる。集団レベルでは最古形→中間形→最新形という1つの経路が観察されるが，個人レベルでは，そのほかに最古形→最新形という経路があることも想定されるのである。

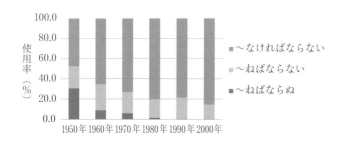

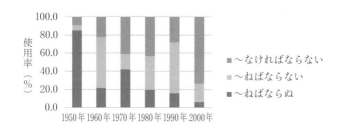

		1950年	1960年	1970年	1980年	1990年	2000年
（集団）	～ねばならぬ	46	26	23	5	1	1
	～ねばならない	33	76	80	62	38	28
	～なければならない	72	192	278	272	144	167
（個人）	～ねばならぬ	46	32	42	12	5	2
	～ねばならない	3	84	17	23	18	7
	～なければならない	5	33	41	27	9	25

図4　「～ねばならぬ」等の使用率（上：集団，下：個人）

図5は,必ずしも新旧の関係にはないのだが,逆接の接続詞4種について,それぞれの使用率の変動を示したものである。集団レベルでは,わずかな差だが,全体として「だが」が増えて「しかし」が減っている。一方,個人レベルの変動は複雑である。まず,丸山(50年)から古谷(60年)・藤田(70年)にかけては,「しかし」「ところが」「が」が減って「だが」が増える。こ

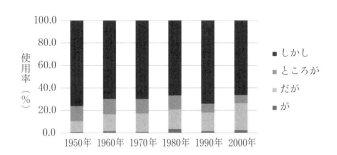

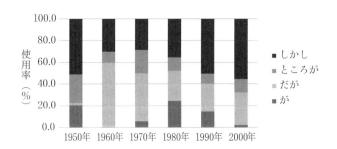

		1950年	1960年	1970年	1980年	1990年	2000年
(集団)	が	2	18	14	54	18	29
	だが	28	170	264	286	200	297
	ところが	39	156	214	204	94	90
	しかし	220	796	1141	1090	892	820
(個人)	が	45	0	19	22	20	3
	だが	5	437	150	25	35	38
	ところが	58	74	72	11	13	16
	しかし	113	221	97	32	69	71

図5 逆接の接続詞の使用率(上:集団,下:個人)

の傾向は集団レベルの傾向と必ずしも矛盾しないが，古谷・藤田から諏訪（80年）にかけては「だが」が減って「が」が増える。さらに，諏訪においては，80年から2000年にかけて，今度は「が」が減って「しかし」が増える。要するに，個人レベルの変動傾向は，集団レベルのそれと重なるところがほとんどない。

　以上，新聞のマルチレベル通時コーパスを使って，いくつかの類義形式・表現を例に，言語変化における集団レベルの変動と個人レベルの変動とのかかわりあいを見た。今回のコーパスは，後者において異なる個人の変動を結んだ疑似的なものであるために，両レベルの正確な関係づけは困難である。ただし，集団レベルの変動は，基本的には，集団を構成する個人の値を平均した「代表値」として比較的安定したものになること，一方，個人レベルの変動は，集団の変動に平行したり重なったりする場合もあるが，ほぼ一定の値に決まってしまって変化を見せない場合や，集団の変動とは一致しない変化を見せる場合もあることなどがうかがわれた。また，個人間の比較では，変化の過渡期に集団の代表値から外れることが多くなること，さらに，変化の経路が個人によって必ずしも同一とは限らないことなども推測された。こうした推測の妥当性，また，言語素性の違いとの関係などについては，なお，検証していく必要があるが，言語変化の動態を集団・個人の両レベルから立体的に探索・記述する上で，マルチレベル通時コーパスが有効なツールとなることは確認できたように思う。

3. マルチメディア・コーパス

3.1　マルチメディア・コーパスとは

　ここでいう「マルチメディア・コーパス」とは，話し手の発話を文字化したテクストとその発話場面の映像とをコンピュータ上で同期させ，文字化テクスト上の文字列（単語など）を検索すると同時に，その発話時の映像・実音声をも参照できるようにしたコーパスをいう（石井2009）。これに対して，

文字列のみを扱う書きことばのコーパスや，話しことばのコーパスでも音声文字化テクストのみを扱うものは，「モノメディア・コーパス」という。

　「コーパス」といえば，これまでのところ，新聞・雑誌・小説など，印刷媒体を中心とした書きことばのそれが中心であり，「自然な用例」の集積として，文法をはじめとする「言語構造」の研究に利用されることが一般的である。しかし，コーパスを用いた言語研究を，話しことばも含む，あるいは，むしろ話しことばを基本とする「言語使用」の研究にも拡大・発展させていくためには，言語形式が検索できるというだけではなく，その使用にかかわる各種の情報をも同時に得ることのできるコーパスが必要になる。

　この「言語使用にかかわる情報」は，「言語使用」というものをどのように考えるかによって，さまざまに異なってくることが予想されるが，話しことばを基本とする言語使用の場合には，たとえば，南（1987）が試案としてあげる「談話の十要素」（言語表現そのもの，参加者，話題，コミュニケーションの機能，表現態度，媒体，状況，ネットワーク，文脈，非言語表現）などが，その有力な候補になる。ただし，こうした情報をどのようにコード化してコーパスに搭載するのか，それによってどのような研究が可能になるのかといった点については，今後の検討にまつところが大きい。

　ただ，そうした検討には，話しことばの場合，実際の発話場面における映像と音声を参照することが大いに役立つはずである。上の「談話の十要素」にも，表現態度，状況，ネットワーク，文脈，非言語表現など，談話行動場面の映像・音声から判断できるものが多い。したがって，さしあたっては，音声文字化テクストから言語形式を検索すると同時に，その発話場面の映像・音声をも参照できる「マルチメディア・コーパス」をつくり，それを使って，どのような「言語使用にかかわる情報」を用意すべきかを検討することが重要になる。

　以上のような趣旨で，筆者は，これまで，個人で，また，所属大学の学生諸君と共同して，いくつかのマルチメディア・コーパスを試作してきた。以下では，テレビ放送をソースとして作成したマルチメディア・コーパスをとりあげ，その作成法や具体的な調査・研究の事例などについて紹介する。

3.2 テレビのマルチメディア・コーパス

　紹介するのは，筆者がかつて従事した国立国語研究所「テレビ放送の語彙調査」(1989年，国立国語研究所1995・97・99)の，NHK総合テレビ・同教育テレビのデータ(約9時間分)を用いて作成した「NHKコーパス」と，孫栄奭が筆者の指導の下に作成した，2009年放送の対談番組約40時間分を収めた「対談番組コーパス」である。筆者と孫は，これら「テレビのマルチメディア・コーパス」を使って，話し手の言語行動において(南の「談話の十要素」のうちの)言語表現と非言語表現とはどのような関係にあるかという問題を中心に，いくつかの調査・分析を試みてきた(石井・孫2013)。

　言語行動の研究は，日本でも多くの蓄積をもち，その内容も多岐にわたっているが，日常のコミュニケーション場面で話し手がどのような言語表現をどのような非言語表現(身振り，視線，表情など)とともに使用するのかという，言語表現と非言語表現との関係の究明は，その中心的な課題の1つである。この分野でもすでに多くの研究が行われているが，そこでは，現実に行われた(リアルな)言語行動を数多く記録し分析するという記述的な方法はあまりとられず，アンケートや面接などで，どのような状況・場面であればどのような行動をとるかという意識を尋ね，実際の言語行動を推定するという方法がとられたり，人工的な場面・話題などを設定して協力者に会話してもらい，その際の言語行動を観察するなどの実験観察的な方法がとられたりすることが多い。これには，調査目的に即したデータが得られる，予想される(言語行動の)要素間の関係を制御できるなどの利点もあるが，言語行動のパターンを見出すためには，これらの方法だけでは必ずしも十分とはいえない。とくに，研究が進んで，より複雑・精密なパターンの発見が求められると，現実の言語行動を観察する必要性が増すものと考えられる。

　ただし，現実の言語行動は，それを取り巻く状況などからさまざまな影響を受けて，ゆがめられたり，わかりにくくなったりする。そうした「ノイズ」を含むデータからパターンとしての言語行動を見出すためには，できるだけ多くの実例を観察しなければならない，つまり，計量的でなければならない。計量的な研究は，パターン化されたものと偶発的なものとを区別し，また，

パターン化されたものの中で中心的なものと周辺的なものとを区別することができる，という特長をもっている。言語行動の研究でも，こうした，現実の言語行動データを大量に集め，それらを計量的に分析するというタイプの記述研究（コーパス言語学・計量言語学的研究）が必要であり，マルチメディア・コーパスはそのための有用な道具になるものと考えられる。

　もちろん，テレビのマルチメディア・コーパスから得られる結果は，テレビ放送の中で行われた言語行動についてのものであり，日常一般の言語行動を代表するものではない。筆者らは，テレビが現代人にとって身近なメディアであり，そこからは，出演者たちによって行われた（実験的に制御されたものではない）実際の言語行動に関する大量かつ多様なデータが比較的容易に得られること，そして，この大量かつ多様なデータを有効に活用すれば，言語行動に関する計量的な実態調査も可能になることを重視し，マルチメディア・コーパス化の対象とした。しかし，そこで行われる言語行動の多くが，テレビ画面を通して視聴者に見られるものとして行われること，また，そうした言語行動がテレビ制作者により取捨選択され，意図的に映像化されていることを無視することはできない。テレビのマルチメディア・コーパスを使った調査・分析の結果は，こうした限定のもとで解釈される必要がある。

3.3　テレビのマルチメディア・コーパスの作成と使用法

　マルチメディア・コーパスの基本的な機能は，音声文字化テクスト上で文字列検索を行い，ヒットした箇所でその時点の映像・音声が再生できるというものである。近年，文字列データと映像データとを同時に扱うことのできるソフトウェアが数多く開発されているが（たとえば，マックスプランク研究所の "ELAN" など），筆者らは，個人で手軽に利用できること，文字列の検索だけでなく強力な集計機能を備えていることを重視し，結果として，一般的な表計算ソフト "Excel" を使ってコーパスを作成することにした。

　なお，ヒューマン・インタフェースなどの工学系の分野では，人間の相互行為（インタラクション）における諸モード，とくに言語と身体動作との動的・生成的な関係をとらえようとする「マルチモダリティ」の研究が行われ，

両者を関連づけて記録した「マルチモーダル・コーパス」と呼ばれるコーパスが作られている。日本にも「マルチモーダル対話コーパス」(金子・石崎1998)、「インタラクション・コーパス」(角[他]2003)などがあるが、これらのマルチモーダル・コーパスは、実験観察的な環境の中で多くの機材を駆使して得られる映像・音声情報を、専用のソフトウェアの上に展開・構築する精密なコーパスである(キャンベル2010)。一方、本節で紹介するマルチメディア・コーパスは、基本的にはテレビの録画映像・音声しか使わず、また、実際のコーパスもExcel上に作成する、きわめて簡素なものである。先述したように、多様なコーパスの可能性を検討するには、小規模でもユニークなコーパスをいろいろと作ってみて、それらの利点や問題点を吟味することが必要であり、その点では、個人でも作成可能な簡易なコーパスもまた有用だと考えられる。

このマルチメディア・コーパスの作成にあたって最も問題となるのが、音声文字化テクストと映像との同期である。NHKコーパスの場合は、単位切りされた単語(単位語)ごとに(Excelの)1行になっているのだが、同期は文単位で行うことにした。つまり、見出し語など何らかの情報で単位語を検索し、その1つを指定(クリック)すると、その単位語を含む「文」が発話されている映像・音声が再生される、という程度の「同期」である。具体的には、まず、標本の5分間の映像を10秒ごとのクリップに分割し、一方で、音声文字化テクストを文単位に分割して、ひとつひとつの文に、それが発話として含まれる映像クリップを対応づける作業を行った。1つの文が複数の映像クリップにまたがる場合は、その文の開始時点を含むクリップと対応づけた。このようにして、すべての単位語について、それを含む文の映像クリップを再生するよう命令するバッチファイルを作り、それをExcel上の各行(単位語)にハイパーリンク機能で対応づけた。映像の再生には、オープンソースのメディアプレーヤー "MPlayer"(フリーソフトウェア)を用いた。

NHKコーパスには、単位語(出現形)のほかに、見出し語(読み・代表形)と語種・品詞情報、話者情報(性別、年齢、職業)、番組情報(ジャンル、チャンネル、曜日、時間帯、長さ、視聴率)が付与され、また、単位語の前後の文脈も付されているので、Excelのフィルタ機能を使ってさまざまな

第3部　多様なコーパスによる探索

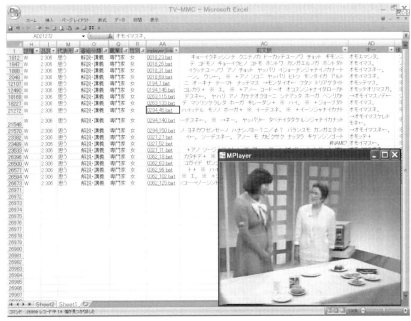

図7　NHKコーパスの表示例

情報からの絞り込みを行い，検索された単位語について，同じ行の（ハイパーリンクで関連づけられた）バッチファイル名をクリックすると，その発話映像と音声が再生されるようになっている。図7は，解説講義番組で専門家の女性が「思う」という見出し語を発話したもの，という条件で絞り込んだ結果であり，そのうちの1つの単位語について映像を再生した場合のパソコン画面である。

一方，対談番組コーパスは，単位語ごとではなく，仮名漢字交じり・文節分かち書きで文字化された「文」ごとに1行としている（文の途中で他者の発話が入った場合は別の行とする）ため，基本的には，文内の文字列による絞り込み・検索しかできず，KWICもそのままでは作成できない。ただ，音声文字化テクストと映像との同期については，すべての行に，その文が発話されたときの開始時点と終了時点（秒単位）とを記録し，Excelのマクロ（外

第9章　多様なコーパスによる日本語研究の可能性

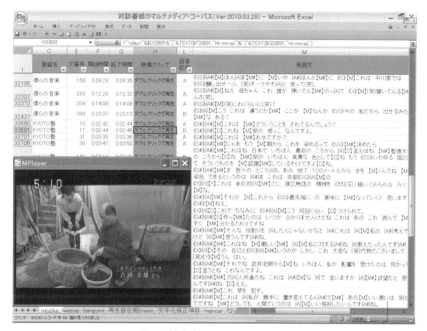

図8　対談番組コーパスの表示例

部ソフトの操作を含む各種コマンドの実行手順を記述したもの）を実行することによって，MPlayer が自動的に発話時点情報を読み込み，それに該当する部分の映像を探し出して再生するようにしてあり，NHK コーパスより正確かつ効率的な再生が可能になっている。また，MPlayer の再生時間・再生速度・映像サイズの調整，パソコン画面上の位置の変更なども，Excel 上で行うことができるようになっている。さらに，一部の番組については，NHK コーパスにはなかった非言語表現の情報（タグ）を文字化テクスト内に付与しているため，非言語表現の情報から発話を絞り込み，検索することもできる。付与した情報は，視線，身振り・動作，表情に関するもので，図8は，指示詞「これ」と身振り（タグは【M】）とが共起する文を絞り込み，検索結果の1つについて映像を再生させたときの画面である。こうした方法によって，たとえば指差しを伴う指示詞を効率よく検索することなどができる。

3.4 テレビのマルチメディア・コーパスによる分析事例

　筆者らは，これらのマルチメディア・コーパスを使って，言語表現と非言語表現との関係について試行的な調査を行ってきたが，ここでは，孫が行った，擬音語・擬態語と身振り，終助詞ネと視線，指示詞と指差し，それぞれの関係についての分析のうち，擬音語・擬態語と身振りとの関係を中心に紹介する（孫2009・2010，石井・孫2013）。

　擬音語・擬態語と身振りとの関係については，喜多壮太郎の先駆的な研究がある（喜多2002）。喜多は，被験者に数分のアニメーションを見せ，それをまだ見ていない他の被験者に，その内容をできるだけ詳しく説明するという実験観察的な調査を行って，擬音語・擬態語の発話時には，ほかの語類の場合と違って，身振りがほぼ確実に共起して現れると結論づけ，その理由を独自の言語産出理論をもって説明している。しかし，喜多の調査には，取り扱っている擬音語・擬態語が延べ83例と少ない，実験観察的調査のみで現実の実態調査を行っていない，すべての擬音語・擬態語を同質のものとして一括して論じている，といった問題点がある。

　そこで，孫は，主にNHKコーパスを使って，延べ約6000の擬音語・擬態語のうち，話し手が映像に映って身振りが観察できた延べ1728語・異なり613語について，それらを田守・スコウラップ（1999）の「オノマトペ度」によって分類し，また，身振り（エンブレムを除く表象的身振り）については，映像的身振り，暗喩的身振り，直示的身振りという3分類を採用して，両者の関係を調べた。オノマトペ度とは，「ある語が話者によって直接的な模倣として認識される程度，すなわちその語がそれによって指示される音，様態，状態の非恣意的な現れとして認識される程度を指す」もので，ある語が擬音語・擬態語らしいと判断できるのは，この性質によるという。田守・スコウラップ（1999）では，オノマトペ度の尺度として8つの基準が示されているが，孫は，それを「音を表す」「非慣習的な形をとる」「『と』を義務的に伴う」という3つの基準にまとめ直している。

　調査の結果，擬音語・擬態語とのかかわりが必ずしも明確でなく，また，用例数も少ない直示的身振りを除くと，映像的身振りと暗喩的身振りについ

ては，オノマトペ度を測る3基準をより多く満たす擬音語・擬態語ほど，その発話時に身振りがより頻繁に現れるということが，パターン化された傾向として見出せた。つまり，オノマトペ度の高い擬音語・擬態語ほど身振り共起率が高いということがわかったのである。これによって，擬音語・擬態語の発話時ならばほぼ確実に映像的身振りが現れるという喜多の主張は，擬音語・擬態語の多様性を考慮しない過剰な一般化である可能性が高まったといえる。なお，孫は，オノマトペ度の高い擬音語・擬態語ほど身振りが伴いやすい理由についても試行的に論じているが，ここでは省略する。

　このほか，孫は，終助詞ネの発話時における話し手の視線行動（約1000例）を調査し，「自己確認」のネでは話し手の視線が聞き手に向けられる場合とそうでない場合とがあるのに対し，「同意要求」「確認要求」のネではほぼ確実に聞き手に向けられるという傾向を見出すとともに，自己確認用法や発話現場の事物に関する発話でのネにおいては，先行研究の指摘よりも複雑な視線行動が行われることを明らかにしている。さらに，指示詞と指差しとの関係については，どの種の指示詞の発話時に話し手の指差し行動がより頻繁に伴うかを調査して，指差し共起率に「コ」「ソ」「ア」による相違はほとんどみられず，また「―レ」形式よりもむしろ「―ノ（＋名詞）」形式の発話時に共起率がより高くなることを見出し，内省による先行研究の指摘に不十分な点があること，それを克服するためには計量的な実態調査が必要であることを示している。

　ただし，これらの結果は，先述したように，テレビ放送の中で行われた言語行動についてのものであり，日常一般の言語行動に敷衍できるかどうかについては，なお，検証が必要である。テレビのマルチメディア・コーパスはこうした限界をもつものだが，一方で，それは，テレビ特有の言語行動についてその特徴を明らかにし得る可能性をもっているともいえる。この点について，筆者は，動詞「思う」が「～と思う」という形式で「一人称主語の思考態度を表明する」ときの言語使用について検討した（石井2009）。「思う」は，他の思考動詞と同様，スル形式をとって一人称主語の述語となるとき，発話行為時現在の話し手の思考活動を表すが，宮崎（2001）によれば，それは「話し手がどのような思考的態度や立場をとるかということを他者（聞き

手）に向けて表明する」ムード性（態度表明性）を表すことを基本とし，その思考態度や立場は，まずは，以下のように，「評価的態度」「認識的態度」「行為志向的態度」の3種に大別されるという。

（1） 評価的態度（を表す文）
　　　コガイデ　ゼンシンウンドーオ　スルトユー　コトワ　ヒジョーニ　タイセツダト　<u>オモイマス</u>。
（2） 認識的態度（を表す文）
　　　ソーユー　コトオデスネ　ツネニ　イシキシテイタダケレバデスネ　ジコモ　スコシワ　ヘル<u>ト　オモイマス</u>。
（3） 行為志向的態度（を表す文）
　　　エー　キョーワ　マター　ウタオ　ヒトツ　ミナサント　イッショニ　ウタッテミタイ<u>ト　オモイマス</u>。

　筆者は，NHKコーパスを使って，そのKWICから得られた108例の（一人称主語の述語である）「（～と）思う」を，上記3種の態度の下に分類するとともに，それぞれの発話の映像・音声を再生し，どのような話し手が，どのような聞き手に向かって，いずれの態度を表明しているかを調べてみた。聞き手については，話し手がカメラすなわち視聴者と同席者のいずれにその視線を向けているかによって特定した。

　調査の結果，テレビ放送における「（～と）思う」の使用には，いずれの態度でも専門家類の発話が多く，タレント類の発話が少ないが，評価的・認識的態度の場合は一般人類の発話も多く，また，行為志向的態度の場合はアナウンサー類の発話が最も多くなる，という話し手の違いのほかに，評価的→認識的→行為志向的の順に視聴者に向かっての発話の割合が増えていく，という（直接の）聞き手の違いが見出せた。これは，テレビ放送で，アナウンサー類・タレント類・専門家類・一般人類が，それぞれ，どのような役割を担っているか，そして，それぞれの役割に照らして，どのような聞き手に向かってどのような発話が許されているか，ということの反映ではないかと考えられる（たとえば，テレビで評価・認識にかかわる発話を行うのはもっぱ

ら専門家であり，タレントは行わない，ただし，そうした評価や認識は，視聴者に向かってではなく同席者に対して行われる，アナウンサーは，評価や認識にかかわる発話はせず，もっぱら番組の進行にかかわる行為志向的な発話を視聴者に向かって行う，など）。すなわち，南（1987）の「談話の十要素」でいえば，参加者と（話し手・聞き手が構成する）ネットワークとに関係するテレビ放送のあり方の反映である。テレビ放送における「（〜と）思う」の使用には，話し手が誰を直接の聞き手として発話（態度表明）するかというネットワークの面での，テレビ放送のあり方を反映した特徴のあることが予想される。

4. 言説コーパス

　多様なコーパスの開発とは，必ずしも，これまでにない新規なコーパスを作ることだけではない。すでにあるコーパスを，観点を変えるだけで，別種のコーパスとして利用することもまた，新たなコーパスの「開発」と言えるだろう。その1つに，筆者が批判的言語学の立場・観点から「言説コーパス」と呼んでいるものがある。

　「批判的言語学（クリティカル言語学）」とは，日常のありふれたことばづかい（言語使用）の中に潜むイデオロギーを浮かび上がらせ，社会における言語使用と社会構造（とくに不平等な権力関係）との関連を明らかにすることをめざす実践的な言語研究の分野ないし立場をいう。ここでいう「イデオロギー」とは，慣習に内在し，それによって人々がことばによる相互作用を行い，そして人々が一般的には意識的に気づいてはいない，「常識的」想定（Fairclough 2001＝2008：2）としての“ものの見方”のことである。

　こうしたイデオロギーは，単語の語彙的意味の中にも焼き付けられている。たとえば，けんかに負けて泣いている弟に向かって兄が「男なんだから，泣くな。」と発話したとき，その発話における「男」の意味には，「人間のオス」という辞書的な意味（明示的意味）のほかに，「強い／強くあらねばならない」という「イデオロギー的意味」が込められている。イデオロギー的意

は，社会の"ものの見方"を反映した暗示的意味であり，語彙的意味として辞書に登録されてもいる（中学生向けの『例解新国語辞典』（三省堂）にも，「おとこ」の語釈に「③『強い』『りっぱである』などの意味がこめられている男性」とある）。兄は，「男」という単語をこうしたイデオロギー的意味のもとに使い，上の発話を有意味なものにしているといえる。つまり，個人の発話は，個人のものでありながらその実，イデオロギー的意味という社会の"ものの見方"に立脚しているのである（同時に，兄の発話は，「男」という単語のイデオロギー的意味を再生産・強化してもいる）。

　人々が気づきにくい，言語使用の中に潜むイデオロギー，とくに単語のイデオロギー的意味を明らかにするには，自然言語の大規模なデータの中から言語使用の実際のパターンを発見しようとするコーパス言語学（Biber *et al.* 1998＝2003）の方法が有効である。日常の言語生活で何気なく使われる単語の使用パターンの中に，そのイデオロギー的意味として定着し，無意識に再生産されている，言語社会の"ものの見方"を，コーパス言語学の方法によって探索・発見し，言語使用者としてそうした"ものの見方"を自覚し，かつ，それに主体的にかかわることのできる基盤を築く。このような実践的な言語研究を，筆者は「批判的コーパス言語学」と呼んでいる（石井 2010a）。

　批判的コーパス言語学では，コーパスは，言語構造の分析のための「正しい」用例の集合としてではなく，言語使用の批判的な分析のための「言説」の集成，すなわち，「言説コーパス」とみなされる。とくに，「出来事の社会的意味づけをして読者・視聴者に伝える機能を果たす」マスメディアのテクストは，社会の"ものの見方"を代表する言説コーパスの１つといえる。人は，毎日，大量のマスメディアのテクストに触れており，そこで使われる同じ語や表現にさらされることで，無意識のうちに，マスメディアの姿勢や意見を取り入れている可能性がある。マスメディアの言説コーパスで使われている単語の使用パターンから，その単語のイデオロギー的意味を推定するのである。

　このように考えれば，「新聞コーパス」はそのまま「新聞の言説コーパス」と読み替えることができる。そして，そこには，新聞の言説のあり方を反映した特徴的な言語使用が観察されるはずである。そうした言語使用の特徴（イ

デオロギー的な偏り）は，新聞の言説がわれわれにとってありふれたもの，無意識に受け入れやすいものであればあるほど，われわれには気づきにくいものとなる。そのような気づきにくい言語使用の特徴を「暴く」というところに，言語研究者がこの問題に取り組む意義がある[4]。

たとえば，「人々」という単語は，イデオロギー的な偏りなどとは無縁の，ごく普通の単語のように思える。しかし，いま，試みに，2000年の新聞コーパス（『CD－毎日新聞 2000年版』）を使って，「～の人々」という形式の「～」の部分にどのような単語が現れるかを調べてみると，次のような顕著な傾向が見出せる（石井 2004）。

（1）「アジア」とくに「台湾」「中国」「韓国」「北朝鮮」など，かつて日本が引き起こした戦争によって被害を受けた東アジア諸国が多く，「アメリカ（米国）」は少ない
　（例）実際，日本人の戦争犠牲者より，日本軍の犠牲となったアジアの人々の方がはるかに多い。その事実を踏まえなければ，今後，アジアの中で日本人が生きていくことはできない。

（2）「東ティモール」「チベット」など紛争のある国が多い
　（例）中国のチベット進駐から50年，隣国に逃れたチベットの人々が故国に帰る日はいつ来るのだろうか。

（3）「(開発)途上国」が多く，「先進国」は少ない
　（例）これは，長期間にわたって植民地支配された途上国の人々の精神構造を考えるうえで非常に重要な要素だろう。

（4）日本国内では「沖縄」が圧倒的に多く，（被災地・被爆地である）「神戸」「長崎」も見られるが，「東京」は1例もない
　（例）首相は，クリントン米大統領の演説を絶賛したが，それは基地恒久化を受け入れるよう迫るもので，沖縄の人々の悲願を踏みにじる態度だ。

（5）「村」や「町」が多いが，「都会」は少ない
　　（例）これまでSVAが支援していたこの図書館は，今年から村の人々の運営に移行していく予定。田中さんは「これからは，村の人々が地域の子供たちの未来に積極的にかかわってもらいたい」と願っている。

（6）「一般」「普通」「無名」などが多い
　　（例）この20日に放送された「ナースの決断」で164作目。その半数以上が，いわば無名の普通の人々の生きる姿を丹念にカメラで追った作品だ。

（7）「ホームレス」「在日」などが多い
　　（例）行政が"身元調査"を代行することへの批判は当然として，より本質的な問題は，出自が知れることが具体的差別につながる在日の人々の置かれた状況と，不透明で屈辱的な国籍取得（帰化行政）のあり方だ。

（8）「世界」「全世界」「世界中」などが多い
　　（例）核兵器廃絶への取り組みで中心的な役割を担うべき米国が，実験を繰り返し核抑止力を維持する姿勢をみせるのは，世界の人々の願いに逆行する暴挙だ。

　つまり，「人々」という単語は，新聞というテクストジャンルの中では，戦争・紛争・貧困・被災・差別などによる「弱者」を指す傾向が強いのである。こうした使用上の偏りは，「人々」という単語に「弱者」というイデオロギー的意味が付着ないし定着している可能性を示すものである。もし，それが事実であれば，テクストの中で「人々」という単語によって表される者とそうでない者とが対置された場合には，両者の間に「対等」でない関係を感じさせる効果が生じることになる。

それぞれの国民にとって，国民の受難に目を向けない戦争の記憶は誤ったものにすぎない。広島・長崎の被害を度外視した戦争の記憶が日本国民に受け入れがたいのと同じように，南京大虐殺，あるいは従軍慰安婦の経験に目を向けない戦争の記憶は中国国民，あるいは韓国国民にとって受け入れることのできない誤った記憶にすぎないものと見なされてしまう。そこにあるのは，中国，韓国，日本のそれぞれが，国民の物語のなかで戦争を語り，相手が自分の経験を無視していると非難を加えるという構図である。
　これはいかにも狭いものの見方ではないだろうか。日中戦争と第2次世界大戦の犠牲者が日本人に限られないのは言うまでもない。中国や朝鮮半島の人々がどのようなことを経験したのか，謝罪の必要を議論する前に，違う視点から見た戦争を知ることが必要だろう。（中略）
　不戦を誓う前提は戦争の認識である。日本国民の経験だけから戦争を捉え続ける限り，その誓いが日本の外に住む人々の胸に響くことはないだろう。歴史問題の膠着を乗り越えるためにも，日本国民ではない人々にとっての戦争を知ることが欠かせないのではないかと私は思う。
（藤原帰一「〈時事小言〉歴史問題」『朝日新聞』2014年1月21日朝刊）

　この例では，「日本国民」と「中国国民」「韓国国民」とが対置された前半部分では，両者は対等のものとして客観的に描かれているが，「日本人」と「中国や朝鮮半島の人々」，「日本国民」と「日本の外に住む人々」「日本国民ではない人々」とが対置された後半部分では，両者はもはや対等ではなく，弱者ではない前者が弱者たる後者に対して配慮すべきであるという著者の意見（言説）が，弱者ではない前者に向けて表明されていることがわかる。「人々」という単語を使う（あるいは使わない）ことで，弱者とそうでない者との対等でない関係，そして，弱者に対しては配慮しなければならないという"ものの見方"が，まさに暗示されるのである。
　こうした，言説コーパスを使った批判的コーパス言語学の研究は，まだ始まったばかりであり，その方法論の確立が望まれる（姜炅完2009a・b）。また，用いる言説コーパスも新聞に限らない。他のさまざまなテキストやディ

スコースを対象とした言説コーパスの構築と分析が求められるところである。

5. 大規模コーパスの問題点

　最後に，大規模コーパスの問題点と思われることがらについても述べておく。
　BCCWJのような大規模なコーパスが利用できるようになったことで，語彙研究にも大きな発展が期待される。それは，たとえば，これまで用例数が少ないとされた周辺的な単語あるいは周辺的な意味・用法の分析が可能になることであり，また，意味・用法のより精度の高い分析（分類の中間項の発見，プロトタイプの発見，中心から周縁への連続的な分布の発見など）が可能になるというようなことである。「コーパスが大規模なほど，分析は充実する」（斎藤［他］2005：22）のである。
　しかし，一方で，大規模なコーパスの利用には懸念される点もある。それは，コーパスが大きくなればなるほど，そこから引き出されるデータも多くなり，分析者にとって手に負えないものになってしまうという，「コーパスのパラドクス」ともいえる逆説的な事態である。これは，英語コーパスの世界ではすでに指摘されていることで，たとえば，バイバーらには次のような言及がある。

　　2.2節では，コンコーダンス一覧表（KWICのこと，引用者注）を使って単語の意味を調査できるのは，まさにコーパスによるものであることを説明した。そのコンコーダンス一覧表は，文脈内の一つの単語に対して，完全なすべての生起リストを提供することができる。しかしながら，この完全さはまた一つの課題をともなう。それは，どのようにすれば，コンコーダンス・ファイルからのすべての情報を分類し，分析できるのかという課題である。DEALの分析の場合，1,000万語のコーパスに約2,000例が生起するので，その作業は非常に気の遠くなるようなものである。もっと頻度の高い単語の場合には，意味のパターンを見出そうと試みて，数万件にもおよぶ例を並べ替えたり分類したりするはめに

なるであろう。そのような仕事は、まったく実現の見込みがないものである。(Biber *et al.* 1998＝2003：41-42)

こうした事態は、電子化コーパス以前の用例カードの時代には、現実的なものではなかった。宮島（1972：5-6）には、次のような記述がある。

> 実際上の面からいえば用例が多い方がいいことは自明のことである。ただ、数のことについていうと、多いばあいの欠点としてつぎの二つが考えられる。すなわち、それが処理能力を超えないかということと、資料の純粋性がたもてるかということである。
> まず、あまりに多くの用例があれば、それを1とおり見るだけでも時間をくってしまって、なかなか分析できないことはたしかだ。しかし、実際の作品から用例をあつめる方法によれば、大体の傾向としては、多くえられる用例は基本的な単語のものであり、したがって多義的なものが多く、それだけ多くの用例が分析に必要とされるものである。数千例を分類し、検討する作業は確かに楽ではないが、今回あつめた程度の資料のなかで、数千の用例がえられた動詞というのは、それを全部検討するにあたいする程度、あるいは全部みてもまだまだたりない程度に、意味の構造が複雑なものである。（略）逆に、今回あつめた程度の資料ではまだほしい用例が5,6例あるいは1,2例しかないというものがひじょうに多かった。どんなに単純な動詞でも、10例や20例では、けっして多すぎるという感じはしないものであり、一般論としていうならば、動詞の分析にあたって今回程度の資料ではたりない方がはるかに多い。対象が単純であるのに資料が多すぎて処理能力をこえる、ということは、今回のにくらべてすくなくとも数倍、あるいは数十倍のデータがえられた段階で、はじめて現実的な問題になりうるものであろう。

コーパスの巨大化は、こうした問題を現実のものとする可能性が高い。英語のコーパス言語学では、このような事態に対して、たとえば、ある単語の語彙的関連パターンを探るのに、それと直接の構文的な関係を結ぶ共起語の

頻度を調べるのではなく，ある単語の前後数語の範囲内にある単語をすべて共起語とし，それらの頻度を集計してその上位に来るものをとくに重要な共起語とする，といった方法を採ったりもするが（Stubbs 2002＝2006），そうした便宜的とも見えるやり方がどこまで妥当性をもつものか，判然としないところがある。

　また，この問題については，別の視点からの懸念も示されている。今野（2006：39）は，単語の意味記述が大規模なコーパスを用いることで拡散してしまう恐れのあることを指摘する。

　　ある語の意味を捉えようとする場合に，その語の使用例を多く集め，そこから帰納（induction）させるという「方法」が用いられることが多い。使用例の数がきわめて多くなれば，それは言語分析のための言語資料の集積，corpus/computer corpus ということになる。分析対象となる使用例が増えれば分析は安定し，確かなものになると考えることができるが，その一方で，分析対象としている「ある語」の置かれている文もまた多種多様になるのであって，置かれている文において実現している（具体的な）意味を考慮すればするほど「意味」を収斂させることは難しくなっていくともいえる。一つ一つの具体的な文で使用されている「ある語」の用法に徹底してこだわり，それを丹念に記述していけば，その記述は膨大なものになることが予想される。しかしそれは，言語を開かれた体系とみた場合の，どこまでも開かれているその「無限性」を記述することにならないか。

　最後に，コーパスの規模というより，その代表性や均衡性を重視するという点について，異なる考え方もあることを紹介しておく。ドイツのコーパス言語学の先駆者ハンス・エガースは，現代ドイツ語の書きことば（文章語）を特徴づける「時代の文体」（を成す言語現象）を調査するにあたり，そのコーパスを次のような考え方によって，「実用散文」としての２つのテクストジャンルに定めている。少し長くなるが，引用する。

第9章　多様なコーパスによる日本語研究の可能性

　私は次のような考え方から出発しようと思う。すなわち同時代のすべての個人の文体の背後に，またあらゆる種類のテキストを通じて，言語参加者全員の一般的な言語習慣に対応する，したがってまた今日の言語文体と解しうるある種の共通性が，その基盤として認められるにちがいないという考え方である。しかしこのような共通項をもっとも容易に把握でき，かつもっとも明確に認識できるのは，どの領域であろうか。いわゆる《純文学》の作家たちの場合には，その個人文体的な形成意欲が妨げとなる。純文学の場合にももちろん共通項がその根底にあることは疑う余地がないが，それを見つけ出すためには，あまりにも多くの，個人的に形成された要素を取り除かなければならないであろう。これとはまったく別の理由から，通俗文学や大衆新聞の低俗性を出発点とすることも，同様に適当ではないと考えられる。ここではなるほど個人の文体はかなり影をひそめはする。しかしそのかわり，とりわけ月並みな表現や決まり文句にお目にかかることになろう。この種のものが広く行き渡っていることも，たしかに時代特有の現象であり，いわば時代の文体の澱（おり）のようなものである。しかしまたそれ以上のものでもない。このレベルの作品からは，時代の文体の特色は究明できないのである。

　この両極端，すなわち芸術的に形成された文学語と日常生活のための通俗的な作品から等しく距離を保つものとして，われわれの時代のさまざまの問題や現象に対して自己の態度を表明し，これらと精神的な対決を試みる言語がある。そして私はこの分野のなかからその中間のところを取ろうと思う。つまり純然たる専門文献も敬遠したいし，また聡明ぶってはいるが，そのごたごたした冗漫さのために読者に実質的な知識をあまり与えてくれないような，あの高踏的なテキストも敬遠したいと思う。私の考えでは，もっとも中庸を得ていると思われるのは，専門家によって専門の素養のない知的な読者を対象として書かれたテキストであり，同様にまた定評のある日刊新聞で，理解力のある一般読者層に向けて執筆しているジャーナリストの書く文章である。専門家はこのような著作物のなかでは彼らの特殊な専門語の使用を大幅にあきらめることであろう。もちろん専門知識をもたない読者に理解してもらいたいからである。

それに彼らは——例外もあるであろうが——執筆にさいしてことさら個人の文体を表面に出そうとするような野心をもっていない。彼らは事柄を理解させるために事柄に即した書き方をするのである。筆の立つジャーナリストの場合には，個人の文体がそれよりは明瞭に表に出てくるかもしれない。しかし彼らにとってもまた，まず第一に彼らの主張しようとする事柄の内容が大切であり，したがって彼らの言語もまた伝達という目的によって規定されている。この二つのテキスト類では事物に即した《実用散文》が用いられており，新聞や実用書の類が今日広く普及していることから考えて，そこに書かれている文章もまた広く影響を与えていることが推測されるのである。（略）多様な言語現象を正しく位置づけるためには，文章語のこの中間層がもっとも好都合な手がかりとなる。（略）
（Eggers 1973＝1975：14-16）

　均衡コーパスの考え方は，たとえば，書きことばの総体の縮図を作ろうとするもので，統計学でいう無作為抽出に近い考え方である。一方，エガースの考え方は，書きことばの典型となるテクストジャンルのみをコーパス化しようとするもので，有意抽出に近い考え方である。汎用コーパスを志向する限りは前者の考え方をとらざるを得ないだろうし，コーパスの規模が十分に大きければ，それを構成するテクストジャンルごとに調査結果を出せるから，結局は典型的なジャンルについても周辺的なジャンルについても知ることができるようにも思われる。しかし，均衡コーパスが，あらゆる利用者の研究目的にかなう典型的なテクストジャンルを，調査に耐え得るデータ量をもって常に包含することは，いかに大規模なコーパスであっても，困難であろう。要は，「書きことば」というものをどのように考えるかという利用者（研究者）の言語観によるのであり，大規模均衡コーパスとは異なる，いわば「典型コーパス」にもとづく調査・研究というものも，構想されてよいのではないかと思われる。

第 9 章　多様なコーパスによる日本語研究の可能性

6．おわりに

　以上，筆者が「マルチレベル通時コーパス」「マルチメディア・コーパス」「言説コーパス」と呼ぶ3種のコーパスについて，（前二者については）その試作例と，それらを用いた調査・分析の事例について紹介した。残る「単一言語パラレルコーパス」については，次章において詳述する。

　マルチレベル通時コーパスは，集団レベルのコーパスと個人レベルのコーパスとを組み合わせ，その両面から言語変化をとらえようとするもので，言語変化の実相をより立体的・動的に探索・記述し得る可能性をもつ。マルチメディア・コーパスは，話し手の発話テクストと発話場面の映像・音声とを同期させ，両者を相互に検索・参照できるようにしたもので，言語行動を構成する要素間の関係を探索・解明し得る可能性をもつ。言説コーパスは，既存のコーパスを社会の"ものの見方"を反映する「言説」の集成ととらえ直すもので，そこにみられる言語使用のパターンから，単語のイデオロギー的意味を探索・推定し得る可能性をもつ。

　これらのコーパスは，コーパス言語学の領域を，マルチレベルの言語変化研究，計量的な言語行動研究，批判的な語彙意味論といった方面に拡大すると同時に，それらの諸分野の方法論を豊かにすることにも貢献するものと考えられる。なお，単一言語パラレルコーパスは，ほぼ同様の内容を表す複数のテクストを緩やかに対応づけるもので，それらの間の表現上の異同や特徴を探索・抽出し得る可能性をもつことから，対照言語学的な観点・方法による表現研究に寄与することが考えられる。

　もちろん，以上は筆者の限られた経験によるもので，新たなコーパスの可能性はこれにとどまるものではない。スタッブズは，コーパス言語学は，本来，社会言語学的，歴史言語学的，計量言語学的であるという（Stubbs 2002＝2006：309）。その意味では，本章で紹介したコーパスは，いまだスタッブズの想定の内にあるのかもしれない。今後，さらに多様なコーパスが構想・開発されることによって，日本語の（探索的な）コーパス言語学も，この4つの領域にとどまらない，より多様な方面に発展していくものと期待される。

なお，2010 年 1 月の著作権法の改正により，コンピュータによる情報解析を目的とする場合は，著作（権）者の許諾がなくとも，著作物を複製・加工（正確には「記録媒体への記録又は翻案」）することが可能になった。この場合の「情報解析」とは，「多数の著作物その他の大量の情報から，当該情報を構成する言語，音，影像その他の要素に係る情報を抽出し，比較，分類その他の統計的な解析を行うこと」とあり（著作権法 47 条の 7「情報解析のための複製等」），コーパス言語学的な研究の多くはこれに該当するものと考えられる（安東 2010）。これにより，個人による多様なコーパスの作成も可能かつ容易になり，コーパス言語学の可能性もさらに広がることが期待される（もちろん，作成したコーパスを公開することは，著作（権）者の許諾なく行うことはできない）。

注

1) 2014〜16 年度科研費基盤研究（C）「近現代日本語彙における『基本語化』現象の記述と類型化」（研究代表者・金愛蘭）の研究分担者として，作成者である金氏と共同して利用した。
2) 毎日新聞（東京本社）読者室のご教示，および，古谷綱正『保守党政治の周辺』（みすず書房，1962），藤田信勝『余録抄―コラムニストの眼―』（東京美術，1972）による。
3) あるいは新聞社の用語法の方針・基準が変わったのかもしれないが，それについては未調査である。
4) 差別語，性向語彙，文化的キーワードなどは，そのイデオロギー的意味に比較的気づきやすく，これまでも，文化人類学，カルチュラル・スタディーズ，構築主義的な社会学，ジェンダーの言語研究などでとりあげられてきた。しかし，一方で，こうした「あからさまな」単語ではなく，日常の言語生活で当たり前のように使われている単語に注目し，その気づきにくいイデオロギー的意味を「暴く」ためには，批判的コーパス言語学の視点と方法とが必要になる。

第 10 章

教科書パラレルコーパスによる歴史叙述の対照

1. 単一言語パラレルコーパスとは

「パラレルコーパス」とは，一般に，「複数言語を比較するために原文と翻訳を対比させたコーパス」（斎藤［他］［編］2005：24）をいう。「対訳コーパス」ともいい，対照言語学や外国語教育，機械翻訳の研究などに利用されることが多い。日本語関係では，北京日本学研究センターの「中日対訳コーパス」（徐・曹 2002）や，情報通信研究機構の「日英パラレルコーパス」（内山・井佐原 2003）などが知られている。

パラレルコーパスは，対訳であるから，原文と訳文との正確な対応づけ（アラインメント alignment）が原則となる。たとえば，「日英パラレルコーパス」では，12 年分の読売新聞と Daily Yomiuri の記事が対応づけられ，その検索サイト[1]を利用すれば，文対応（場合によっては，単語対応）の相互検索が可能である（中條［他］2012）。パラレルコーパスは，こうした正確な対応づけにもとづいて，同じ内容についての表現・叙述が言語によってどのように異なるか（異ならないか）を明らかにしようとするものである。

ただし，こうした手法は，原文と訳文のような正確な対訳関係にあるテクストだけでなく，たとえ単一の言語であっても，ほぼ同様の内容を表す複数のテクストがあれば，それらの間の表現上の異同を見出すことにも援用でき

るものである．要するに，「パラレルコーパス」の概念は，複数言語の比較だけではなく，「単一言語による複数の文章間の，緩やかな対応関係にもとづく言語使用の比較」にも用い得るコーパス，というものに拡張することができるのである．本章では，このような「単一言語パラレルコーパス」の可能性について，筆者らが試作したコーパスを例に検討してみたい．なお，単一言語パラレルコーパスには，すでに，『今昔物語集』と『宇治拾遺物語』の同文説話6話をパラレルコーパス化した田中・山元（2014）という先駆的な実践例があるので，あわせて参照されたい．

2. 教科書のパラレルコーパス

紹介するのは，筆者が所属大学の学生諸君と共同で試作した「中学校歴史教科書のパラレルコーパス」（石井2011）である．このコーパスは，日本で使用された，すなわち，日本語という単一言語で書かれた中学校歴史教科書8種の一部本文について，同じ指導項目の記述を対応づけ，教科書間の言語表現の比較を行うことによって，個々の教科書，とくに，いわゆる歴史教科書問題として論議を呼んだ『新しい歴史教科書』の特徴を発見することを目的として作成したものである．

『新しい歴史教科書』は，2000（平成12）年度の教科用図書検定に合格した，「新しい歴史教科書をつくる会」制作（扶桑社刊）の中学校社会科（歴史）教科書である．周知のように，同書は，その内容や歴史観に関して，当時，国内外にわたって多くの議論を巻き起こした．とくに，日本が20世紀半ばまでアジアで行った戦争を「侵略戦争」とみるか否かが，大きな問題となった．これは，教科書の記述内容にかかわる問題であるが，用語の問題でもあった．たとえば，この教科書は，日本以外の国が起こした戦争については，「侵攻」「侵入」など，他国を侵すことを告発する語を使う一方で，日本の戦争行動については「侵略」「侵攻」「侵入」といった語を一切使っておらず，そこには，日本の「侵略」の事実を否定する執筆者たちの歴史認識と評価が表現されているとされた（不破2002）．

しかし，このことをより厳密かつ公平に言うためには，この用語法を他の教科書のそれと比較する必要がある。「侵略」等の語を使っていないのは『新しい歴史教科書』だけなのか。他の教科書はすべて使っているのか。『新しい歴史教科書』が使っていないとすれば，別にどのような語を使っているのか。他の教科書は「侵略」等以外の語も使っているのか。これらを明らかにすることによって，『新しい歴史教科書』の「特徴」が浮かび上がるからである。そして，テクストの言語使用と書き手の歴史認識とを結びつけるためには，こうした調査・比較を，「侵略」等以外の用語や表現についても，広く行う必要がある。

「中学校歴史教科書のパラレルコーパス」は，このような問題意識に立って，『新しい歴史教科書』（初版）[2]がその言語使用においてどのような特徴をもっているのかを，同書と（同期の検定に合格した）他の中学校歴史教科書7種との比較調査をもとに明らかにすることを目的として作成したものである。

3. 教科書のパラレルコーパスの作成

対象とする教科書は，『新しい歴史教科書』を含めて，2000（平成12）年度の検定に合格し，2002（平成14）年度から2006（平成18）年度まで使用された，以下の8種の中学校歴史教科書である（先頭3桁の数字は教科書番号）。

701　日本書籍『わたしたちの中学社会　歴史的分野』
702　東京書籍『新しい社会　歴史』
703　大阪書籍『中学社会　歴史的分野』
704　教育出版『中学社会　歴史　未来をみつめて』
705　清水書院『新中学校　歴史　日本の歴史と世界』
706　帝国書院『社会科　中学生の歴史　日本の歩みと世界の動き』
707　日本文教出版『中学生の社会科・歴史　日本の歩みと世界』
708　扶桑社『中学社会　新しい歴史教科書』

第3部　多様なコーパスによる探索

　このうち，コーパスに収めたのは，（今回の歴史教科書問題でとくに注目された）日清戦争から太平洋戦争終了までの，日本とアジア諸国との関係（それにかかわるロシア（ソ連），アメリカ等との関係も含む）を記述した部分の本文である（見出し・注記・図表・コラムの類は除く）。

表1　各教科書の目次の対応

項目番号	708	701	702	703	704	705	706	707
01	朝鮮半島と日本の安全保障							
02	朝鮮をめぐる日清の対立	朝鮮をめぐる対立	東アジアの情勢	日清戦争	日清戦争	日清戦争	朝鮮をめぐる東アジアの情勢	朝鮮をめぐる対立
03	日清戦争と日本の勝因	日清戦争	日清戦争	日清戦争	日清戦争	日清戦争	朝鮮をめぐる東アジアの情勢／日清戦争	日清戦争
04	下関条約と三国干渉	日清戦争	日清戦争／加速する中国侵略／三国干渉と日本	下関条約と三国干渉	下関条約と三国干渉	日清戦争	日清戦争／三国干渉と北清事変	日清戦争／三国干渉
05	親露か親英か	帝国主義の世界	義和団事件	帝国主義諸国に分割される中国	義和団事件	日露戦争	三国干渉と北清事変	植民地獲得の競争／義和団事件と日英同盟
06	日英同盟締結	日英同盟	義和団事件	日露戦争	日英同盟	日露戦争	日露戦争	義和団事件と日英同盟
07	日露開戦と戦いのゆくえ	日露戦争	日露戦争	日露戦争	日露開戦と戦局の推移	日露戦争	日露戦争	日露戦争
08	世界を変えた日本の勝利	戦争と国民／ポーツマス条約	日露戦争／日露戦争後の日本	ポーツマス条約と満州経営	ポーツマス条約	日露戦争	日露戦争	ポーツマス条約
09	勝利の代償		日露戦争後の日本			日露戦争	帝国主義と日本の植民地支配	ポーツマス条約
10	日露協約							
11	韓国併合	韓国併合	韓国の植民地化	韓国併合と朝鮮の人々	韓国併合／日本統治下の朝鮮	日本の植民地支配	韓国併合／韓国・台湾での植民地政策	韓国併合
12	中華民国の成立	中国の革命	中華民国の成立	中華民国の成立	中華民国の成立	日本への留学／辛亥革命	アジア初の共和国	辛亥革命
13	第一次世界大戦の始まり	列強の対立と世界戦争	第一次世界大戦	初めての世界大戦	第一次世界大戦の始まり	第一次世界大戦のはじまり	ヨーロッパ諸国の対立	大戦の勃発
14	総力戦		第一次世界大戦	長引く戦争	総力戦と新兵器			アメリカの参戦
15	日本の参戦	日本の参戦と21か条要求	第一次世界大戦	日本の参戦と二十一か条の要求	日本の参戦と二十一か条の要求	第一次世界大戦のはじまり	日本の参戦と21か条の要求	日本の参戦
16	二十一か条要求	日本の参戦と21か条要求	中国の反帝国主義運動	日本の参戦と二十一か条の要求	日本の参戦と二十一か条の要求	二十一か条要求	日本の参戦と21か条の要求	日本の参戦

第 10 章　教科書パラレルコーパスによる歴史叙述の対照

17	アジアの独立運動	三・一独立運動／五・四運動	中国の反帝国主義運動／朝鮮の独立運動／インドの民族運動	三・一独立運動／五・四運動	三・一独立運動／インドの民族運動	日本の植民地支配／五・四運動	こばまれたアジアの民族自決	民族自決の動き
18	中国の排日運動	満州事変と連盟脱退	満州事変	統一を進める中国	中国革命の進展	中国のうごき		日本の生命線
19	協調外交の行き詰まり							
20	事変前夜の満州	満州事変と連盟脱退	満州事変	満州事変			満州事変と国際連盟脱退	日本の生命線
21	仕組まれた柳条湖事件	満州事変と連盟脱退	満州事変	満州事変	満州事変	満州事変	満州事変と国際連盟脱退	満州事変
22	満州事変を世界はどう見たか	満州事変と連盟脱退／軍部の台頭	満州事変	強まる軍部の力と日本の孤立	満州事変	満州事変	満州事変と国際連盟脱退	満州事変
23	盧溝橋における日中衝突	宣戦布告なき戦争	日中戦争の勃発	長期化する中国との全面戦争	中国全土に広がる戦争	日中戦争	日中戦争	中国との全面戦争
24	目的不明の泥沼戦争	すべてを戦争へ	強まる統制経済	強まる戦時体制	抗日民族統一戦線／国家総動員法の成立／大政翼賛会と隣組	戦時体制	国家総動員法と日本の世相	戦争のための総動員体制
25	悪化する日米関係	日本の南方進出	東アジアでの動き／太平洋戦争の始まり	太平洋戦争の始まりと占領下の人々	米英との開戦と東南アジア侵略	日米関係の悪化と戦争の開始	アジアと太平洋に広がる戦線	
26	経済封鎖で追いつめられる日本	日本の南方進出	東アジアでの動き	日本の南進と強まる経済封鎖	米英との開戦と東南アジア侵略	日米関係の悪化と戦争の開始	アジアと太平洋に広がる戦線	戦争の拡大／日本の南進
27	初期の勝利	太平洋戦争の開戦	太平洋戦争の始まり	太平洋戦争の始まりと占領下の人々	米英との開戦と東南アジア侵略	太平洋戦争／占領地域の人びと	アジアと太平洋に広がる戦線	戦争の拡大
28	暗転する戦局	アメリカ軍の反攻／沖縄の悲劇	日本の降伏	戦場と民衆／戦場となった沖縄	米英との開戦と東南アジア侵略／戦場となった沖縄	日米の開戦／日本の敗戦	戦局の悪化	戦争の拡大
29	大東亜会議							
30	アジア諸国と日本	アジア諸国の独立	日本の降伏	太平洋戦争の始まりと占領下の人々	米英との開戦と東南アジア侵略		占領地域の人びと	植民地・占領下のようす	日本の戦争とアジアの人々
31	国民の動員	ほしがりません勝つまでは	総力戦と戦争の長期化／戦争と国民生活／戦争と人々の犠牲	戦争と民衆	皇民化政策／戦争と国民生活	占領地域の人びと／戦時下の国民生活	植民地・占領下のようす／戦時下の人々のくらし	学徒動員・学童疎開／日本の戦争とアジアの人々／植民地への統制
32	戦争の惨禍	本土空襲が始まる	戦争と国民生活／戦争と人々の犠牲	はげしくなる本土空襲	すべてを戦争へ／空襲と疎開／原爆投下と日本の降伏	日本の敗戦	戦時下の人々のくらし	沖縄・広島・長崎
33	ヤルタからポツダムまで	ドイツ降伏／ポツダム宣言の受諾	日本の降伏	イタリアとドイツの降伏	原爆投下と日本の降伏	日本の敗戦	原爆の投下	沖縄・広島・長崎
34	聖断下る	ポツダム宣言の受諾	日本の降伏	ヒロシマとナガサキ／日本の降伏	原爆投下と日本の降伏	日本の敗戦	原爆の投下／戦争の終結	沖縄・広島・長崎／日本の敗戦
項目番号	708	701	702	703	704	705	706	707

検定教科書は，学習指導要領によって，とりあげる内容とその取り扱いがおおよそ定められており，各教科書の指導項目はほぼ共通している。表1は，コーパスに収めた各教科書の（小見出しレベルの）目次を，『新しい歴史教科書』（708）を基準として並べたものである。これをみると，『新しい歴史教科書』にのみ，「朝鮮半島と日本の安全保障」「日露協約」「協調外交の行き詰まり」「大東亜会議」など，他のいずれの教科書にもない独自の項目があるが，全体としては，8種の教科書の内容はほぼ同様であり，項目ごとに各教科書の本文をおおまかに対応づけることが可能である。

実際のコーパスはExcel上に作成し，各指導項目の本文を，その内容によってさらに小さく区分し，対応づけた。図1は，表1の項目番号34の本文の中で，「ソ連の対日参戦」「ポツダム宣言の受諾」という内容についての各教科書の記述を対応づけたコーパス画面である。

	A	B	C	D	E
1	項目番号	内容	教科書	文番号	本　文
2	聖断下る	ソ連の対日参戦	708	336	8日、ソ連は中立条約を破って日本に宣戦布告して満州に進攻し、9日、アメリカは長崎にも原爆を投下した。
3			701	175	ソ連も日ソ中立条約をやぶり、8日に日本に宣戦して満州･千島･南樺太に侵攻した。
4			702	135	その間、ソ連も日ソ中立条約を破って参戦し、満州･朝鮮に進出してきました。
5			703	190	ソ連は、8月8日、日ソ中立条約を破棄し、ヤルタ協定に基づいて満州と南樺太や千島列島に侵攻しました。
6				191	日本軍はすべての戦線で後退し，おきざりにされた現地の日本人のなかには，集団自決をせまられたり，後々まで中国などに残留しなければならなくなった女性や子どもたちもいました。
7				192	また，約60万人の日本兵が捕虜としてシベリアに長期間抑留され，強制労働によって多くの犠牲者が出ました。
8			704	187	一方、8日には、ソ連が日ソ中立条約を破棄して日本に宣戦し、満州や南樺太、千島に進撃した。
9			705	131	ソ連は8月8日、ヤルタ協定にもとづいて日ソ中立条約を破棄して参戦し、満州･朝鮮北部さらに千島に侵入した。
10			706	144	一方日本は、広島･長崎に原子爆弾を投下され、ソ連も日ソ中立条約を破り、満州（中国東北部）に攻めこんで来ました。
11			707	161	8月8日、ソ連が、日ソ中立条約を破棄して参戦し、満州や朝鮮に攻めこんできた。
12		ポツダム宣言の受諾	708	337	9日、昭和天皇の臨席のもと御前会議が開かれた。
13				338	ポツダム宣言の受諾について賛否同数となり結論を出せず、10日の午前2時、鈴木首相が天皇の前に進み出て聖断をあおいだ。
14				339	これは、異例のことだった。
15				340	天皇はポツダム宣言の受諾による日本の降伏を決断した。
16				341	8月15日正午、ラジオの玉音放送で、国民は日本の敗戦を知った。
17			701	176	このため、日本政府も、天皇制を残すことを条件にして、8月14日にようやくポツダム宣言の受け入れを決定し、翌15日にこの事実を天皇のラジオ放送で国民に伝えた。
18				177	こうして第二次世界大戦が終わった。
19				178	この戦争での日本人の死者は、軍人･民間人を合わせて310万人（朝鮮人･台湾人5万人をふくむ）、アジア諸国の死者は、中国だけでも2180万人に達する（中華人民共和国政府の発表）
20			702	136	このなかで日本は、8月14日、ポツダム宣言を受け入れて降伏することを決定し、15日、天皇は、降伏をラジオ放送で国民に知らせました。
21				137	こうして、数千万人の死者を出したといわれる第二次世界大戦が終わりました。
22			703	193	こうしたなかで日本政府は、最後まで天皇制の存続の確認に努めていましたが、8月14日、ポツダム宣言の受諾を決め、翌15日に天皇がラジオ放送によって日本の降伏を国民に伝えました。
23				194	第二次世界大戦はこうして終わりをつげました。
24			704	188	日本政府は、ついに8月14日、ポツダム宣言を受け入れて降伏したが、国民がそれを知らされたのは、翌15日の天皇の録音放送によってであった
25			705	132	ついに日本政府は、8月14日にポツダム宣言を受諾して降伏し、翌15日に昭和天皇がラジオ放送でこれを国民に発表した。
26				133	満州事変から15年たってようやく戦争は終わった。
27			706	145	この結果、日本は、8月14日にポツダム宣言を受け入れて降伏することを決め、翌8月15日、天皇はラジオ放送でこれを国民に知らせました。
28				146	こうして、第二次世界大戦は日本の降伏で終わり、満州事変から15年間の国民の苦しかった戦時下の生活も終わりました。
29			707	162	日本政府は、8月14日、ポツダム宣言を受け入れることを決定し、翌15日に天皇がラジオ放送で日本の降伏を国民に伝えた。
30				165	日本の降伏によって、第二次世界大戦は終結し、満州事変から15年におよんだ日本と中国との戦争も終わった。
31					

図1　教科書のパラレルコーパスの表示例

この例では，ソ連が日ソ中立条約を破棄する表現として，「破る」（701・702・706・708）と「破棄する」（703・704・705・707）のどちらかが選択されているが，満州等に攻め込む表現としては，「侵攻する」（701・703・708），「進出する」（702），「進撃する」（704），「侵入する」（705），「攻めこむ」（706・707）と多様な動詞が選択され，その中で，『新しい歴史教科書』（708）は他の教科書2種とともに「侵攻する」を使っていること，また，ポツダム宣言の受諾（降伏）の表現としては，他の教科書がその主体を「日本政府」（701・703・704・705・707）または「日本」（702・706）とするのに対し，『新しい歴史教科書』のみ「天皇」（708）としていること，また，その行為も他の教科書が「決定する」（701・702・707）または「決める」（703・706）とするのに対し，『新しい歴史教科書』のみ「決断する」（708）としていることなどがわかる。

　このように，各教科書からは同じ内容を記した本文のセットを数多くとりだすことができ，それらの集積をパラレルコーパスとして利用することは十分に可能である。また，Excelの検索機能を使うと，ある単語や表現を検索して該当箇所が表示されれば，その前後に他の教科書の対応本文が表示されるので，検索語に対応する単語や表現を発見・比較することも容易である。もちろん，対訳コーパスと違って本文間の対応は緩やかなものだから，単語ごとの精密な対応づけは難しく，前述した「日英パラレルコーパス」のように，検索語のKWICを作成し，それに対応する訳文を表示するような高度なツールとはなっていない。単一言語パラレルコーパスの場合には，緩やかな対応関係を示すにとどめ，正確な対応表現の発見は利用者にゆだねる方が現実的であろう。

4. パラレルコーパスによる本文の対照

　以下，このコーパスを使って，中学校歴史教科書8種の本文を対照し，『新しい歴史教科書』の言語使用上の特徴を探る。なお，その際，『新しい歴史教科書』の他の教科書と対応しない本文についても，そこに他の教科書に見ら

れない言語使用があった場合には，それを『新しい歴史教科書』の特徴としてとりだすことを行う。

4.1 日本の行為を強調する表現

『新しい歴史教科書』(708) には，日本の軍や政府の行為をとくに強調して表す用語や表現が使われている。次の例では，日清戦争における日本の勝利を，同書のみが「圧勝する」と表現する。他の教科書は，「戦争（戦い）は」と主題化して「日本の勝利に（で）終わる」とか「日本が勝利をおさめる」とかと表現しているが，『新しい歴史教科書』は，「日本が清に圧勝する」と勝利者が日本であることを明示している（用例文に先立つ［　］内の見出しは，『新しい歴史教科書』のもの。以下同様）。

［日清戦争と日本の勝因］
708　戦場は朝鮮のほか，南満州などに広がり，陸戦でも海戦でも日本は清に圧勝した。
701　戦争は8か月ほどで日本の勝利に終わり，1895年，下関で講和条約が結ばれた。
702　戦いは優勢な軍事力を持つ日本が勝利をおさめ，1895（明治28）年4月，下関で講和条約が結ばれました（下関条約）。
703　戦争は日本軍の勝利に終わり，翌年，下関で講和会議が開かれました。
704　近代化にたちおくれていた清は，十分な戦力を発揮できず，戦争は日本の勝利に終わった。
705　この日清戦争は世界の予想をうらぎって，日本が勝利をおさめた。
706　……日清戦争がはじまり，近代装備をもつ日本軍の勝利で終わりました。

次の例では，同じ「勝利をおさめる」でも，『新しい歴史教科書』(708) のみ，「世界の海戦史に残る驚異的な勝利」として，日本の勝利を強調している。

第 10 章　教科書パラレルコーパスによる歴史叙述の対照

［日露開戦と戦いのゆくえ］
708　東郷平八郎司令長官率いる日本の連合艦隊は，兵員の高い士気とたくみな戦術でバルチック艦隊を全滅させ，<u>世界の海戦史に残る驚異的な勝利</u>をおさめた（日本海海戦）。
702　日本軍は苦戦を重ねつつも戦局を有利に進め，日本海海戦でも<u>勝利をおさめました</u>。
703　また，日本海でも両国艦隊が戦い，日本軍が<u>勝利をおさめました</u>。

　次の例は，『新しい歴史教科書』のみに見られる記述だが，「次々に」「片端から」「大成果をあげる」「快進撃を行う」「わずか70日」「100日ほど」「大勝利のうちに」といった強調表現が重ねられている。

［初期の勝利］
708　日本の海軍機動部隊が，ハワイの真珠湾に停泊する米太平洋艦隊を空襲した。艦は次々に沈没し，飛行機も<u>片端</u>から炎上して<u>大成果をあげた</u>。……同じ日に，日本の陸軍部隊はマレー半島に上陸し，イギリス軍との戦いを開始した。自転車に乗った銀輪部隊を先頭に，日本軍は，ジャングルとゴム林の間をぬって英軍を撃退しながら，シンガポールを目指し<u>快進撃を行った</u>。55日間でマレー半島約1000キロを縦断し，翌年2月には，<u>わずか70日で</u>シンガポールを陥落させ，ついに日本はイギリスの東南アジア支配を崩した。フィリピン・ジャワ・ビルマなどでも，日本は米・蘭・英軍を破り，結局<u>100日ほどで</u>，<u>大勝利のうちに</u>緒戦を制した。

　日本に関する強調表現は，勝利以外でも使われる。次の例は，他の教科書が「はげしい攻防戦」とするところを，『新しい歴史教科書』（708）は「死闘」と表現している。「死闘」は，攻防戦の単なる強調（「激戦」「激闘」など）ではなく，日本軍の側から見た強調表現であろう。

第 3 部　多様なコーパスによる探索

［暗転する戦局］
708　ガダルカナル島（ソロモン諸島）に米軍が上陸。死闘の末，翌年2月に日本軍は撤退した。
703　1942（昭和17）年8月に連合国軍はガダルカナル島に上陸し，はげしい攻防戦がくり広げられましたが，翌年2月には日本軍が敗退しました。

　次の例では，他の教科書が「併合する」「植民地と（に）する」とするところを，『新しい歴史教科書』（708）は「併合を断行する」と一種の機能動詞表現（村木1991）で表している。705も「併合を強行する」という機能動詞表現を使うが，「断行する」は，「強行する」に比べて，行為者たる日本の意志を強調する表現である。

［韓国併合］
708　こうして1910（明治43）年，日本は韓国内の反対を，武力を背景におさえて併合を断行した（韓国併合）。
701　そして，1910年，日本の軍隊が警戒するなか，韓国皇帝に国をおさめる権限を日本にゆずる条約に調印させ，韓国を日本の領土に併合した（韓国併合）。
702　1910（明治43）年，日本は韓国を併合し，……
703　その後，日本は1910年，軍隊の力を背景に朝鮮を植民地にしました。これを韓国併合といいます。
704　1910年には，韓国を日本の植民地とした（韓国併合）。
705　その翌年（1910年），日本は韓国併合を強行した。
706　さらに1910（明治43）年，日本は韓国を併合して植民地とし，……
707　日本は，反日抗争を軍隊と警察の力でおさえ，1910（明治43）年，韓国を日本の領土に併合し（韓国併合），朝鮮とよんで，植民地として支配した。

同様の動詞を使った強調表現には，以下のような例がある．

［経済封鎖で追いつめられる日本］
708　7月，日本の陸軍は南部仏印（ベトナム）進駐を断行し，サイゴンに入城した．

［暗転する戦局］
708　同年10月，ついに日本軍は全世界を驚愕させる作戦を敢行した．レイテ沖海戦で，「神風特別攻撃隊」（特攻）がアメリカ海軍艦船に組織的な体当たり攻撃を行ったのである．

［聖断下る］
708　天皇はポツダム宣言の受諾による日本の降伏を決断した．
701　このため，日本政府も，天皇制を残すことを条件にして，8月14日にようやくポツダム宣言の受け入れを決定し，……
702　このなかで日本は，8月14日，ポツダム宣言を受け入れて降伏することを決定し，……
703　こうしたなかで日本政府は，最後まで天皇制の存続の確認に努めていましたが，8月14日，ポツダム宣言の受諾を決め，……
706　この結果，日本は，8月14日にポツダム宣言を受け入れて降伏することを決め，……
707　日本政府は，8月14日，ポツダム宣言を受け入れることを決定し，……

4.2　日本（人）を肯定的に評価する表現

『新しい歴史教科書』（708）には，日本や日本人を肯定的に評価する用語や表現が使われている．わかりやすい例には，次のようなものがある．

［日露開戦と戦いのゆくえ］
708　東郷平八郎司令長官率いる日本の連合艦隊は，兵員の高い士気とたくみな戦術でバルチック艦隊を全滅させ，世界の海戦史に残る

第 3 部　多様なコーパスによる探索

驚異的な勝利をおさめた（日本海海戦）。

［暗転する戦局］

708　沖縄では，鉄血勤皇隊の少年やひめゆり部隊の少女たちまでが勇敢に戦って，一般住民約 9 万 4000 人が生命を失い，10 万人に近い兵士が戦死した。

［国民の動員］

708　だが，このような困難の中，多くの国民はよく働き，よく戦った。それは戦争の勝利を願っての行動であった。

以下の例に見られる「献身する」「整える」「(夢と勇気を) 育む」なども，肯定的なコノテーションをもつ動詞であろう。

［日清戦争と日本の勝因］

708　日本の勝因としては，軍隊の訓練，規律，新兵器の装備がまさっていたことがあげられるが，その背景には，日本人が自国のために献身する「国民」になっていたことがある。

［韓国併合］

708　韓国併合のあと，日本は植民地にした朝鮮で鉄道・灌漑の施設を整えるなどの開発を行い，土地調査を開始した。

［初期の勝利］

708　この日本の緒戦の勝利は，東南アジアやインドの多くの人々に独立への夢と勇気を育んだ。

この種の表現は，他の教科書には見られない。逆に，他の教科書には，日本に対する否定的な評価の表現もあるが，『新しい歴史教科書』には少ない。

701　しかし，日本は軍隊を駐在させつづけるため，改革案を朝鮮政府におしつけ，これに対する回答を不満として，朝鮮の王宮を占領した。

704　こうしたなかで，朝鮮人をけいべつし，差別するまちがった考え

が，日本人のなかにしだいに広まった。
708 これは，たとえ希望条項であっても，中国を半植民地扱いするもので，中国のナショナリズムを軽視した行動であった。

4.3 他国を否定的に評価する表現

一方，『新しい歴史教科書』（708）には，他国の行為を否定的に評価する用語や表現が使われている。以下の例では，ロシアの意図や行為が「野心をもつ」「口実に～居座る」と否定的に表現されている。

［下関条約と三国干渉］
708 東アジアの情勢に野心をもつロシアは，ドイツ，フランスを誘って，強力な軍事力を背景に，遼東半島を中国へ返還するよう日本に迫った（三国干渉）。
701 しかし，満州（中国東北部）に進出しようとしていたロシアは，フランス・ドイツとともに，遼東半島を清に返すよう日本に要求し，日本はこれを受け入れた（三国干渉）。
702 なかでも満州（中国東北部）への進出をねらうロシアは日本が獲得した遼東半島を清国に返還するよう，ドイツ，フランスとともに，日本に勧告してきました（三国干渉）。
703 しかし，北からアジア進出をめざしていたロシアは，ドイツ・フランスと結び，遼東半島を清に返すよう日本に強く要求しました。これを三国干渉といいます。
704 しかし，日本が朝鮮や中国に勢力をのばすことを警戒したロシアは，ドイツ・フランスとともに，リヤオトン半島の清への返還を日本に要求した（三国干渉）。
705 これに対し，東北アジアへの進出を企てていたロシアは，フランスやドイツとともに，遼東半島を清に返すよう日本にせまり，日本はやむなくこれを受けいれた。（三国干渉）
706 下関条約によって日本が遼東半島を獲得すると，ロシア・ドイツ・

フランスの三国は，日本に「遼東半島を清に返せ」とせまりました（三国干渉）。

707　ロシアは，日本の中国進出をさまたげるために，フランス，ドイツをさそい，リアオトン半島を清に返すよう日本に要求してきた（三国干渉）。

［親英か親露か］

708　ロシアは，1900年に中国でおこった義和団事件を口実に，満州（中国東北部）に2万の兵を送り込み，そのまま居座っていた。

701　ロシアは義和団事件ののちも，満州から軍隊を引きあげず，朝鮮にも支配力を強めようとした。

702　このとき，ロシアは，事件ののちも大軍を満州にとどめて事実上占領し，さらに韓国へも進出しました。

703　義和団事件後，ロシアは満州（中国東北部）に軍隊をとどめ，清や朝鮮への影響力を強めました。

704　ロシアは満州からの撤兵の約束を実行せず，かえって韓国にも勢力をのばそうとした。

705　ロシアはシベリア鉄道の支線を満州（中国東北部）にのばし，そこから大連まで南下させる権利を手にいれ，中国民衆が西洋勢力を排斥しようとした義和団運動（1900年）が失敗したあとは，満州に大軍をおくようになった。

706　北清事変ののち，ロシアはシベリア鉄道の建設をすすめ，満州（中国東北部）へ軍隊をおくなど，東アジアへの南下をおしすすめていました。

707　ロシアは，大軍で満州の占領をつづけ，朝鮮半島にも進出しようとした。

　以下の例では，清の行為が「見せつける」「もろくも敗れる」，ドイツの行為が「暴挙」，アメリカの行為が「焼き払う」と，それぞれ，否定的に表現されている。

[朝鮮をめぐる日清の対立]
708 　1886年には，清は購入したばかりの軍艦定遠などからなる北洋艦隊を，親善を名目に長崎に派遣してその軍事力を見せつけ，日本に圧力をかけた。

[下関条約と三国干渉]
708 　「眠れる獅子」とよばれてその底力をおそれられていた清が，世界の予想に反して新興の日本にもろくも敗れ，古代から続いた東アジアの中華秩序は崩壊した。

[総力戦]
708 　ただ，1917（大正6）年になって，ドイツの潜水艦が商船を警告もなく無制限に攻撃する作戦を開始すると，その暴挙にアメリカは参戦，日本は駆逐艦隊を地中海に派遣した。

[戦争の惨禍]
708 　一方，1944（昭和19）年秋からアメリカ軍の日本への空襲が開始された。1945年3月には，米軍はB29爆撃機の編隊で東京江東地区を空襲し，約10万人の死者が出た（東京大空襲）。米軍は，さらに人口の多い順に全国の都市を焼き払った。

次の例では，ルーズベルトの行為を「違反する」と否定的に明示している。

[ヤルタからポツダムまで]
708 　このように対日戦争の犠牲の一部をソ連に負担させる代償として，ルーズベルトは，大西洋憲章の領土不拡大方針に違反して，ソ連に日本領の南樺太と千島列島を与え，満州における権益も認めると約束した。

4.4　日本の側に立った主観的な表現

『新しい歴史教科書』（708）には，他の教科書が中立的に表現するところを，日本側の立場に立って主観的に表す用語や表現が使われている。次の例

で使われている「おそろしい」「脅威」という用語は，日本の側から見た主観的な表現である。

[朝鮮半島と日本の安全保障]
708　当時，朝鮮半島が日本に敵対的な大国の支配下に入れば，日本を攻撃する格好の基地となり，後背地をもたない島国の日本は，自国の防衛が困難となると考えられていた。このころ，朝鮮に宗主権をもっていたのは清朝だったが，それ以上におそろしい大国は，不凍港を求めて東アジアに目を向け始めたロシアだった。ロシアは1891年にシベリア鉄道の建設に着手し，その脅威はさし迫っていた。

「おそろしい」は他の教科書では使われていない。「脅威」は，『新しい歴史教科書』に4例，704に1例あり，いずれも日本に対するロシアないしソ連の「脅威」を表すものとして使われている。ただし，704が，次のように，「日本は大きな脅威を感じ」と主語「日本」を明示して客観的な書き方をしているのに対し，『新しい歴史教科書』では「ロシアの脅威はさし迫っていた」として「日本」は明示されず，それだけ主観的な書き方になっている。

[日英同盟締結]
704　韓国を勢力下におこうとしていた日本は，大きな脅威を感じ，ロシアの動きを警戒していたイギリスに接近し，1902年，日英同盟が成立した。

次の例では，他の教科書が「返す」「受け入れる」としているのに対して，『新しい歴史教科書』（708）のみ，単に「手放した」というのではなく，「やむをえず〜手放さねばならなかった」という表現を使っている（705も「やむなく」を使っている）。

第 10 章　教科書パラレルコーパスによる歴史叙述の対照

［下関条約と三国干渉］
708　清を破ったとはいえ，独力で三国に対抗する力をもたない日本は，やむをえず，一定額の賠償金と引きかえに遼東半島を手放さねばならなかった。
701　しかし，満州（中国東北部）に進出しようとしていたロシアは，フランス・ドイツとともに，遼東半島を清に返すよう日本に要求し，日本はこれを受け入れた（三国干渉）。
702　対抗できる力のなかった日本はこれを受け入れましたが，……
703　この圧力によって日本は，清からの賠償金とひきかえに遼東半島を清に返しました。
704　日本は，清からの賠償金の追加と引きかえに，これを受け入れた。
705　これに対し，東北アジアへの進出を企てていたロシアは，フランスやドイツとともに，遼東半島を清に返すよう日本にせまり，日本はやむなくこれを受けいれた。（三国干渉）
706　日本がこれに応じると，……
707　日本は，これを受け入れ，清から3000万両（約4500万両）を得た。

以下の例では，他国が日本に「〜してくる」として，書き手の視点を日本の側においた表現を使っている。

［二十一か条要求案］
708　中国は，青島からの日本軍の撤退を求めてきた。それに対し日本は，1915（大正4）年，ドイツがもっていた山東省の権益を引きつぎ，関東州の租借期間の延長，南満州鉄道（満鉄）の経営権の期間の延長，満州・モンゴルの権益保持などを目的とした二十一か条要求を中国の袁世凱大総統に受け入れさせた。イギリスとアメリカはこれに抗議してきた。

［勝利の代償］
708　アメリカは，日本の満州独占を警戒し，日本が手に入れた南満州

243

第 3 部　多様なコーパスによる探索

　　　　鉄道の共同経営を求めてきた。

　こうした表現は，以下のように，他の教科書にも見られるが，いずれも「日本に（〜してくる）」というように補語を明示している。上の『新しい歴史教科書』の例は，これを明示しておらず，書き手が日本の立場に立っていることがより強く示唆される。

　　［三国干渉］
　707　ロシアは，日本の中国進出をさまたげるために，フランス，ドイツをさそい，リアオトン半島を清に返すよう日本に要求してきた（三国干渉）。
　　［日本の参戦］
　707　イギリスは，第一次世界大戦がおこると，アジアにおける植民地を守るために，日英同盟にもとづき，日本に軍隊の出動を求めてきた。

4.5　日本の行為を物語的に描く表現

　『新しい歴史教科書』（708）には，日本の行為を物語を語るように描く表現が使われている。次の例では，他の教科書が「日露戦争が始まる／日露戦争を始める」とするところを，「（ロシアとの戦いの）火ぶたを切る」という慣用句を使っている。705 も「開戦にふみきる」と迂言的な表現を使っているが，『新しい歴史教科書』ほどではない。

　　［日露開戦と戦いのゆくえ］
　708　1904（明治 37）年 2 月，日本は英米の支持を受け，ロシアとの戦いの火ぶたを切った（日露戦争）。
　701　こうしたなか，1904（明治 37）年，ついに日本はロシアに宣戦を布告し，日露戦争をはじめた。
　702　1904 年 2 月日露戦争が始まりました。

244

第10章　教科書パラレルコーパスによる歴史叙述の対照

703　しかし，交渉はまとまらず，1904年，<u>日露戦争が始まりました</u>。

704　結局，日本政府は<u>開戦にふみきり</u>，1904年2月，日本軍の韓国上陸，リュイシュン攻撃により<u>日露戦争が始まった</u>。

705　ロシアがこれを拒むと，1904年，日本は<u>開戦にふみきった</u>。

706　このため，ロシアと日本の対立はさらに深まり，日本国内では，ロシアと戦うべきだという声が，戦争反対の声を圧倒するようになり，1904（明治37）年，ついに<u>日露戦争がはじまりました</u>。

707　1904年2月，日本は<u>ロシアに宣戦布告し，日露戦争がはじまった</u>。

以下の例の下線部のような表現は，他の教科書には見られないものである。

［初期の勝利］

708　自転車に乗った銀輪部隊を先頭に，日本軍は，<u>ジャングルとゴム林の間をぬって英軍を撃退しながら</u>，シンガポールを目指し快進撃を行った。55日間でマレー半島約1000キロを縦断し，翌年2月には，わずか70日でシンガポールを陥落させ，<u>ついに日本はイギリスの東南アジア支配を崩した</u>[3]。

［暗転する戦局］

708　アリューシャン列島のアッツ島では，わずか2000名の日本軍守備隊が2万の米軍を相手に<u>一歩も引かず</u>，弾丸や米の補給が途絶えても抵抗を続け，玉砕していった。……追いつめられた日本軍は，飛行機や潜航艇で敵艦に<u>死を覚悟した</u>特攻をくり返していった。

［国民の動員］

708　また，大学生や高等専門学校生は徴兵猶予が取り消され，<u>心残りをかかえつつも，祖国を思い出征していった</u>（学徒出陣）。

以下のような，事件・事変等の詳しい日時の表示も，『新しい歴史教科書』に特徴的な物語的な表現といえよう。

［仕組まれた柳条湖事件］
708　1931（昭和6）年9月18日午後10時20分ごろ，奉天（現在の瀋陽）郊外の柳条湖で，満鉄の線路が爆破された。

［盧溝橋における日中衝突］
708　1937（昭和12）年7月7日夜，北京郊外の盧溝橋で，演習していた日本軍に向けて何者かが発砲する事件がおこった。

［初期の勝利］
708　1941（昭和16）年12月8日午前7時，人々は日本軍が米英軍と戦闘状態に入ったことを臨時ニュースで知った。日本の海軍機動部隊が，ハワイの真珠湾に停泊する米太平洋艦隊を空襲した。

4.6　個人を主体とする表現・記述

　前項ともかかわるが，『新しい歴史教科書』には，以下のように，個人を主体とする表現がある。これらは，他の教科書にはほとんど見られないものである。

［日露開戦と戦いのゆくえ］
708　東郷平八郎司令長官率いる日本の連合艦隊は，兵員の高い士気とたくみな戦術でバルチック艦隊を全滅させ，世界の海戦史に残る驚異的な勝利をおさめた（日本海海戦）。
701　日本軍は旅順を占領し，奉天郊外の戦いで勝利した。海軍はロシアの艦隊を全滅させた。
702　日本軍は苦戦を重ねつつも戦局を有利に進め，日本海海戦でも勝利をおさめました。
703　また，日本海でも両国艦隊が戦い，日本軍が勝利をおさめました。
704　日本軍は，リュイシュンやシェンヤン（当時の奉天）を占領し，日本海海戦でロシア艦隊を全滅させた。
706　1905年には，陸軍が旅順・奉天（いまの瀋陽）を占領し，海軍はロシアのほこるバルチック艦隊を対馬海峡で全滅させました。

第 10 章　教科書パラレルコーパスによる歴史叙述の対照

707　日本軍は，満州で苦戦を重ねながら勝利し，日本海の海戦ではロシアの艦隊を破った。

[ヤルタからポツダムまで]

708　1945 年 2 月，ソ連のクリミヤ半島にある保養地ヤルタに，アメリカのルーズベルト大統領，イギリスのチャーチル首相，ソ連のスターリン首相が集まり，連合国側の戦後処理を話しあった（ヤルタ会談）。

701　1945 年 2 月には米・英・ソの三国首脳がクリミア半島のヤルタで会談し，ドイツ降伏後のソ連の対日参戦，千島列島のソ連への引きわたしなどを密約した（ヤルタ協定）。

703　アメリカ・イギリス・ソ連の代表は，1945 年 2 月，ソ連のヤルタで会談してドイツの戦後処理の方法を決めました。

704　1945 年 2 月，アメリカ・イギリス・ソ連の首脳は，黒海沿岸のヤルタで会談し，ソ連の対日参戦と千島領有などを秘密に取り決めていた。

707　アメリカ，イギリス，ソ連の首脳は，ドイツの降伏に先立って，ヤルタ会談を開き，ソ連の対日参戦などをきめていた。

[聖断下る]

708　7 月 26 日，ポツダム宣言が発表された。鈴木貫太郎首相はこれを「黙殺」するとの声明を発表した。

701　1945 年 7 月，米・英・ソ三国首脳がドイツのポツダムで会談し，米・英・中，三国の名で日本に降伏を求めるポツダム宣言を発表した（のちにソ連も参加）。日本政府は，「本土決戦」をさけぶ軍部におされてこれを無視し，戦争をやめようとはしなかった。

703　さらに，7 月にドイツのポツダムで会談し，日本の降伏や戦後の民主化などを求める宣言をまとめ，中国の同意を得てアメリカ・イギリス・中国の名で発表しました。日本政府は，このポツダム宣言を黙殺して戦争を続け，「本土決戦」をとなえて国民に「一億玉砕」をよびかけました。

704　7 月には，三国首脳は再びドイツのポツダムで会談し，日本の降

247

伏の条件を示すポツダム宣言を発表したが、日本はこれを無視した。
705　1945年7月、アメリカ・イギリス・ソ連の首脳が会談して、アメリカ・イギリス・中国の連名でポツダム宣言を発表し、日本に降伏をよびかけた。しかし、日本はこれを黙殺して戦いをつづけた。

これに関連して、『新しい歴史教科書』には、「東郷平八郎司令長官」「ルーズベルト大統領」「鈴木貫太郎首相」のように、人名に続けてその肩書きを付した表現が多い。これも、他の教科書には見られないものである。これは、次項とも関係する。

4.7　当時の（時代的な）用語・表現

これも物語的な表現と関係するが、『新しい歴史教科書』（708）には、第二次世界大戦を中心として、当時使われた用語や表現がそのまま使われている。次の例の「玉砕する」は、「全滅する」を言い換えた当時の表現で、703に「一億玉砕」というスローガンが提示されているほかは、他の教科書は使っていない。

　［暗転する戦局］
708　アリューシャン列島のアッツ島では、わずか2000名の日本軍守備隊が2万の米軍を相手に一歩も引かず、弾丸や米の補給が途絶えても抵抗を続け、玉砕していった。こうして、南太平洋からニューギニアをへて中部太平洋のマリアナ諸島の島々で、日本軍は降伏することなく、次々と玉砕していったのである。
701　1943年5月にはアッツ島の日本軍が全滅し、以後、日本軍は各地で敗退をつづけていった。

次例の「出征する」「供出する」も当時の表現で、『新しい歴史教科書』（708）だけが使っている。

第 10 章　教科書パラレルコーパスによる歴史叙述の対照

[国民の動員]

708　また，大学生や高等専門学校生は徴兵猶予が取り消され，心残りをかかえつつも，祖国を思い出征していった（学徒出陣）。物的にもあらゆるものが不足し，寺の鐘など，金属という金属は戦争のため供出され，生活物資は窮乏を極めた。

701　政府は不足する資源をおぎなうために金属回収運動をおこない，家庭のなべやかま，寺院の鐘までさし出させた。……さらに，兵力不足のため，これまで徴兵を延期されていた大学生も軍隊に召集されるようになり（学徒出陣），1943 年には朝鮮に，1944 年には台湾に徴兵制がしかれた。

703　政府は，食料の配給を減らして国民にきびしい節約を求め，国内資源の徹底的な回収をよびかけました。また，兵力を補うために徴兵の年齢を 19 歳に引き下げ，大学生も戦場に送りました。

704　さらに，政府は理科系以外の学生も徴兵し，多くの学生が学業半ばで戦場に向かった。

705　兵力を確保するために，1943（昭和 18）年から学徒動員がはじまり，大学生なども学業を中止して戦地におもむいた。

706　日本が不利な情勢になると，それまで徴兵されなかった大学生たちも戦場に出かけていきました。

707　アジアと太平洋での戦争がはじまると，兵力を補うため，兵士になることを免除されていた大学生も動員され，若い男子のほとんどが戦場に送られた。

「大東亜戦争」「大東亜共栄圏」という用語を，当時のネーミングやスローガンとして紹介するだけでなく，次のように，本文中で一般の用語として使っているのも，『新しい歴史教科書』（708）だけである。

[国民の動員]

708　大東亜戦争（太平洋戦争）の戦局が悪化すると，国内の体制はさらに強化された。

[アジア諸国と日本]

708　しかし，大東亜共栄圏のもとでは，日本語教育や神社参拝が強要されたので，現地の人の反発が強まった。また，戦局が悪化し，日本軍によって現地の人々が苛酷な労働に従事させられる場合もしばしばおきた。

701　また，東南アジアの占領地では，戦争に必要な資源を一方的に取り立てたため，人々の生活は苦しくなり，日本の支配に反対し，独立をめざす運動がしだいに広がっていった。

703　このため，日本の占領下では，日本軍への期待がしだいに失われ，各地で武力による抗日運動が行われるようになりました。

704　占領地では，日本軍は住民に厳しい労働をさせ，戦争に必要な資源や米などを強制的に取り立て，占領に反対する住民などを殺害した。このため，ベトナム，フィリピン，ビルマなど各地で，日本軍に抵抗し，独立を目ざす運動が高まっていった。

705　そこで日本は，東南アジアなどの占領地域に軍政をしき，現地の物資を徴発し，鉱山・工場へも労働力を確保しようとした。日本の占領政策は，欧米に代わる，日本の新たな植民地支配にほかならなかった。

706　日本軍は東南アジアの国々や太平洋の島々でも，物資や食料を強制的にとりたてたり，軍の命令に違反した人々を厳しく処罰したりしました。また，皇民化政策もすすめられたので，これらの地域でも，日本に対する抵抗運動がおこりました。

707　東南アジアの占領地では，日本軍が，食料や資源など戦争に必要な物資をとり立て，住民にきびしい労働を強制した。そのため，日本の支配に対する抵抗運動や独立運動が強まった。

『新しい歴史教科書』には，このほか，「五族協和」「王道楽土」「東亜新秩序」「自存自衛」といった当時の用語や標語が，引用の形ではあるが，使われている。

『新しい歴史教科書』は，また，天皇に関する記述や用語法でも特徴的であ

第10章　教科書パラレルコーパスによる歴史叙述の対照

る。次の例では，ポツダム宣言の受諾ないし降伏決定の主体を，他の教科書は「日本政府」ないし「日本」としている（天皇はそれをラジオ放送によって国民に伝えるだけ）のに，『新しい歴史教科書』(708) のみ「(昭和) 天皇」としている。これに伴い，「臨席」「御前会議」「聖断をあおぐ」「玉音放送」といった，天皇にかかわる語彙も使用されている。「玉音放送」は当時の用語でもある（他は「ラジオ放送」「録音放送」）。こうしたことは，他の教科書には見られない。

［聖断下る］

708　9日，昭和天皇の臨席のもと御前会議が開かれた。ポツダム宣言の受諾について賛否同数となり結論を出せず，10日の午前2時，鈴木首相が天皇の前に進み出て聖断をあおいだ。これは，異例のことだった。天皇はポツダム宣言の受諾による日本の降伏を決断した。8月15日正午，ラジオの玉音放送で，国民は日本の敗戦を知った。

701　このため，日本政府も，天皇制を残すことを条件にして，8月14日にようやくポツダム宣言の受け入れを決定し，翌15日にこの事実を天皇のラジオ放送で国民に伝えた。

702　このなかで日本は，8月14日，ポツダム宣言を受け入れて降伏することを決定し，15日，天皇は，降伏をラジオ放送で国民に知らせました。

703　こうしたなかで日本政府は，最後まで天皇制の存続の確認に努めていましたが，8月14日，ポツダム宣言の受諾を決め，翌15日に天皇がラジオ放送によって日本の降伏を国民に伝えました。

704　日本政府は，ついに8月14日，ポツダム宣言を受け入れて降伏したが，国民がそれを知らされたのは，翌15日の天皇の録音放送によってであった。

705　ついに日本政府は，8月14日にポツダム宣言を受諾して降伏し，翌15日に昭和天皇がラジオ放送でこれを国民に発表した。

706　この結果，日本は，8月14日にポツダム宣言を受け入れて降伏す

251

第 3 部　多様なコーパスによる探索

　　　　　ることを決め，翌 8 月 15 日，天皇はラジオ放送でこれを国民に知
　　　　　らせました。
　　707　日本政府は，8 月 14 日，ポツダム宣言を受け入れることを決定し，
　　　　　翌 15 日に天皇がラジオ放送で日本の降伏を国民に伝えた。

　なお，調査対象とした範囲の中で，『新しい歴史教科書』が天皇に触れるのは上の記述だけである。他の教科書は，以下に示すように，日米開戦の決定，戦時体制・軍国主義，皇民化政策といった記述で天皇に触れている。

　　704　国内では，1941 年 10 月，陸軍大臣の東条英機が首相となり，そ
　　　　　して 12 月 1 日，昭和天皇の出席する御前会議で開戦を決定した。
　　704　また，学問・思想・芸術・娯楽などの分野でも自由がなくなり，
　　　　　天皇を神とあがめるようになっていった。
　　704　また，兵士たちは天皇の軍人として生きて捕虜になることは恥だ
　　　　　と教育され，命令のもとで死ぬまで戦うことを強いられ，太平洋
　　　　　の島々などでは，しばしば全滅に追いやられた。
　　705　こうして，天皇を中心とした国家への忠誠を通じ戦争への協力体
　　　　　制がつくられていった。
　　706　また，皇居にむかって敬礼するなどの天皇の崇拝も強制されまし
　　　　　た。
　　707　植民地の人々は，戦争下にあって，「天皇の民」にふさわしい，皇
　　　　　国の臣民となるように同化を強要された。

4.8　（中学生には）難しい／わかりにくい表現

　当時の用語・表現は，中学生にはわかりにくい表現でもある。『新しい歴史教科書』には，このほかにも，難しいと思われる用語や表現が見られる。以下の例では，他の教科書には見られない「ナショナリズム」という語が，注釈なしに使われている。

[二十一か条要求案]
708　これは,たとえ希望条項であっても,中国を半植民地扱いするもので, 中国のナショナリズムを軽視した行動であった。
702　しかし,これは中国の主権をおかすものでした。
703　この要求は中国の主権を侵すものであったので,中国の民衆は排日運動を起こしました。

[勝利の代償]
708　日本の勝利に勇気づけられたアジアの国には, ナショナリズムがおこった。
702　日露戦争での日本の勝利は,インドや中国などアジアの諸国に刺激をあたえ,日本にならった近代化や民族独立の動きが高まりました。
706　それまで小国と考えられていた日本が,日露戦争に勝ったことは,植民地支配に苦しむアジアの人々に独立への希望と自信をあたえました。
707　アジアの多くの民族は,日本がヨーロッパの強国を破ったことを喜び,自分たちも植民地支配から解放されることを期待した。

また,『新しい歴史教科書』(708)には,以下の例の下線部のように,表現そのものがわかりにくいものもある。

[総力戦]
708　しかし,第一次世界大戦とともに, 総力戦とよばれる新しい現実が世界史上に姿をあらわした。
702　この第一次世界大戦は,世界中をまきこんで4年余り続き,特に総力戦となったヨーロッパ各国は国力を使いはたしました。
704　こうして戦争は,社会全体をまきこむ総力戦になった。
707　第一次世界大戦は,いままでの戦争とはちがって,大軍が大量の兵器や弾薬を使う戦いだった。後方の生産と補給が勝敗をきめ,国民の総力をあげた戦いとなった。

253

［ヤルタからポツダムまで］
708　このように対日戦争の犠牲の一部をソ連に負担させる代償として，ルーズベルトは，大西洋憲章の領土不拡大方針に違反して，ソ連に日本領の南樺太と千島列島を与え，満州における権益も認めると約束した。

必ずしも難しい表現ではないが，『新しい歴史教科書』(708)には，新聞などに多用されるサ変動詞の語幹止め用法が見られる。これも，他の教科書にはないものである。

［日本の参戦］
708　三国協商の側についていた日本は，日英同盟に基づいて参戦，ドイツに宣戦布告した。
701　日英同盟を結んでいた日本も連合国側に立って参戦した。
703　日本は，日英同盟により参戦し，ドイツが支配していた青島をふくむ山東半島や，ドイツ領南洋諸島も占領しました。
707　日本は，中国に勢力をのばす好機とみなし，ヨーロッパの戦争に参戦し，ドイツの根拠地であるシャントン(山東)半島のチンタオ(青島)とドイツ領南洋諸島を占領した。

［暗転する戦局］
708　1942（昭和17）年6月，ミッドウェー海戦で，日本の連合艦隊はアメリカ海軍に敗北した。ここから米軍の反攻が始まった。ガダルカナル島（ソロモン諸島）に米軍が上陸。死闘の末，翌年2月に日本軍は撤退した。
703　1942（昭和17）年8月に連合国軍はガダルカナル島に上陸し，はげしい攻防戦がくり広げられましたが，翌年2月には日本軍が敗退しました。

第 10 章　教科書パラレルコーパスによる歴史叙述の対照

4.9　日本の行為を間接的・婉曲に表す表現

『新しい歴史教科書』には，日本の侵略的な行為や敗北など否定的なことがらを，他の教科書に比べて，間接的ないし婉曲に表す用語や表現が使われている。次の例では，他の教科書（701・705・707）が「つきつける」とする表現を，『新しい歴史教科書』（708）は使っていない。

[二十一か条要求案]
708　それに対し日本は，1915（大正 4）年，ドイツがもっていた山東省の権益を引きつぎ，関東州の租借期間の延長，南満州鉄道（満鉄）の経営権の期間の延長，満州・モンゴルの権益保持などを目的とした二十一か条要求を中国の袁世凱大総統に受け入れさせた。
701　そこで日本政府は，このすきに中国でさらに特権を手に入れようと考え，1915 年，中国政府に 21 か条の要求をつきつけた。日本の要求に対して中国の人々は反発を強めたが，中国政府は日本の強い態度に屈服して，要求の大半を受け入れた。
702　日本は，第一次世界大戦中の 1915（大正 4）年，欧米のアジアへの関心がうすれたのを機に，中国に，山東省のドイツ権益の継承，旅順・大連の租借期間の延長などの，二十一か条の要求を認めさせました。
703　さらに，1915（大正 4）年には，中国政府に二十一か条の要求をしました。中国政府はこの要求に強く抵抗しましたが，日本は，軍事力を背景に，日本人顧問の採用を除く要求の大部分を中国に認めさせました。
704　そして 1915 年，日本政府は，中国での勢力を拡大しようとして，シャントン半島のドイツがもっていた権益を日本が受け継ぐこと，南満州や東部内モンゴルでの日本の権益を延長・拡大することなどを内容とする，二十一か条の要求を中国政府に提出した。日本は武力を背景に，その多くを中国政府に認めさせたが，中国国内では強い反発が起こって，反日の気運が高まり，欧米諸国も日本

255

第3部　多様なコーパスによる探索

の動きを警戒した。

705　さらに、ヨーロッパ諸国が大戦でアジアをかえりみる余裕がなくなったのに乗じて、中国での勢力範囲の拡大をねらって、1915年、中国の袁世凱政府に対して二十一か条要求をつきつけた。この要求は、中国民衆のはげしい反発をまねき、アメリカやイギリスなども強く非難したが、日本は武力を背景に要求の大部分を<u>認めさせた</u>。

706　日本は、1915年、中国に対して21か条の要求を<u>出しました</u>。これは、山東半島でのドイツの権利を日本にゆずり、満州（中国東北部）やモンゴルでの日本の権利を広げる要求でした。日本が軍事力を背景に強くせまったため、中国政府は要求の大部分を<u>受け入れました</u>。

707　1915（大正4）年、日本は、中国に二十一か条の要求を<u>つきつけ</u>、権益の拡大をはかろうとした。袁世凱の政府はこれを拒否したが、軍事力を背景とする日本は、中国政府を<u>屈服させた</u>。

　次の例では、他の教科書が「建国させる」「つくる」として、日本の行為であることを直接的に表現しているが、『新しい歴史教科書』（708）は「建国を実現する」という迂言的表現（機能動詞表現）を使って、日本の行為の使役性を背景化している。

［仕組まれた柳条湖事件］

708　1932（昭和7）年、関東軍は満州国<u>建国を実現し</u>、のちに清朝最後の皇帝であった溥儀を満州国皇帝の地位につけた。

701　さらに翌1932年には、日本があやつる「満州国」を<u>建国させた</u>。

702　満州の主要部を占領した関東軍は、1932年3月、清朝最後の皇帝溥儀を元首とする満州国を<u>建国させ</u>、実質的に支配するようになりました。

703　満州の中国軍が日本軍との全面的な戦争をさけて後退を続けるなか、日本軍はたちまち満州全土を占領し、翌年3月、清の最後の

皇帝を元首にして「満州国」をつくりました。
704　続いて関東軍は，清の最後の皇帝溥儀を元首にして「満州国」をつくった。
705　翌年関東軍は，清の最後の皇帝をむかえて満州国をつくり，これを支配した。
706　1932年，日本は満州を中国から引きはなし，満州国をつくりました。
707　1932年，日本は満州国をつくった。

　次の例でも，他の教科書が「殺害する」「殺す」とする日本軍の行為を，『新しい歴史教科書』（708）は「死傷者が出る」という迂言的な表現を使って，行為の他動性をぼかしている。

　［盧溝橋における日中衝突］
708　日本軍は国民党政府の首都南京を落とせば蔣介石は降伏すると考え，12月，南京を占領した（このとき，日本軍によって民衆にも多数の死傷者が出た。南京事件）。
701　年末には日本軍は首都南京を占領したが，そのさい，20万人ともいわれる捕虜や民間人を殺害し，暴行や略奪もあとをたたなかったため，きびしい国際的非難をあびた（南京事件）。
702　戦火は華北から華中に拡大し，日本軍は，同年末に首都南京を占領しました。その過程で，女性や子どもをふくむ中国人を大量に殺害しました（南京事件）。
703　日本軍は，各地ではげしい抵抗にあいながらも戦線を広げ，首都の南京占領にあたっては，婦女子をふくむ多数の中国人を殺害し，諸外国に報じられて非難されました（南京事件）。
704　日本軍は，戦線を南に広げ，シャンハイや首都ナンキンを占領して，多数の中国民衆の生命をうばい，生活を破壊した。ナンキン占領の際，日本軍は，捕虜や，子ども，女性などをふくむ多くの住民を殺害し，暴行を行った（ナンキン虐殺事件）。

706 日本軍は中国の南部からも侵攻し，上海や，当時首都であった南京を占領しました。南京では，兵士だけでなく，女性や子どもをふくむ多くの中国人を殺害し，諸外国から「日本軍の蛮行」と非難されました（南京大虐殺）。しかし，このことは，日本国民には知らされていませんでした。

707 日本軍は，ナンキン占領のとき，大ぜいの中国民衆を殺していたが（南京虐殺事件），日本の国民には知らされなかった。

以下の例では，他の教科書が「侵略（する）」「侵攻する」とする行為を，『新しい歴史教科書』（708）は「進駐」「進攻」として，「侵〜」という表現を使わない。

［経済封鎖で追いつめられる日本］

708 7月，日本の陸軍は南部仏印（ベトナム）進駐を断行し，サイゴンに入城した。

701 さらに，1941年4月には日ソ中立条約を結んで北方の安全を確保したうえで，6月には南部ベトナムを占領した。こうした侵略政策に，アメリカは警戒心を強め，軍需品や石油などの対日輸出禁止という政策で日本の南進を阻止しようとした。

702 アメリカは，このような日本の侵略的な行動を強く警戒しました。日本が1940年にフランス領インドシナの北部に軍隊を送って占領し，翌年7月にはその南部も占領すると，アメリカは，日本に対する軍需物資の輸出の制限に加えて，石油の輸出も禁じました。

703 さらに，ソ連とは，1939年に「満州国」との国境地域での戦いで敗退したこともあって，1941年，中立条約を結んで北方の安全をはかりながら，インドシナ南部にまで侵攻しました。

704 続いて日本が南ベトナムに侵攻すると，アメリカは石油・鉄などの日本への輸出を禁止し，中国や東南アジアからの日本軍の撤兵を求め，緊張が高まった。

705 翌年には日ソ中立条約をむすんで北方の安全を確保すると，イン

ドシナ南部にも軍をすすめた。
706 さらに翌年には，ソ連との間に日ソ中立条約を結び，北方の安全を確保したうえで，東南アジアへの侵略をおしすすめようとしました。
707 1940（昭和15）年，日本は，ドイツの快進撃を見て，ドイツ・イタリアと軍事同盟を結び，翌年，ソ連と中立条約を結んで北方の安全をはかり，ベトナム南部へ勢力を広め，東南アジアへの侵略をおし進める。

［戦争の惨禍］
708 特に，中国の兵士や民衆には，日本軍の進攻により，おびただしい犠牲が出た。また，フィリピンやシンガポールなどでも，日本軍によって抗日ゲリラや一般市民に多数の死者が出た。
702 日本が侵略した東アジアや東南アジアでは，戦場で死んだり，労働にかり出されたりして，女性や子どもをふくめて一般の人々にも，多くの犠牲者を出しました。
705 日本は，このみずからおこした侵略戦争によって悲惨な体験をし，また，戦った中国や東南アジア，欧米の国ぐにだけでなく，戦争に動員した朝鮮・台湾などの人びとにも，大きな被害と深い傷あとを残した。

また，次の例では，他国に与えた被害に対して，「少なくない」というまわりくどい表現を使っている。

［韓国併合］
708 しかし，この土地調査事業によって，それまでの耕作地から追われた農民も少なくなく，また，日本語教育など同化政策が進められたので，朝鮮の人々は日本への反感を強めた。
702 また，土地制度の近代化を名目として行われた土地調査事業では，所有権が明確でないとして多くの朝鮮農民が土地を失いました。

第 3 部　多様なコーパスによる探索

次の例では、他の教科書が「敗退する」とした日本軍の行為を、「撤退する」と表現して和らげている。

　　［暗転する戦局］
　　708　ガダルカナル島（ソロモン諸島）に米軍が上陸。死闘の末、翌年2月に日本軍は撤退した。
　　703　1942（昭和17）年8月に連合国軍はガダルカナル島に上陸し、はげしい攻防戦がくり広げられましたが、翌年2月には日本軍が敗退しました。

4.10　行為の主体を明示しない表現

　『新しい歴史教科書』には、自動詞文・受動文・無主語他動詞文など、行為の主体を明示せず、不可避的・不可効力的なニュアンスをもたせた表現が使われている。これは、前項の間接的・婉曲表現に含められるものだが、構文レベルの表現なので、別立てにした。
　次の例は、701・703が「戦争を始める」という他動詞文で、また、705も「清国軍と開戦する」という自動詞文で、その主体である日本を明示しているのに対し、『新しい歴史教科書』（708）のほか、702・704・706・707は、「戦争が始まる」という自動詞文で、行為の主体を背景化させている。

　　［日清戦争と日本の勝因］
　　708　わずかな兵力しかもたない朝鮮は、清に鎮圧のための出兵を求めたが、日本も甲申事変後の清との申しあわせに従い、軍隊を派遣し、日清両軍が衝突して日清戦争が始まった。
　　701　しかし、日本は軍隊を駐在させつづけるため、改革案を朝鮮政府におしつけ、これに対する回答を不満として、朝鮮の王宮を占領した。そして、清の海軍を攻撃したのち、宣戦を布告して日清戦争をはじめた。
　　702　これを機に、清と日本は朝鮮に出兵し、8月に日清戦争が始まり

260

ました。
703　日本はイギリスの支持を期待し，朝鮮から清の勢力を除こうとして戦争を始めました。これを日清戦争といいます。
704　清が朝鮮政府の求めに応じて軍隊を送ると，日本もこれに対抗して出兵し，1894年7月，日清戦争が始まった。
705　清の出兵を知った日本は，みずからも軍隊をおくり，清国軍と開戦した。この日清戦争は世界の予想をうらぎって，日本が勝利をおさめた。
706　日本も清に対抗して軍隊を送ったため，清との対立が深まり，1894年7月，豊島沖の衝突をきっかけに日清戦争がはじまり，近代装備をもつ日本軍の勝利で終わりました。
707　日本は，朝鮮での指導権をとるために出兵し，8月，日清戦争がはじまった。

　次の例は，701・703・707が「政府」を主語とする他動詞文で，「政府」が「統制する」等の主体であることを明確に示しているのに対して，704は「政府」を主語とする自動詞文で，他動性を背景化している。さらに，『新しい歴史教科書』(708) は，「政府」を受動文の主語とし，統制等の権限が「与えられた」受け手として表現している。

［目的不明の泥沼戦争］
708　戦争が長引くと，国を挙げて戦争を遂行する体制をつくるためとして，1938（昭和13）年，国家総動員法が成立した。これによって政府は，議会の同意なしに物資や労働力を動員できる権限を与えられた。
701　1938年には国家総動員法が成立し，政府は議会の承認なしに，経済・産業・財政・国民生活のあらゆる面を統制できる強力な権限をにぎった。
703　そこで政府は，戦争に批判的な言論や思想のとりしまりを強め，1938年には，国家総動員を定めて，資源と国民のすべてを戦争目

261

第 3 部　多様なコーパスによる探索

的のために動員できるようにしました。
704　こうして，1938 年には国家総動員が制定された。これによって政府は，議会の承認なしに，国民生活全体を統制できることになった。
705　1938 年には，国家総動員法を定め，議会の承認なしに人や物資などを動員できる権限を政府にあたえた。
706　政府は，1938（昭和 13）年に国民や物資を優先して戦争にまわそうと，国家総動員法を定めました。この法律によって国民を強制的に工場で働かせることができるようになりました。
707　政府は，中国との戦争をおし進めるために，1938 年，国家総動員法を定め，議会にはからなくても，経済や国民生活を統制できるようにした。

　次の例では，『新しい歴史教科書』（708）は，主語を明示しない他動詞文（下線部）を使っている。「戦場となったアジア諸地域の人々にも，大きな損害と苦しみを与えた」主体は，文脈的には「第二次世界大戦」であることが漠然と示され，「日本」の行為であることをあいまいにする表現になっている。続く文でも，「日本軍の進行により，おびただしい犠牲が出た」「日本軍によって〜多数の死者が出た」という「ニヨッテ自動詞文」で，日本（軍）の他動性＝責任が背景化されている。

　［戦争の惨禍］
708　第二次世界大戦全体の世界中の戦死者は 2200 万人，負傷者は 3400 万人と推定される。第一次世界大戦をはるかに超えた，大惨禍となった。戦場となったアジア諸地域の人々にも，大きな損害と苦しみを与えた。特に，中国の兵士や民衆には，日本軍の進攻により，おびただしい犠牲が出た。また，フィリピンやシンガポールなどでも，日本軍によって抗日ゲリラや一般市民に多数の死者が出た。
702　日本が侵略した東アジアや東南アジアでは，戦場で死んだり，労

働にかり出されたりして，女性や子どもをふくめて一般の人々にも，多くの犠牲者を出しました。ヨーロッパでは，ドイツによってユダヤ人が徹底的に弾圧され，アウシュビッツなどの収容所で殺害されました。これらの悲惨な体験は，長く記憶されることになりました。日本が占領した東南アジア諸国や，朝鮮，台湾などの日本の植民地が解放され，独立に向かいました．

703 この大戦は全世界で約6000万人，アジアで約2000万人にのぼる犠牲者を出し，特に一般市民の犠牲が多数であったことなど，深い傷あとを残しました。

704 8月15日は，朝鮮をはじめ日本の植民地や占領地の人々にとっては，民族解放の日となった。第二次世界大戦における死者は，日本人約310万人，アジアでは2000万人以上，世界では約6000万人に達したといわれる。

705 日本は，このみずからおこした侵略戦争によって悲惨な体験をし，また，戦った中国や東南アジア，欧米の国ぐにだけでなく，戦争に動員した朝鮮・台湾などの人びとにも，大きな被害と深い傷あとを残した．

706 また，日本の植民地とされた朝鮮や台湾，日本軍に占領されていた中国や東南アジアの人々はようやく解放されました。

707 この日は，日本の植民地であった台湾や朝鮮，日本に占領された中国などの人々にとって，民族解放の日となった。いっぽう，満州などにいた日本人は，飢えになやまされながら，日本に帰るべく，苦しい日々を強いられた。日本の降伏によって，第二次世界大戦は終結し，満州事変から15年におよんだ日本と中国との戦争も終わった。

以上のような行為の主体を明示しない表現は，いずれの例からもわかるように，『新しい歴史教科書』のみの特徴ではないが，他の教科書よりも目立つことは確かである。

4.11　書き手の意見・判断・認識などを示す表現

『新しい歴史教科書』には，他の教科書にはあまり見られない，書き手の意見・判断・認識などを示す表現が多く使われている。

最も多く見られるのは，「〜は〜だった」という形の名詞・形容動詞述語文である。この種の文の，各教科書における用例数は，以下の通り。

　　702　　2例（でした）
　　704　　2例（であった）
　　705　　1例（だった）
　　706　　3例（でした）
　　707　　3例（だった1，であった2）
　　708　　32例（だった27，であった5）

記述量の違いを考慮しても，『新しい歴史教科書』にきわだって多いことは明らかである。また，他の教科書では，この種の文を，書き手の意見等を示すのではなく，事実を述べるものとして使うことが多い。以下の例のうち，前者に該当するのが明確なのは，最初の例くらいである。

　　702　しかし，これは中国の主権をおかすものでした。
　　702　日本で働かされた朝鮮人，中国人などの労働条件は過酷で，賃金も低く，きわめてきびしい生活をしいるものでした。
　　704　中華民国はアジアで最初の共和国であった。
　　704　日本政府は，ついに8月14日，ポツダム宣言を受け入れて降伏したが，国民がそれを知らされたのは，翌15日の天皇の録音放送によってであった。
　　705　この日露戦争は，はじめ日本に有利にすすんだが，日本は武器・食料などがとぼしかったため，外国から借金をしてようやく続ける状態だった。
　　706　また，「満州」には1906年に南満州鉄道株式会社が発足しますが，

第 10 章 教科書パラレルコーパスによる歴史叙述の対照

　　　 これも植民地化の一つでした。
706　これは，欧米諸国が，主戦場であるヨーロッパで戦っている間に，ドイツの拠点であった中国山東省の青島や南洋諸島を占領してしまおうと考えたからでした。
706　これは，山東半島でのドイツの権利を日本にゆずり，満州（中国東北部）やモンゴルでの日本の権利を広げる要求でした。
707　第一次世界大戦は，いままでの戦争とはちがって，大軍が大量の兵器や弾薬を使う戦いだった。
707　条約の内容は，清が，朝鮮の独立を認め，2億両（3億1000余万円）の賠償金を日本に支払い，リアオトン半島・台湾・ポンフー（澎湖）諸島を日本にゆずるなどであった。
707　これは，対ソ干渉戦争ともいい，日本が兵を引き上げたのは，1922年であった。

一方，『新しい歴史教科書』（708）には，次のように，事実を述べるものもあるが少なく，

708　1904（明治37）年2月，日本は英米の支持を受け，ロシアとの戦いの火ぶたを切った（日露戦争）。戦場になったのは朝鮮と満州だった。
708　1931（昭和6）年9月18日午後10時20分ごろ，奉天（現在の瀋陽）郊外の柳条湖で，満鉄の線路が爆破された。関東軍はこれを中国側のしわざだとして，ただちに満鉄沿線都市を占領した。しかし実際は，関東軍がみずから爆破したものだった（柳条湖事件）。

多くは，以下のように，事実に対する書き手の意見・判断・認識・解釈などを述べるものである。これらは，もっぱら，日本の行為を好意的・同情的に評価したり，説明したりしている。

708　日清戦争は，欧米流の近代立憲国家として出発した日本と中華帝

265

708	国との対決だった。
708	ロシアが満州にとどまって朝鮮半島に出てこないようにロシアと話しあいがつくか，ということが最大の争点だった。
708	極東の小さな島国である日本の国力では，単独で自国を防衛するのは不可能だった。
708	長期戦になれば，ロシアとの国力の差があらわれて形勢が逆転するのは明白だった。
708	日露戦争は，日本の生き残りをかけた壮大な国民戦争だった。
708	日露戦争後，まっ先に日本に接近をはかってきたのは，アメリカの満州進出を警戒したロシアだった。力の均衡の政策の時代に，いかにもふさわしい出来事だった。
708	それまで世界を支配した戦争観は，核兵器を経験した現代の戦争観とはまったく異質のものだった。各国は比較的，安易に戦争に訴えた。戦争は外交の手段であり，政治の延長だった。負ければ賠償金を払い，領土を失うが，国民全部が道徳的責任を問われるようなことはない。戦うのは軍人であって，国民すべてが動員されるのではない。例えば日清・日露戦争は明らかにそういう戦争であった。
708	これは，たとえ希望条項であっても，中国を半植民地扱いするもので，中国のナショナリズムを軽視した行動であった。
708	満州事変は，日本政府の方針とは無関係に，日本陸軍の出先の部隊である関東軍がおこした戦争だった。政府と軍部中央は不拡大方針を取ったが，関東軍はこれを無視して戦線を拡大し，全満州を占領した。これは国家の秩序を破壊する行動だった。
708	1940年10月には，政党が解散して大政翼賛会にまとまった。これはドイツやソ連の一国一党制度を模倣しようとしたものだった。
708	しかし，日本が東南アジアに進出すれば，そこに植民地をもつイギリス，アメリカ，オランダ，フランスと衝突するのは必至だった。
708	フィリピン・ジャワ・ビルマなどでも，日本は米・蘭・英軍を破

第10章 教科書パラレルコーパスによる歴史叙述の対照

り，結局100日ほどで，大勝利のうちに緒戦を制した。これは，数百年にわたる白人の植民地支配にあえいでいた，現地の人々の協力があってこその勝利だった。

708　だが，このような困難の中，多くの国民はよく働き，よく戦った。それは戦争の勝利を願っての行動であった。

708　ポツダム宣言の受諾について賛否同数となり結論を出せず，10日の午前2時，鈴木首相が天皇の前に進み出て聖断をあおいだ。これは，異例のことだった。

書き手の意見・判断・認識などを示す表現には，このほかに，以下のような形容詞述語文や否定述語文がある。しかし，これらは『新しい歴史教科書』の特徴といえるほど，きわだった使用はなされていない。

708　当時，ロシアは実際に朝鮮半島に進出する意図をもっていたから，小村の判断は正しかった。

708　だがここから先をどうするか，日本軍ははっきりした見通しをもっていなかった。

また，いわゆる「のだ」文も，以下のように，必ずしも『新しい歴史教科書』（708）に特徴的とはいえない。

［初期の勝利］

708　1941（昭和16）年12月8日午前7時，人々は日本軍が米英軍と戦闘状態に入ったことを臨時ニュースで知った。日本の海軍機動部隊が，ハワイの真珠湾に停泊する米太平洋艦隊を空襲した。艦は次々に沈没し，飛行機も片端から炎上して大成果をあげた。このことが報道されると，日本国民の気分は一気に高まり，長い日中戦争の陰うつな気分が一変した。第一次世界大戦以降，力をつけてきた日本とアメリカがついに対決することになったのである。

705　1941年12月8日，日本海軍はアメリカのハワイにある真珠湾を

267

奇襲し，また，それよりさきに，東南アジアでは陸軍がマレー半島に上陸を開始した。日本は，アメリカ・イギリスに対して宣戦を布告し，太平洋戦争（アジア・太平洋戦争ともいう）がはじまった。日本の軍部・政府は，日本の経済力や国際情勢をしっかりと判断できず，中国だけでなく，アメリカ・イギリスも敵にまわした戦争をはじめたのである。

5．『新しい歴史教科書』の特徴

以上，他の中学校歴史教科書7種との比較により，『新しい歴史教科書』の言語使用上の特徴として，以下の諸点をとりだした。

(1) 日本の行為を強調する表現
(2) 日本（人）を肯定的に評価する表現
(3) 他国を否定的に評価する表現
(4) 日本の側に立った主観的な表現
(5) 日本の行為を物語的に描く表現
(6) 個人を主体とする表現・記述
(7) 当時の（時代的な）用語・表現
(8) （中学生には）難しい／わかりにくい表現
(9) 日本の行為を間接的・婉曲に表す表現
(10) 行為の主体を明示しない表現
(11) 書き手の意見・判断・認識などを示す表現

これらの諸特徴から，『新しい歴史教科書』は，大きく2つの点で，他の教科書と明らかに異なっているといえる。1つは，書き手の記述態度が日本の側に寄っていること，いま1つは，事実の提示だけでなく，書き手の意見・判断・認識などを積極的に提示していること，の2点である。
第一の点についていえば，日本とアジア諸国および（アメリカ・ロシア（ソ

連)をはじめとする)欧米諸国との関係を記述する際,他の教科書が中立・客観的な立場から記述する傾向が見られるのに対し,『新しい歴史教科書』は,日本の側に立って,日本を好意的に記述しようとする傾向が明らかに読み取れる。それは,一方では,日本の側に立った主観的な表現のほか,日本の行為を強調したり,肯定的に評価したり,物語的・時代的に語ったり,という積極的な態度として表れ,また一方では,日本の行為を間接的・婉曲に表したり,(行為の主体を明示せずに)あいまいに表したりするという消極的な態度としても表れている。

第二の点についていえば,これも,他の教科書がもっぱら事実の提示を中心とするのに対して,『新しい歴史教科書』は,「〜は〜だった」という名詞・形容動詞述語文をとくに多用して,事実に対する書き手の意見や認識を積極的に提示している。ただし,提示される意見・認識などは,もっぱら日本の行為に対してのものであり,そこには,否定的なものもあるが,多くは,日本に好意的・同情的なものである(4.11参照)。

他の教科書と異なる『新しい歴史教科書』のこうした特異性は,同書の記述内容に対する「むきだしのナショナリズム」といった批判(石渡・越田2002)を,言語使用の側からも支持することになろう。

しかし,このことは,他の教科書の記述が歴史教科書として適切であるということを意味するものではない。たとえば,別技篤彦は日本の歴史教科書について次のように批判している。

> 日本の教科書は限られたページにすべてを記述しようとするので,勢い抽象的,無味乾燥な書き方となり,形容詞はむだだとして削除され,骨だけで血や肉がついていないことになる。事実の誤りはほとんどないであろうが,読んでおもしろいわけはない。(別技1983:14)
>
> (日本の社会科教科書は)日本の教科書に特有の抽象的記述でしかも難解な語句をたくさんに用い,生徒の心に訴える具体性にまったく欠けている。こうした教科書で学ぶ生徒は,勢い語句の丸暗記を迫られ,学習の興味を失墜する以外の結果は得られないであろう。(同:18)
>
> 教科書の内容を興味あるものにし,学習者の心理的条件に対応しつつ

教育的効果をあげようとするのは欧米先進国を一貫する大きな流れである。いっぽう日本ではあらゆる事項をそれに盛り込もうとする教科書金科玉条主義的教育が実施されるため，記述は簡略で興味を欠き，無味乾燥なものとなる。「いかにも教科書的」という言葉があるが，これは日本の教科書の書き方を表現してあまりがある。独自の検定制度は一層この傾向を助長する。（中略）どうして日本ではこうした興味深い，学習者の思考能力を発展させる内容の教科書ができないのであろうか。結局まだ民主主義が十分に根づいておらず，教科書は事項の羅列を以てよしとする形式主義，伝統主義の結果以外の何ものでもないような思いがする。（同：254-255）

「限られたページにあらゆる事項を盛り込もうとする教科書金科玉条主義的教育」や「教科書は事項の羅列を以てよしとする形式主義，伝統主義」の教育観によって，「抽象的，簡略，難解，無味乾燥で，生徒の心に訴える具体性にまったく欠ける」教科書になっているという批判である。中立的・客観的な立場から，もっぱら事実を淡々と提示していく（『新しい歴史教科書』以外の）他の教科書が，こうした批判から自由であるとは思えない。

上の批判では，また，日本の歴史教科書のページ数が限られていること，（文章に「血や肉をつける」ための）形容詞がむだだとして削られていることを具体的な問題点としてあげている。この点，『新しい歴史教科書』は，他の教科書の倍ほどの分量をもち，形容詞類の比率も比較的高い。

いま，各教科書の品詞構成比（異なり）を求めると，表2のようになる。ここで，「体」とは名詞，「用」とは動詞，「相」とは形容詞・形容動詞・副詞・連体詞の類であり，複数品詞にまたがる語は除いている。これによれば，『新しい歴史教科書』（708）は相の類の比率が他の教科書より高い。同書は語彙量が多いため，この数値がさほど高くならないが，実数でみると（表3），形容詞・形容動詞・副詞の数（異なり）は，他の教科書の2～4倍程度あることがわかる。

表 2　各教科書の品詞構成比（異なり，%）

	701	702	703	704	705	706	707	708
体	70.1	70.7	70.2	70.6	67.9	69.1	68.8	68.5
用	25.2	23.8	25.2	24.4	26.2	26.8	27.0	25.0
相	4.7	5.5	4.6	4.9	5.9	4.1	4.2	6.5

表 3　各教科書の「相の類」の語数（異なり）

	701	702	703	704	705	706	707	708
形容詞	11	14	15	10	15	7	9	23
形容動詞	12	16	14	14	19	11	11	45
副詞	20	11	15	18	13	11	12	38
連体詞	3	4	2	5	3	2	4	6

　こうしたことは，『新しい歴史教科書』の言語使用が，従来の歴史教科書の課題を克服する可能性をもっているようにも見える。また，同書の特徴的な言語使用の1つとして指摘した「物語的に描く表現」などは，「生徒の心に訴える具体性」をもつ記述につながるようにも思える。しかし，残念ながら，同書のこうした側面は，もっぱら上に見た（「ナショナリズム」にもとづく）日本寄りの記述態度や意見提示によるものであり，「興味深い，学習者の思考能力を発展させる内容」をめざした結果とはいえない。「いかにも教科書的」ではない歴史教科書を実現するためには，従来の記述を変えるまったく新しい試みが必要である。

6．今後の課題

　今回の調査をさらに精度の高いものにしていくために，2つの方策を考えることができる。

　1つは，今回作成・利用した「中学校歴史教科書のパラレルコーパス」について，各教科書の本文をより厳密に対応させ，より正確で詳細な対照を可能にすることである。パラレルコーパスの対応づけ（alignment）を適切に行

うことによって,『新しい歴史教科書』をはじめ,目標とする教科書の言語使用の特徴を ad hoc にでなく抽出することが可能になる。

　いま1つは,「批判的言語学」の応用である。批判的言語学（Critical Linguistics）とは,言語使用を「客観的世界についてのコミュニケーションを透視する媒体でもなければ,静的な社会構造の反映でもなく,さまざまな現実をあぶりだし,それと関連しながら常に作用している社会過程（social processes）の一部として働く」ものととらえ,「適切な言語分析の方法を用い,関連性のある歴史的・社会的状況を踏まえて分析すれば,お決まりの通常の談話の中に潜んでいるイデオロギーを表面に浮かび上がらせることができる」言語研究のアプローチである（橋内 1999：160）。この場合の「イデオロギー」とは,政治的な観念や主義主張のことではなく,「ある文化・社会における,現実を解釈する際の共通の枠組み」すなわち「知識・態度・規範・価値観など」をさす（同：159）。この批判的言語学の分析手順を利用して,『新しい歴史教科書』の言語使用を支える「イデオロギー」を明らかにすることが考えられる。Fairclough（2001＝2008：135-137）は,そうした手順を「記述」「解釈」「説明」の3つのステージに分け,たとえば記述ステージについては,「テクストの形態的な特徴を記述するための10個の設問」を設けて,その「指針」を示している。今回の調査でとりだした言語使用の特徴には,この設問の中に位置づけ得るものもあるが,なお,広範な検討が必要である。

　パラレルコーパスの高度化と批判的言語学の方法論の採用とによって,『新しい歴史教科書』をはじめとする各教科書の歴史叙述の特徴は,より詳細かつ体系的に対照・把握し得るものと考えられる。

注

1) http://www.antlab.sci.waseda.ac.jp/webparanews/ （2019年7月15日現在）
2) 『新しい歴史教科書』は,その後,2004（平成16）年度の検定の際に改訂版が制作され,記述内容・分量ともに大幅な改変がなされた。本章で紹介する調査・分析は初版に

第 10 章　教科書パラレルコーパスによる歴史叙述の対照

限られるものである。
3）「ついに」は，701・703・704・705・706 に各 1 例あるが，708 では 4 例使われている。

第 4 部

探索的データ解析による探索

第 11 章

探索的データ解析による
日本語研究

1. はじめに

　序章でも述べたように，探索的データ解析（EDA）は，全文コーパスの利用とともに，探索的コーパス言語学の方法論を支える重要な柱である。理論モデル主導型のコーパス言語学が大規模標本コーパスと推測統計学とを柱とするのに対して，探索的コーパス言語学は，第 1・2 部で試みたような全文コーパスによる（関連パターンの）探索と，データ主導型の統計学を代表する探索的データ解析による（データ構造の）探索とを基盤とすることが考えられる。

　探索的データ解析の最も大きな特徴は，研究が探索的な段階にあって前提とする知識が十分に得られていなかったり，さまざまな事情で無作為標本が用意できなかったりする諸現象について，手許の限られたデータから何らかの構造や特徴を探り出すことを目的として，わかりやすい考え方と使いやすい手法とを用意しているというところにある。以下では，この探索的データ解析の代表的な手法を国立国語研究所「テレビ放送の語彙調査」のデータに適用し，それらの分析を通して，探索的データ解析がどのような点でデータ主導型の日本語研究に有用であるかを具体的に検討する。

　なお，探索的データ解析の解説書には，提唱者であるテューキーによる

Tukey（1977）があるが，日本語によるものでは，渡部［他］（1985）が最も詳しく，充実している。本章の記述も，探索的データ解析の手法やその考え方を説明する部分では，同書に全面的に依存している。

2. 国立国語研究所「テレビ放送の語彙調査」

「テレビ放送の語彙調査」は，テレビにおける語彙使用の実態を知るべく，国立国語研究所が初めて放送の語彙に取り組んだ調査であり，筆者も担当者の一人として従事したものである。その内容は3冊の報告書（国立国語研究所 1995・97・99）に詳しいが，概要を紹介すると，調査対象（母集団）は，1989年4〜6月の3か月間に全国放送網のキー局である6放送局7チャンネル（NHK総合・NHK教育・日本テレビ・TBS・フジテレビ・テレビ朝日・テレビ東京）が放送したすべての番組（コマーシャルも含む）の語彙。標本は，母集団となる放送を5分の幅をもつ標本単位に分割し，それらを週・曜日・時間帯・チャンネルごとに等しくなるよう構成した集団から504分の1の比率で無作為に抽出した364標本，30時間20分である。調査単位は，いわゆる「長い単位」の系列（ほぼ文節に相当）に属するもので，標本全体の語彙量は以下の通り。

　　標本延べ語数　　全体……141,975
　　　　　　　　　　本編……（音声）103,081　（画面）20,246
　　　　　　　　　　ＣＭ……（音声）　9,235　（画面）　9,413
　　標本異なり語数　全体…… 26,033
　　　　　　　　　　本編……（音声）17,647　（画面）7,970
　　　　　　　　　　ＣＭ……（音声）　3,455　（画面）3,591

標本語彙量を見てもわかるように，この調査の規模は決して大きくない。それは，この語彙調査が，それまでの雑誌や新聞の調査と違って，音声言語と文字言語の両方を同時に扱い，しかも，印刷媒体と違って，それらが初め

から調査対象として固定されているわけではないという困難な条件を抱えていたからである。そのため、当初予定していた1年分の標本の文字化や画面情報の選定、集計などを3か月分に縮小せざるを得ず、分析の方向性も推測統計学の手法を用いた確認的なものから探索的データ解析を用いた探索的なものへと変更しなければならなかった。このこと自体は、理論モデル主導型の調査としては「失敗」であったかもしれないが、データ主導型の探索的な語彙調査の可能性を示したという点では積極的な面をもつものと考えられる。ここで、この語彙調査のデータに探索的データ解析の手法を適用するのも、そうした意味合いがあるからである。ただし、以下で紹介する分析は、筆者が国立国語研究所（2001）所収の「標本〔番組〕一覧」（bangumi.dat）を用いて独自に行ったもので、国語研究所の報告書の内容とは直接の関係をもたない。

3. 抵抗性の高い中央値を代表値とする

　探索的データ解析では、複数のデータを比較する際に、それぞれのデータの「代表値」として、平均値ではなく中央値を用いることを基本としている。平均値は、単純な計算で手軽に求めることができ、しかも、分布の中心を表す最も有効な指標（統計量）であるといわれているが、「外れ値」と呼ばれる一部の逸脱したデータ（や後述する分布の歪み）の影響を受けやすく、代表値としては安定していない。そこで、探索的データ解析では、そうした影響を受けにくい「抵抗性の高い」代表値として、中央値（データを大きさの順に並べたときにちょうど真ん中に位置するデータの値）を用いる（渡部［他］1985：17）。

　表1は、上の「標本〔番組〕一覧」にある「音声1分あたり延べ語数」のデータを番組ジャンル別にとりだして、それぞれの平均値と中央値を求めたものである。ここで「1分あたり延べ語数」とは、番組本編で発話された音声、あるいは、画面に表示された文字による延べ語数の1分あたりの平均値であり、音声の場合は（テレビ番組では発話の重なりが少ないので）おおよ

表 1　番組ジャンル別の音声 TPS（カッコ内の数字は順位）

番組ジャンル	標本数	平均値	中央値	平均値－中央値
バラエティー系	51	93.5（1）	94.5（1）	-1.0
一般実用系	72	86.4（2）	93.7（2）	-7.3
スポーツ系	26	79.2（3）	79.0（3）	0.2
報道系	52	78.7（4）	78.4（4）	0.3
教育・教養系	42	60.1（5）	57.6（5）	2.5
ストーリー系	63	45.6（6）	43.7（6）	1.9
音楽系	20	35.3（7）	36.3（7）	-1.0

そ「発話の速さ」を表す数値であると考えられる。なお，以下では，「1分あたり延べ語数」を"TPS（Tokens Per Minute）"と略記し，「音声1分あたり延べ語数」は「音声 TPS」，「画面1分あたり延べ語数」は「画面 TPS」と記すことにする。

これによれば，音声 TPS（発話の速さ）の順位は平均値と中央値のどちらで求めても同じ結果となるが，一般実用系は平均値が中央値よりもかなり小さく，また，教育・教養系，ストーリー系は平均値が中央値よりやや大きい。これらのジャンルでは，平均値が外れ値の影響を受けて正負いずれかの方向に引き寄せられている可能性がある。一方，スポーツ系，報道系は両者の差が小さいが，これらのジャンルでは外れ値の影響が少なく，平均値が中央値に近い値をとったものと考えられる。

4. 幹葉表示によって分布の形を探る

代表値として平均値と中央値のいずれがふさわしいかは，データがどのように分布しているかということとも関係する。分布の形を見ようとするとき，探索的データ解析では，ヒストグラム（各階級の度数を長方形の柱の面積で表したグラフ，柱状グラフ）に比べて簡便で，かつ，階級幅の手直しや外れ値の有無の検討のしやすい「幹葉表示」の利用が推奨されている（渡部［他］

1985：5-16）。いま，上と同じデータで，一般実用系の音声 TPS を幹葉表示にすると，図 1 のようになる。

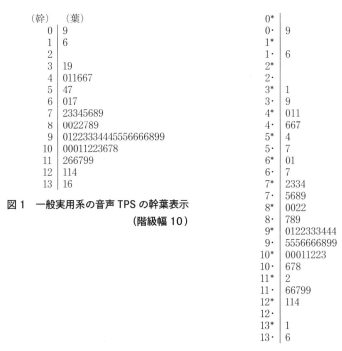

図 1　一般実用系の音声 TPS の幹葉表示
（階級幅 10）

図 2　一般実用系の音声 TPS の幹葉表示
（階級幅 5）

　幹葉表示は，データの数値を直接書き出していくことによって，そのままデータの分布形を概観できるように工夫された技法である。それは，ヒストグラムと同じようにデータを各階級に区切るが，図 1 の場合は，階級の 10（以上）の位の数字を縦に並べて「幹」とし，その線をはさんだ右側に，個々のデータを「葉」のように 1 の位の数字で書き出すものである。たとえば，音声 TPS が 31 語／分という標本については，階級 "3" の右側に "1" を 1 つ書き出せばよい（小数部の扱いは別に定めればよいが，ここでは切り捨て

第4部　探索的データ解析による探索

ている）。1つの階級の各データは，小さいものから大きいものへと順に配列すれば，より見やすい。なお，幹葉表示はデータ数が300以内のデータに適しており，それを超える場合にはヒストグラムを用いることが勧められている。

　幹葉表示は，「葉の数」によってデータの分布形を概観できるとともに，ヒストグラムと違って，個々のデータの値を同時にみることができるという利点をもつ。これによって，階級幅を変え，階級数を増やしたり減らしたりして，分布の形を試行錯誤的に探ることが可能になる。図2は，同じデータについて階級幅を半分に（階級数を倍に）した幹葉表示であるが，図1に比べて，幹の値の小さい方に長い「裾」を引く分布であるという印象をより強く与えるものになっている。こうした歪んだ分布の場合には，平均値が裾の方に引き寄せられることが知られている。したがって，その代表値としては平均値よりも中央値の方が適当である可能性が高い。平均値は分布の歪みの影響を受けやすく，探索的データ解析は，そのような影響を受けにくい中央値を代表値としているのである。

　また，図3は，報道系とストーリー系の幹葉表示を，共通の幹を中心に背中合わせの形に並べたもので，これを「背中合わせ幹葉表示」という。これによって，それぞれのデータがどのような値を中心に分布しているか（分布の位置），どの程度散らばっているか（分布の散布度），分布が左右対称か（分布の歪み），裾をどのように引いているか（分布の尖り），いくつの峰がみられるか（分布の多峰性・単峰性），極端に離れたデータはないか（外れ値の有無）など，両者の分布を視覚的にわかりやすく比較することができる。それによれば，報道系とストーリー系はともに左右対称に近い単峰性の形をしていて散布度もほぼ同じだが，分布の中心はストーリー系の方が30語／分ほど小さく，また，ストーリー系には140語／分，141語／分という2つの極端に離れたデータがあることなどがわかる。

```
              報道系    │    ストーリー系
                    0 │ 01
                    1 │ 56
                 9  2 │ 023445899
                91  3 │ 023445566799
                94  4 │ 01233334456678
               763  5 │ 00012334489
           9888210  6 │ 00128
     8888776222110  7 │ 0467
       96655541111  8 │ 34
             877555 9 │ 3
                664 10 │ 6
                 30 11 │
                 43 12 │
                    13 │
                    14 │ 01
```

図3　報道系・ストーリー系の音声 TPS の背中合わせ幹葉表示（階級幅 10）

5. 箱型図によって分布を視覚的に概観する

　探索的データ解析は，分布の概要を，順位にもとづいたいくつかの数値によって要約する。「五数要約値」は，その代表的なもので，最小値，下ヒンジ，中央値，上ヒンジ，最大値の 5 つからなる。下ヒンジ・上ヒンジとは，データを最小値から中央値および中央値から最大値の 2 つの群に分けたときのそれぞれの中央値である。表 2 に，番組ジャンル別の音声 TPS の五数要約値を示す。これらによって，分布の範囲（"最大値－最小値"），分布の位置（中央値），分布の散らばり（散布度）などを概観することができる。分布の散らばりは，「ヒンジ散布度」（"上ヒンジ－下ヒンジ"）によって表される（渡部［他］1985：17-32）。

第4部 探索的データ解析による探索

表2 番組ジャンル別の音声TPSの五数要約値

番組ジャンル	最小値	下ヒンジ	中央値	上ヒンジ	最大値
バラエティー系	34.1	76.4	94.5	112.2	147.4
一般実用系	9.3	74.5	93.7	101.7	136.1
スポーツ系	45.0	69.1	79.0	92.1	118.7
報道系	29.2	68.6	78.4	90.5	124.9
教育・教養系	0.0	48.1	57.6	73.7	125.2
ストーリー系	0.0	33.6	43.7	54.5	106.5
音楽系	0.0	7.2	36.3	53.2	88.6

探索的データ解析は，この五数要約値を「箱型図」(「箱ひげ図」とも）という図に表し，分布の概要を視覚的に把握する方法をもっている（渡部［他］1985：33-48）。図4は，箱型図の作成法を模式的に表したものである。

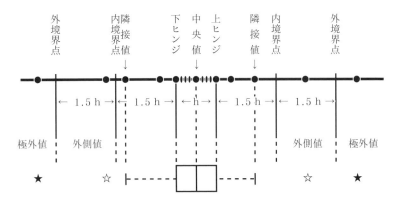

図4 箱型図の作成法（渡部［他］(1985)，p.33とp.35の図をもとに作図）

箱型図において，箱の左右端は，それぞれ下ヒンジ・上ヒンジであり，箱の長さがヒンジ散布度（h）を表す。箱の中の縦線は中央値を表している。箱から出る「ヒゲ」は，「内境界点」に最も近い観測値（「隣接値」）まで伸びている。内境界点とは，下ヒンジ・上ヒンジに，それぞれ，一定の値を加減した値であり，その外側に，さらに一定の値を加減した「外境界点」がある。内境界点より外側のデータが外れ値とされるもので，内境界点から外境界点

第11章 探索的データ解析による日本語研究

までの間にあるデータを「外側値」（☆），外境界点より外側のデータを「極外値」（★）と呼ぶ。ここで，内境界点・外境界点の設定は，固定的なものではなく，分析の目的・対象などによって，変更し得るものである。図4では，下ヒンジ・上ヒンジに，それぞれ，ヒンジ散布度の1.5倍（1.5h）を加減したものを内境界点，3倍（3h）を加減したものを外境界点としている。

いま，表2のデータをこの箱型図に表すと，図5のようになる。このように，複数のデータの箱型図を同じスケールで表示したものを「平行箱型図」という。

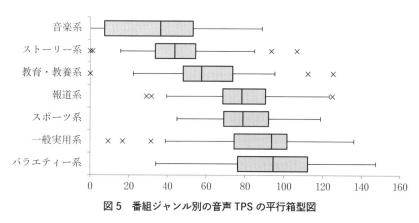

図5 番組ジャンル別の音声TPSの平行箱型図

図5は，各番組ジャンルを上から下に中央値の昇順に並べているが，分布の位置は，全体の中央部ほぼ50%のデータが入る箱の位置からも読み取ることができる。また，五数要約値と比べたときの箱型図の大きな特徴として，箱の中の中央値の位置やヒゲの長さによって分布の歪みを読み取ることができ，さらに，外れ値を明示することによって解析を深めることができるという点があげられる。たとえば，バラエティー系と一般実用系とを比較すると，音声TPSの中央値はあまり変わらないが，分布の散らばりを示す箱の長さ（ヒンジ散布度）はバラエティー系の方が大きく，また，箱の中の中央値の位置はバラエティー系がほぼ中央にあるのに，一般実用系は右に寄っていて，値の小さい方に長く裾を引く分布形であることが読み取れる。そのことは，一般実用系に値の小さい外れ値が見られることからもうかがわれる。

285

6. 外れ値を見出し，検討する

探索的データ解析では，「何らかの原因によってデータ全体の傾向から大きく逸脱したデータ」を「外れ値」と呼ぶ。分布の概要を見ようとするときには，中央値や箱型図の箱の位置（全体の中央部ほぼ50%のデータが入っている）がまずは注目されるが，探索的な段階ではとくに，そのような全体の傾向からは遠く離れた値を示すデータ，すなわち外れ値にも十分な注意が払われなければならない。ただし，何を外れ値とするかは，そのデータに関する専門分野でのさまざまな知識や経験，また，対象としているデータ以外の情報の検討などを通して決められるものであり，決して機械的に決定できるものではない。図4では，外れ値としての「外側値」「極外値」を操作的に決定しているが，これらは，より詳しい検討を通して，外れ値であるかどうかの判断がなされるべきものである（渡部［他］1985：12-13）。

図5の平行箱型図では，一般実用系，報道系，教育・教養系，ストーリー系に外れ値（の可能性のあるデータ）が現れているが，それらを以下に示す。このうち，音声 TPS の小さい方の外れ値には，歌の番組や日本語吹替でない外国映画，英会話の番組などがあり，これらが日本語の自然な発話から離れた例外的な番組であることがわかる。

（一般実用系）

標本番号	番組名	音声 TPS
129	「東京音楽祭情報」	9.3
6	「ひらけ！ポンキッキ」	16.8
15	「おかあさんといっしょ」	31.6

(報道系)

標本番号	番組名	音声 TPS
58	「タイム・アイ」	124.9
253	「ニュース」「屋上カメラの映像と音楽」	31.8
177	「SOUND　WEATHER」	29.2

(教育・教養系)

標本番号	番組名	音声 TPS
251	「青春すくらんぶる」	125.2
270	「テレビコラム」	112.2
100	「英語会話」	0.0
207	「ぼくの絵わたしの絵」	0.0

(ストーリー系)

標本番号	番組名	音声 TPS
154	「OH！キッチン家族」	106.5
121	「LA　LAW7人の弁護士」	93.4
37	「ノーカット世界名作劇場ポーランド映画傑作選・灰とダイヤモンド」	0.0
261	「ノーカット世界名作劇場・カサノバ」	1.2

7. 時系列データをならして変化のパターンを探る

　データのならしとは，一定の時間間隔で記録された「データ列」から，データに含まれる規則性やパターンを浮き彫りにする手法である。一般にならしの技法としては，「移動平均法」が用いられるが，探索的データ解析では，外れ値の影響を受けにくい「移動中央値法」を用いる。それは，ある時点tを中心として，適当なデータ数を含むように幅をとり，その幅に含まれるデータの（平均値ではなく）中央値を時点tにおけるならしの値とする方法である。この場合，ならしの値を「移動中央値」，その幅を「スパン」と呼ぶ。探

第4部　探索的データ解析による探索

表3　音声TPSの日変動

a. ～時台	b. 標本数	c. 中央値	d.3（1回目）	e.3（2回目）	f.3R	g.3Rの後にH	h.3RなしのH
0	12	55.20	55.20	55.20	55.20	55.2	55.2
1	10	62.15	62.15	62.15	62.15	65.5	66.9
2	8	88.00	82.50	82.50	82.50	77.4	80.2
3	10	82.50	82.50	82.50	82.50	75.9	71.5
4	9	33.10	56.00	56.00	56.00	62.6	51.2
5	10	56.00	56.00	56.00	56.00	61.8	56.3
6	14	79.95	79.20	79.20	79.20	73.6	73.8
7	16	79.20	79.95	79.95	79.95	80.1	79.9
8	15	81.40	81.40	81.40	81.40	81.0	83.1
9	14	90.40	81.40	81.40	81.40	81.1	79.1
10	16	54.20	80.10	80.10	80.10	80.4	69.7
11	16	80.10	80.10	80.10	80.10	80.1	75.2
12	16	86.45	80.10	80.10	80.10	77.2	80.4
13	15	68.60	68.60	68.60	68.60	71.5	69.1
14	15	52.80	68.60	68.60	68.60	68.2	63.9
15	15	81.50	67.00	67.00	67.00	67.4	70.7
16	15	67.00	67.00	67.00	67.00	67.0	68.9
17	15	60.00	67.00	67.00	67.00	69.7	66.2
18	15	77.60	77.60	77.60	77.60	75.0	73.5
19	15	78.60	77.60	77.60	77.60	74.8	73.4
20	17	58.60	66.20	66.20	66.20	69.1	65.5
21	16	66.20	66.20	66.20	66.20	66.2	67.5
22	15	78.80	66.20	66.20	66.20	65.8	72.1
23	14	64.60	64.60	64.60	64.60	64.6	64.6

索的データ解析では，この移動中央値法を基本として，「端点のならし」「ハニング」「峰または谷の補正」「ズレ列のならし」といった処理を加えてならしを行う。最も一般的に用いられるのは，スパン3のならしを（ならしの結果が変化しなくなるまで）繰り返し（3R），次いで，幅2の峰（谷）の補正を行い（SS），最後にハニングによってならす（H）という3RSSHに，ズレ列のならし（T）を加えた"3RSSH, T"という方法である（渡部［他］1985：61-74）。

本節では，この一連の操作のうち，最も基本となる移動中央値法の効果について，表3に示す音声TPSの日変動のデータを例に検討してみる。

第 11 章 探索的データ解析による日本語研究

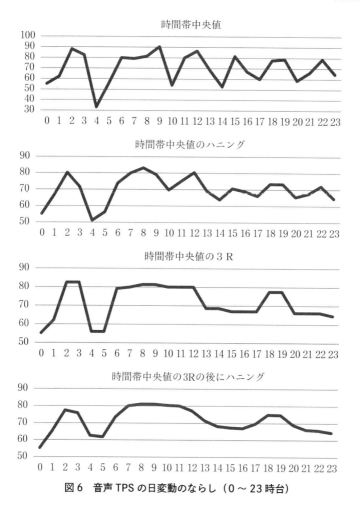

図 6 音声 TPS の日変動のならし（0 〜 23 時台）

　このデータは，音声の発話があった 332 標本について，その放送時間帯を 1 時間ごとに区切り，時間帯ごとの中央値を求めてそれをデータ列（表 3 の c 列）としたもので，これをそのまま折れ線グラフにすると図 6 の一番上のようになる。

　次に，この時間帯中央値のデータ列をハニングと呼ばれる重み付き移動平均法でならしたものが表 3 右端の h 列であり，そのグラフが図 6 の上から 2

番目の折れ線グラフである。ハニングとは，スパンの大きさが3で，重みが（1/4，1/2，1/4）となる移動平均法である。

そして，同じく時間帯中央値のデータ列を移動中央値法の3R（スパン3のならしを収束するまで繰り返す）でならしたものが表3のf列であり（d列は1回目，e列は2回目のならし），そのグラフが図6の上から3番目の折れ線グラフである。

移動平均法のハニングと移動中央値法の3Rの結果を比較すると，外れ値の影響を受けにくい3Rの方が凹凸の少ないならしとなっていて，音声TPSの日変動の特徴ないしパターンをより明確にとらえているように思われる。なお，図6の一番下のグラフは，3Rの後にハニングを行って，よりなめらかにしたものである。探索的データ解析の実際のならしでは，上述したように，3Rのほかに峰（谷）の補正，ハニング，ズレ列のならしといった操作を合わせて行い，よりなめらかなならしとなるよう工夫するとともに，データ列からならし列を取り除いた後の残差（ズレ列）の検討も強く推奨されている。

8. 抵抗直線で2変数間の関係を探る

個々のデータがそれぞれ2つの変数X，Yの値をもち，それらを，Xを横軸，Yを縦軸とした散布図に描けるような場合，XとYの関係を要約して説明するために直線をあてはめることがある。このようなとき，一般には，最小二乗法による回帰直線のあてはめが行われるが，最小二乗法による直線は外れ値の影響を受けやすいことが知られている（渡部［他］1985：106-108）。そこで，探索的データ解析では，外れ値に影響されにくい「抵抗直線」と呼ばれる直線をあてはめる方法が考案されている。本節では，報道系の52標本について，その音声TPS（X）と画面TPS（Y）との関係を要約するために抵抗直線のあてはめを行い，その有効性を検討する。

テレビは音声と画面の複合メディアであり，一般的な番組では音声による伝達と画面の文字による伝達とが同時ないし並行して行われる。そこで，1つの番組の伝達において音声と画面とがどのような関係にあるのか，音声の

伝達が多いと画面の伝達も相乗的に多くなるのか，それとも，相補的に少なくなるのか，といったことが問題となる。そこで，ここでは，報道系という番組ジャンルの標本に限定して，それらの音声 TPS と画面 TPS との関係を探るべく，両者を変数とする散布図に抵抗直線をあてはめてみよう。なお，画面 TPS の具体的な計測法については，国立国語研究所（1995）を参照されたい。

表4は，報道系の52標本について，その音声 TPS の昇順に並べたものである。抵抗直線は，回帰直線と同様，Y＝a＋bX という一次関数の形をとるから，そのあてはめとは切片 a と傾き b の値を定めることに等しい。そのための手順は以下の通り（渡部［他］1985：98-101）。

1. X の大きさの順にデータ全体をほぼ同じデータ数になるよう3つに区分し，それぞれの区分ごとに X と Y の中央値を別々に求める。

	X の中央値	Y の中央値
区分 I	60.6	13.2
区分 II	78.4	17.8
区分 III	97.4	11.9

2. 区分 I と区分 III の中央値を X−Y 座標上に置き，それらを結んだ直線の傾きを求めて，傾きの推定値 $\hat{b}$ とする。

   $$\hat{b}=(97.4-60.6)/(11.9-13.2)=-0.035$$

3. この傾き $\hat{b}$ をもつ直線が X−Y 座標上の各区分の中央値を通ったときのそれぞれの切片を求める。

   区分 I　　$\hat{a}_{I}=13.2-(-0.035\times 60.6)=15.341$

   区分 II　　$\hat{a}_{II}=17.8-(-0.035\times 78.4)=20.570$

   区分 III　　$\hat{a}_{III}=11.9-(-0.035\times 97.4)=15.341$

4. 得られた各区分の切片の平均値を求め，切片の推定値 $\hat{a}$ とする。

第 4 部　探索的データ解析による探索

表 4　報道系（52 標本）の音声・画面 TPS

番組名	音声 TPS (X)	画面 TPS (Y)	区分	X の中央値	Y の中央値	$\hat{a}+\hat{b}X$	残差 R
「SOUND　WEATHER」	29.2	13.2				16.052	-2.852
「ニュース」「屋上カメラの映像～」	31.8	5.6				15.960	-10.360
「ニュースステーション」	39.6	22.6				15.685	6.915
「大雨情報」	44.4	10.0				15.515	-5.515
「NHK ニュース・トゥデー」	49.4	40.2				15.339	24.861
「おはよう天気」	53.2	30.6				15.204	15.396
「ANN ニュース」	56.0	13.0				15.105	-2.105
「FNN ニュース・あすの天気」	57.2	24.6				15.063	9.537
「ニュース最終版」	60.6	21.3	I	60.6	13.2	14.943	6.357
「FNN スーパータイム」	61.7	15.1				14.904	0.196
「ニュース日経夕刊」	62.7	8.0				14.869	-6.869
「イブニングネットワーク」	68.0	5.2				14.682	-9.482
「NNN 昼のニュース」	68.5	24.5				14.664	9.836
「NHK ナイトニュース」	68.6	5.4				14.660	-9.260
「ニュースコープ」	69.6	15.0				14.625	0.375
「ニュース」	70.4	4.8				14.597	-9.797
「CBS イブニングニュース」	71.2	0.0				14.568	-14.568
「ニュースステーション」	71.7	34.4				14.551	19.849
「天気予報」	72.0	51.3				14.540	36.760
「7 時のニュース・天気予報」	72.2	8.0				14.533	-6.533
「NHK ニュース・トゥデー」	72.6	42.4				14.519	27.881
「天気予報」	76.0	46.0				14.399	31.601
「NHK スペシャル・外国人労働～」	77.2	4.4				14.357	-9.957
「気象情報」	77.2	86.8				14.357	72.443
「イブニングネットワーク」	78.0	15.4				14.328	1.072
「JNN ニュース」	78.2	9.8	II	78.4	17.8	14.321	-4.521
「ビジネスマン NEWS」	78.6	24.0				14.307	9.693
「ニュースステーション」	78.8	11.4				14.300	-2.900
「モーニングセンサー」	81.3	69.9				14.212	55.688
「NHK モーニングワイド」	81.4	43.8				14.208	29.592
「中曽根前首相リクルートで証人～」	81.5	2.3				14.205	-11.905
「ニュースシャトル」	81.6	10.0				14.201	-4.201
「ニュースステーション」	84.6	20.2				14.095	6.105
「モーニングセンサー」	85.2	9.5				14.074	-4.574
「NHK ニュース・トゥデー」	85.4	14.8				14.067	0.733
「JNN ニュースデスク '89」	85.6	27.0				14.060	12.940
「モーニングセンサー」	86.8	14.0				14.017	-0.017
「NHK ニュース・トゥデー」	86.8	4.8				14.017	-9.217
「NNN ニュースプラス 1」	89.0	17.2				13.940	3.260
「JNN ニュースデスク '89」	95.0	16.0				13.728	2.272
「ぱらだいむ '89・仕切り直せ～」	95.4	3.6				13.714	-10.114
「テレポート TBS6」	95.8	52.1				13.699	38.401
「ニュース最終版」	97.4	4.9				13.643	-8.743
「モーニングコール」	97.4	11.9	III	97.4	11.9	13.643	-1.743
「ニュース最終版」	98.2	24.4				13.615	10.785
「朝まで生テレビ！」	104.6	7.0				13.389	-6.389
「妻と夫の実年時代」	106.4	0.6				13.325	-12.725
「モーニングコール」	106.6	42.2				13.318	28.882
「ニュース最終版」	110.8	1.6				13.170	-11.570
「現代の顔」	113.0	2.8				13.092	-10.292
「討論・時代を読む」	123.2	0.0				12.732	-12.732
「タイム・アイ」	124.9	12.9				12.671	0.229

第11章 探索的データ解析による日本語研究

$$\hat{a} = (15.341 + 20.570 + 15.341)/3 = 17.084$$

5. すべてのデータについて $\hat{a} + \hat{b}X$ の値を求め，Yとそれとの差を各標本の残差Rとする．計算結果を表4の右2列に示す．
6. Xと残差Rを対とするデータについて，1～5の手順で傾きの推定値と切片の推定値を導き，それぞれを算出済みの推定値に加算する．この作業を，残差から線型のパターン（傾きと切片の推定値）が汲み出せなくなるまで繰り返し行う．繰り返し計算の結果は以下の通り．ここでは，切片と傾きの絶対値がともに0.0001より小さくなった時点で収束とみなしている．また，最終結果は7回の繰り返し計算結果の和である．

繰り返し	切片 $\hat{a}$	傾き $\hat{b}$
1	17.08370	−0.03533
2	−0.86291	0.00985
3	0.10261	−0.00123
4	−0.01283	0.00015
5	0.00160	−0.00002
6	−0.00020	0.00000
7	0.00003	−0.00000
最終結果	16.31217	−0.02657

以上の手順により，最終的に得られた抵抗直線は，

$$Y = 16.312 - 0.027X$$

となる．図7は，これを，回帰直線とともに，このデータの散布図上に示したものである．両者を比べると，抵抗直線（実線）の方が回帰直線（破線）より傾きが小さく，画面TPSは，音声TPSの増減にかかわらず一定に近いことを示す結果となっている．これは，おそらく，音声でどれほどの速度で発話するかという自由度よりも，画面にどれほどの文字をどれほどの時間表示するかという自由度の方が小さい，ということによるものと考えられる．音声による発話が発話者個人によって制御されるのと違って，画面における文字表示は基本的に番組制作者によって制御され，視聴者が無理なく読み取れ

る一画面あたりの文字量や表示時間について配慮されている。音声にも、アナウンサーによるニュース原稿の音読速度などに基準があるが、すべての出演者の発話を規制するものではない。少なくとも報道系の番組においては、音声 TPS（X）と画面 TPS（Y）との関係は、相乗的でも相補的でもなく、XにかかわらずYは一定という関係であることがうかがわれる。

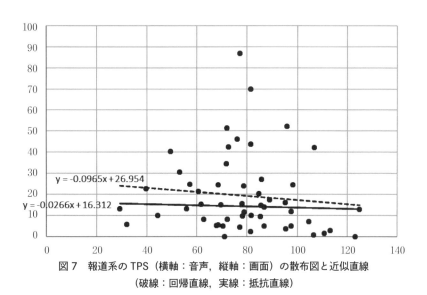

図7　報道系のTPS（横軸：音声，縦軸：画面）の散布図と近似直線
（破線：回帰直線，実線：抵抗直線）

9. 二元分析で要因の効果を探る

　探索的データ解析では、2つの要因が与えられ、それらの要因のもとで観測されたデータを「二元分類データ」と呼び、二元分類データを対象として行う分析、すなわち、データの変動を2つの要因によって説明することを「二元分析」と呼んでいる。
　二元分析の基本モデルは、「列行和モデル」と呼ばれるもので、ある1つの観測値を、「共通中央値」「行効果」「列効果」「残差」の和で表現するものである。共通中央値とは観測値全体の大きさの水準、行効果・列効果とは、同

第 11 章　探索的データ解析による日本語研究

じ要因を共有する観測値の分布が共通中央値からどの程度離れているかを表したものである。残差とは，共通中央値，行効果，列効果の和による予測値と実際の観測値との差である（渡部［他］1985：110-111）。

表 5　音声 TPS の二元分類データ（チャンネルと番組ジャンル）

チャンネル＼ジャンル	報道系	教育・教養系	一般実用系	音楽系	バラエティー系	ストーリー系	スポーツ系
NHK 総合	70.9	61.9	94.1	28.7	105.5	47.7	77.4
NHK 教育	123.2	60.4	84.9	0.0	0.0	0.0	75.6
日本テレビ	84.1	64.9	91.9	37.4	93.1	47.4	81.6
TBS	78.9	57.9	81.1	55.5	89.9	40.7	78.0
フジテレビ	80.1	0.0	84.6	46.9	84.0	42.9	73.9
テレビ朝日	77.4	74.2	97.9	53.0	102.6	52.0	91.0
テレビ東京	86.4	56.5	81.2	43.6	92.1	49.1	77.7

　二元分析，すなわち，二元分類データを列行和モデルで表現するには，「中央値精錬法」と呼ばれる方法を用いる。今，例として，各標本の音声 TPS に対するチャンネルの効果と番組ジャンルの効果とを比較することを考える。つまり，音声の発話速度に対してチャンネルと番組ジャンルのどちらがより大きく影響するかを探るという問題である。表5は，音声 TPS について，チャンネルと番組ジャンルの2つの要因を想定し，二元分類データの形にしたものである。以下，中央値精錬法で列行和モデルを求める手順を示す（渡部［他］1985：111-116）。

　（ステップ1）表5の各行の中央値を求める。

70.9
60.4
81.6
78.0
73.9
77.4
77.7

(ステップ2) 表5のデータから1の行中央値を引いて,残差行列を求める。

0.0	-9.0	23.2	-42.2	34.6	-23.3	6.5
62.8	0.0	24.5	-60.4	-60.4	-60.4	15.2
2.5	-16.7	10.3	-44.1	11.6	-34.2	0.0
0.9	-20.1	3.1	-22.5	11.9	-37.3	0.0
6.2	-73.9	10.6	-27.0	10.1	-31.0	0.0
0.0	-3.3	20.5	-24.5	25.2	-25.4	13.6
8.7	-21.2	3.5	-34.1	14.4	-28.7	0.0

(ステップ3) 2の残差行列の各列の中央値を求める。

2.5	-16.7	10.6	-34.1	11.9	-31.0	0.0

(ステップ4) 2の残差行列から3の列中央値を引いて,残差行列を求める。

-2.5	7.7	12.6	-8.0	22.7	7.8	6.5
60.3	16.7	13.9	-26.2	-72.3	-29.3	15.2
0.0	0.0	-0.3	-10.0	-0.4	-3.1	0.0
-1.6	-3.3	-7.5	11.6	0.0	-6.3	0.0
3.7	-57.2	0.0	7.1	-1.8	0.0	0.0
-2.5	13.5	9.9	9.7	13.3	5.6	13.6
6.1	-4.5	-7.2	0.0	2.5	2.4	0.0

(ステップ5) 4の残差行列の各行の中央値を求める。

7.7
13.9
-0.3
-3.3
0.0
9.9
0.0

第 11 章　探索的データ解析による日本語研究

（ステップ 6）4 の残差行列から 5 の行中央値を引いて, 残差行列を求める。

-10.2	0.0	4.9	-15.7	15.0	0.1	-1.2
46.4	2.8	0.0	-40.1	-86.2	-43.2	1.3
0.3	0.3	0.0	-9.7	-0.1	-2.8	0.3
1.7	0.0	-4.2	15.0	3.3	-3.0	3.3
3.7	-57.2	0.0	7.1	-1.8	0.0	0.0
-12.4	3.6	0.0	-0.2	3.4	-4.3	3.7
6.1	-4.5	-7.2	0.0	2.5	2.4	0.0

（ステップ 7）6 の残差行列の各列の中央値を求める。

1.7	0.0	0.0	-0.2	2.5	-2.8	0.3

（ステップ 8）6 の残差行列から 7 の列中央値を引いて, 残差行列を求める。

-12.0	0.0	4.9	-15.5	12.5	2.9	-1.5
44.7	2.8	0.0	-39.9	-88.7	-40.4	1.0
-1.4	0.3	0.0	-9.5	-2.6	0.0	0.0
0.0	0.0	-4.2	15.2	0.8	-0.1	3.0
1.9	-57.2	0.0	7.3	-4.3	2.8	-0.3
-14.1	3.6	0.0	0.0	0.9	-1.4	3.4
4.4	-4.5	-7.2	0.2	0.0	5.2	-0.3

（ステップ 9）8 の残差行列の各行の中央値を求める。

0.0
0.0
0.0
0.0
0.0
0.0
0.0

(ステップ10) 得られた中央値がすべて0になったら,計算を終了する。

(ステップ11) 1・5・9で求めた行中央値の同じ行の値を足し,その中央値を求め,その値を引いて,行効果を求める。

	NHK総合	NHK教育	日本テレビ	TBS	フジテレビ	テレビ朝日	テレビ東京
ステップ1	70.9	60.4	81.6	78.0	73.9	77.4	77.7
ステップ5	7.7	13.9	-0.3	-3.3	0.0	9.9	0.0
ステップ9	0.0	0.0	0.0	0.0	0.0	0.0	0.0
和	78.6	74.3	81.3	74.7	73.9	87.3	77.7
中央値	77.7						
行効果	0.9	-3.5	3.6	-3.1	-3.8	9.6	0.0

(ステップ12) 3・7で求めた列中央値の同じ列の値を足し,その中央値を求め,その値を引いて,列効果を求める。

	報道系	教育・教養系	一般実用系	音楽系	バラエティー系	ストーリー系	スポーツ系
ステップ3	2.5	-16.7	10.6	-34.1	11.9	-31.0	0.0
ステップ7	1.7	0.0	0.0	-0.2	2.5	-2.8	0.3
和	4.3	-16.7	10.6	-34.3	14.4	-33.9	0.3
中央値	0.3						
列効果	4.0	-17.0	10.3	-34.6	14.1	-34.2	0.0

(ステップ13) 11の中央値と12の中央値とを足して,共通中央値を求める。

$$77.7 + 0.3 = 78.0$$

(ステップ14) 以上の結果をまとめて,列行和モデルの表を作成する。

第11章 探索的データ解析による日本語研究

表6 音声TPSの二元分類データの列行和モデル

チャンネル \ ジャンル	報道系	教育・教養系	一般実用系	音楽系	バラエティー系	ストーリー系	スポーツ系	行効果
NHK総合	-12.0	0.0	4.9	-15.5	12.5	2.9	-1.5	0.9
NHK教育	44.7	2.8	0.0	-39.9	-88.7	-40.4	1.0	-3.5
日本テレビ	-1.4	0.3	0.0	-9.5	-2.6	0.0	0.0	3.6
TBS	0.0	0.0	-4.2	15.2	0.8	-0.1	3.0	-3.1
フジテレビ	1.9	-57.2	0.0	7.3	-4.3	2.8	-0.3	-3.8
テレビ朝日	-14.1	3.6	0.0	0.0	0.9	-1.4	3.4	9.6
テレビ東京	4.4	-4.5	-7.2	0.2	0.0	5.2	-0.3	0.0
列効果	4.0	-17.0	10.3	-34.6	14.1	-34.2	0.0	78.0

　表6では，表の周辺に行効果（チャンネル効果）と列効果（番組ジャンル効果），右下に共通中央値，要因の組み合わせに対応した各セルにその残差が示されている．この表で，たとえばNHK総合の報道系は，

78.0（共通中央値）+0.9（NHK総合のチャンネル効果）+4.0（報道系の番組ジャンル効果）＝82.9

がモデル値であり，これに残差-12.0を加えた，

$$82.9 - 12.0 = 70.9$$

が表5の観測値に一致している．そして，行効果と列効果についてその範囲（最大値－最小値）を比べると，

行効果　9.6 - (-3.8) = 13.4
列効果　14.1 - (-34.6) = 48.7

となって列効果の方が大きく，したがって，番組ジャンルの方がチャンネルよりも発話の速度（音声TPS）に対する影響力が大きいこと，また，残差については，NHK教育のバラエティー系，報道系，ストーリー系，音楽系，フジテレビの教育・教養系に大きな残差があり，モデルのあてはまりが悪いことなどがわかる．

10. リジット解析で2つの群を比較する

　度数分布表をつくれるような「計量データ」で，複数の群間の比較を行う場合には，その平均値や標準偏差をもって比較することが一般的である。しかし，平均値や標準偏差といった積率系の指標は，外れ値に対する抵抗性が高くないことから，探索的データ解析では，度数分布を ss 比で尺度化した上で群間の比較を行う「リジット解析」という方法を採用することがある。リジット解析を用いれば，基準となる分布（リジット）に照らして比較が行われるので，平均リジットの相対的な大きさを直観的に評価することができる（渡部［他］1985：143-145）。

　言語研究においても，たとえば語の使用頻度（使用率）分布のように，いわゆる L 字型分布をしてしまって，平均値を比較することにあまり意味がない場合が多い。このような場合，ある群の分布を基準として各群の分布を比較するリジット解析は，とくに有効であると考えられる。

　以下，リジット解析の手順を，報道系とバラエティー系の頻度データを使って説明する。両番組ジャンルにおける単語の使用頻度の度数分布は，表7のA列・B列のようである。使用頻度の階級区分は単語を頻度の降順に並べたときの累積使用率を10％幅で区切ったもので（下位の2階級は20％幅），A列・B列の数値はその階級の異なり語数である。

　リジット解析では，まず，ある1つの群を基準とし，その分布を ss 比によって尺度化する。ss 比とは，データをある境界値で区切ったときに，その境界値未満のデータ数を n，その境界値に等しいデータ数を m，始数（データ数が0にならないために適当に加える小さな数）を s としたときの，その境界値までの累積度数（ss 数）について，全データ数を N としたときの ss 数の全体に対する比率 p であり，以下の式で表すことができる（渡部［他］1985：135）。

$$p = \frac{n + m/2 + s}{N + 2s}$$

　いま，たとえば，報道系について，頻度順累積「上位10％未満」という階

第11章　探索的データ解析による日本語研究

表7　報道系・バラエティー系の使用頻度分布とリジット解析における計算過程

頻度順の累積使用率	A. 報道系	B. バラエティー系	C.（報道系の）ss比（リジット）	D.ss比×報道系の度数	E.ss比×バラエティー系の度数
上位 10%未満	4	4	0.0004	0.0016	0.0016
上位 10%以上 20%未満	11	8	0.0018	0.0197	0.0143
上位 20%以上 30%未満	29	13	0.0055	0.1595	0.0715
上位 30%以上 40%未満	70	28	0.0147	1.0277	0.4111
上位 40%以上 50%未満	149	60	0.0350	5.2132	2.0993
上位 50%以上 60%未満	285	128	0.0752	21.4406	9.6295
上位 60%以上 80%未満	1380	861	0.2296	316.8702	197.6995
上位 80%以上 100%以下	3464	3397	0.6788	2351.2674	2305.7896
計	5392	4499		2696	2515.7164
			平均リジット	0.5	0.5592

　級の ss 比は，境界値未満のデータ数 n が 0，境界値に等しいデータ数 m が 4，始数 s が（慣習的に）1/6，全データ数 N が 5392 であるから，p＝0.0004 となる。また，「上位 10%以上 20%未満」という階級の ss 比は，境界値未満のデータ数 n が 4，境界値に等しいデータ数 m が 11，始数 s が同じく 1/6，全データ数 N も同じく 5392 であるから，p＝0.0018 となる。このようにして，報道系について，頻度順累積使用率の各階級の ss 比を求めたものが表7の C 列であり，リジット解析ではこれを「リジット」と呼ぶ。

　このように，ss 比（リジット）は，その階級までの累積相対度数を求める際に，その階級までの全度数を総度数で割る通常のやり方ではなく，その階級よりも下位の階級の全度数にその階級の度数の半分すなわち「折半数」を加えたものを総度数で割るという方法を採っており，そのために特定の階級の値が突出することが少なく，抵抗性の高い方法であるといえる（これについては，第 13 章第 4 節で詳述する）。

　リジット解析では，次に，このリジットを尺度得点とし，それに，各群の対応する度数をかけあわせて，その総和を群ごとに求める。表7の D・E 列がその計算結果である。たとえば，報道系の「上位 10%未満」という階級の数値 0.0016 は，A 列の度数 4 に，先に求めたその ss 比 0.0004 をかけたもの

である。同様に，「上位10%以上20%未満」の階級では，A列の度数11にそのss比0.0018をかけて0.0197を求める。このようにして求めた値の総和が2696である。

そして，このようにして求めた各群の総和を，それぞれの群の度数の総和で割ることにより，「平均リジット」と呼ばれる数値を求める。基準群である報道系の平均リジットは，2696÷5392＝0.5である。基準群の平均リジットは，常に0.5となる。これに対して，他の群の平均リジットは，0.5を超えれば，基準とした群である報道系よりも相対的に大きいことになるし，0.5より小さければ相対的に小さいということになる。いま，バラエティー系の平均リジットは，2515.7164÷4499＝0.5592であり，報道系より約0.06大きい。すなわち，バラエティー系は報道系より使用頻度の大きい階級に語数の多い分布であることがわかる。

このように，リジット解析には，平均値による比較が適当でない場合にも，基準群の分布に照らして比較が行われ，平均リジットの相対的な大きさを直観的に評価できるという利点がある。

リジット解析は，また，「計数データ」，すなわち，離散的な質的データにも利用できる。質的なカテゴリー変数でも，一次元的に順序づけられる場合には，度数を累積することが有意味となるからである（渡部［他］1985：145）。

ここでは，番組ジャンルをカテゴリー変数とし，その「娯楽度」によって各チャンネルを比較することを考えてみよう。石井（1999）は，各番組ジャンルの音声における特徴語を『分類語彙表』の意味分野に配し，その量的分布のデータに多変量解析（主成分分析とクラスター分析）を施して，各番組ジャンル間の関係を，おおよそ，

　　報道系→スポーツ系→教育・教養系→一般実用系→音楽系→バラエティー系→ストーリー系

の順に，「公的情報を構成し，それを伝達する」「情報番組」から「私的な日常世界を構成し，それを会話において表現する」「娯楽番組」へと並んでいる

第 11 章 探索的データ解析による日本語研究

表8 各チャンネルの番組ジャンル別音声延べ語数

ジャンル \ チャンネル	NHK総合	NHK教育	日本テレビ	TBS	フジテレビ	テレビ朝日	テレビ東京	横計
報道系	4963	616	2103	2039	2949	3276	1405	17351
スポーツ系	387	378	3276	663	472	1180	2491	8847
教育・教養系	2165	7544	227	869		241	1185	12231
一般実用系	2824	5093	4228	3625	4046	4037	3534	27387
音楽系	431	0	337	990	176	902	436	3272
バラエティー系	1582	0	4322	1978	4095	5864	2718	20559
ストーリー系	953	0	1754	2741	2218	1964	3286	12916
縦計	13305	13631	16247	12905	13956	17464	15055	102563

表9 番組ジャンルの使用頻度分布による各チャンネルの平均リジット

	横計の度数	横計のリジット	リジット×度数						
			NHK総合	NHK教育	日本テレビ	TBS	フジテレビ	テレビ朝日	テレビ東京
報道系	17351	0.0846	419.8	52.1	177.9	172.5	249.4	277.1	118.8
スポーツ系	8847	0.2123	82.2	80.3	695.5	140.8	100.2	250.5	528.8
教育・教養系	12231	0.3151	682.1	2376.8	71.5	273.8	0.0	75.9	373.3
一般実用系	27387	0.5082	1435.2	2588.3	2148.7	1842.2	2056.2	2051.6	1796.0
音楽系	3272	0.6577	283.5	0.0	221.6	651.1	115.7	593.2	286.7
バラエティー系	20559	0.7738	1224.2	0.0	3344.5	1530.7	3168.9	4537.8	2103.3
ストーリー系	12916	0.9370	893.0	0.0	1643.6	2568.4	2078.3	1840.3	3079.1
計	102563		5019.9	5097.4	8303.3	7179.4	7768.8	9626.5	8286.2
平均リジット			0.3773	0.3740	0.5111	0.5563	0.5567	0.5512	0.5504

と解釈した。ここでは，これを単純化して，この並びの順に「娯楽度」が大きくなっている，すなわち，番組ジャンルが娯楽度という尺度によって一次元的に順序づけられるカテゴリー変数であると仮定し，各チャンネルの番組ジャンル別の音声延べ語数の分布にリジット解析を施して，各チャンネルの娯楽度を比較してみる。

表8は，各チャンネルの番組ジャンル別の音声延べ語数をまとめたものである。番組ジャンルの各カテゴリーは，上述した「娯楽度」の小さいものから大きなものへと上から下に順に（一次元的に）並んでいる。以下，これにリジット解析を施すわけだが，ここでは，特定のチャンネルを基準としてリ

ジットを求めるのではなく，全体の合計の数値（表8の「横計」列）を基準として各チャンネルの平均リジットを求めることにする。

表9は，表8の横計の数値を基準の度数分布としてそのリジット（ここでは始数を加えていない）を算出し，それに各チャンネルのジャンル別の度数をかけ，その総和をそれぞれの総度数（表8の縦計）で割って，平均リジットを求めたものである。各チャンネルの平均リジットを比較すると，NHKの2つのチャンネルと民放の5チャンネルとの間にはっきりとした差のあることがわかる。ここで，平均リジットは娯楽度を表し，その基準値は0.5であるから，NHK総合とNHK教育は娯楽度が低く，民放は娯楽度が高いということになる。また，NHKの総合と教育の平均リジット，民放の5チャンネルの平均リジットの値がそれぞれにおいてほぼ同じであるというのも興味深い。

11. 再表現（ロジット変換）で比率の変化を比較する

探索的データ解析では，データの構造を探る際に「データの再表現」という操作を行うことが推奨されている。ここでいう再表現とはデータの変換を意味し，たとえば観測値 x を対数変換して logx とするというようなものである。一般に，データの再表現による効用としては，(1) 変数間の関係の単純化，(2) 分散の一定化，(3) 分布の対称化といったことがあげられるが，たとえこうした効用を生み出さなかったとしても，再表現から得られるものは少なくないとされる。それは，再表現という操作がまさにデータをいろいろに変換してみるという試行錯誤であり，それによってわれわれはデータについて学習することができ，その構造についてさまざまな洞察を得ることができるからである（渡部［他］1985：49-50）。

本節では，そうした再表現のうち，「折り重ね変換」の一種である「ロジット変換（折り重ね対数変換）」を使って，テレビ放送の送出時の語彙と視聴時の語彙とを区別したとき，送出時延べ語数から視聴時延べ語数へとその比率を最も大きく伸ばしているのはどの番組ジャンルであるか，という問題を検

討してみる。

こうした比率の変化を検討する際には、比率の「中央から両極にいくに従って尺度が押し縮められる」という性質を十分に考慮する必要がある。たとえば、比率が0.5から0.6に上昇したというのと、0.8から0.9に上昇したというのでは、同じ0.1の上昇であっても、その意味合いが同じであるとはいえない。なぜなら、比率は、0から1までの間の値をとるので、0.5から0と1の両極にいくにしたがって尺度が押し縮められており、中央付近よりも両極に近いほど変化の困難さが増すからである。そこで、こうした比率を、0.5を中心に左右対称に両極にいくほど引き伸ばされた形の尺度に再表現するのが折り重ね変換であり、その中でもよく用いられるのがロジット変換である。ロジット変換は、比率をp、その変換値をqとすると、

表10 比率pとそのロジット変換値q

p	q
0.95	1.47
0.90	1.10
0.85	0.87
0.80	0.69
0.75	0.55
0.70	0.42
0.65	0.31
0.60	0.20
0.55	0.10
0.50	0.00
0.45	-0.10
0.40	-0.20
0.35	-0.31
0.30	-0.42
0.25	-0.55
0.20	-0.69
0.15	-0.87
0.10	-1.10
0.05	-1.47

$$q = \ln\sqrt{p} - \ln\sqrt{(1-p)}$$
$$= \frac{1}{2}\ln\frac{p}{1-p}$$

と表される。これにより、たとえば、pの値を0.05から0.95まで0.05間隔でとったとき、ロジット変換後のqの値は、表10のようになる。これをみると、たとえば、pで0.5から0.6に0.1上昇したときのqは0.2（0.20-0.00）の上昇であるが、pで0.8から0.9に0.1上昇したときのqは0.41（1.10-0.69）の上昇となって、後者の上昇の方がより大きく評価されることになる。このように、pでは同じ0.1の差であっても、qでは、0や1に近いところでは（引き伸ばされて）より大きな差となり、0.5に近いところではより小さな差と

表11 番組ジャンル別の送出時延べ語数と視聴時延べ語数

番組ジャンル	送出時延べ語数（語）	送出時使用率（a1）	視聴時延べ語数（万語）	視聴時使用率（b1）	(b1−a1)	順位(1)
一般実用系	27387	0.267	8974719.9	0.293	0.026	3
バラエティー系	20559	0.200	6486364.5	0.212	0.011	4
報道系	17351	0.169	6211658.0	0.203	0.033	2
ストーリー系	12916	0.126	5790242.8	0.189	0.063	1
教育・教養系	12231	0.119	1132590.6	0.037	−0.082	7
スポーツ系	8847	0.086	1780016.4	0.058	−0.028	6
音楽系	3272	0.032	285645.6	0.009	−0.023	5
計	102563	1.000	30661237.8	1.000		

表12 番組ジャンル別の送出時使用率・視聴時使用率のロジット変換

番組ジャンル	(a1)のロジット変換（a2）	(b1)のロジット変換（b2）	(b2−a2)	順位(2)	(b2−a2)/(b1−a1)
一般実用系	−0.505	−0.441	0.064	3	2.482
バラエティー系	−0.692	−0.658	0.034	4	3.057
報道系	−0.796	−0.685	0.111	2	3.311
ストーリー系	−0.969	−0.729	0.240	1	3.814
教育・教養系	−1.000	−1.630	−0.631	7	7.662
スポーツ系	−1.180	−1.393	−0.213	5	7.559
音楽系	−1.706	−2.333	−0.627	6	27.760

なっていることがわかる。ロジット変換は，0と1の区間に設定された尺度を−∞から+∞に引き伸ばしているということができる。（渡部［他］1985：136-139）

さて，「標本〔番組〕一覧」（国立国語研究所2001）には，各標本に「毎5分平均局別世帯視聴率（％）」（以下，「視聴率」）の情報が付与されている。これは，標本となった番組がその5分間にどれほどの視聴者（この場合は世帯）に視聴されたかを表す数値で，たとえば，標本番号8「ニュースステーション」の視聴率は20.7％であるから，この標本は関東地区の（調査時点での）テレビ所有世帯の20.7％，263.1万世帯で視聴されたことになる。いま，この標本の音声延べ語数は288語であり，これは送出時の延べ語数（送出時

延べ語数）であるが，それにこの 263.1 万を乗じた 7 億 5772 万語が，この標本が関東地方で視聴された際の延べ語数（視聴時延べ語数）ということになる。このようにして求めた各標本（本編音声）の送出時延べ語数と視聴時延べ語数を番組ジャンルごとに足し合わせると，表 11 のようになる。

また，表 12 は，送出時延べ語数における各番組ジャンルの比率＝表 11 の送出時使用率（a1）と，視聴時延べ語数における各番組ジャンルの比率＝表 11 の視聴時使用率（b1）とをそれぞれロジット変換したものである。2 つの表における送出時使用率と視聴時使用率との差について，ロジット変換前の順位とロジット変換後のそれとを比べると，送出時から視聴時へと比率を最も大きく増やしているのはストーリー系であり，逆に最も大きく減らしているのは教育・教養系であること，また，ストーリー系，報道系，一般実用系，バラエティー系で比率が増え，教育・教養系，スポーツ系，音楽系で比率が減っていることに変わりはないが，変換後は音楽系とスポーツ系の順位が逆転し，音楽系は最下位の教育・教養系に近づいているという違いがある。変換後の使用率の差が変換前のそれの何倍になったか（表 12 の"(b2−a2)／(b1−a1)"）を見ると，変換前の使用率が 0 に最も近かった音楽系の差が 27 倍以上に広げられていることがわかる。

12. おわりに

以上，探索的データ解析の代表的な手法を国立国語研究所「テレビ放送の語彙調査」の「標本〔番組〕一覧」のデータに適用し，それらの分析を通して，探索的データ解析がデータの構造や特徴をどのように探り，それについてどのような洞察を得ようとするものであるかを検討した。探索的データ解析が導くデータ主導型の日本語研究がどのようなものであるかについては，なお多くの適用例をもとに検討する必要があるが，少なくともその具体像を明らかにするための出発点に立つことはできたように思う。ただし，探索的データ解析がとくに重視するデータの再表現や残差の分析については，それらを適用した分析事例を得られず，詳しく紹介・検討することができなかっ

第 4 部　探索的データ解析による探索

た。今後の課題としたい。

第 12 章

蛇行箱型図によるS字カーブの発見

1. はじめに

　言語変化の進行（普及・伝播）は「S字カーブ（成長曲線）」を描くことが多い，といわれる[1]。ただし，現実のデータからS字カーブを発見することは，必ずしも容易ではない。本章では，探索的データ解析の「蛇行箱型図」という手法を用いることによって，従来S字カーブとは考えられていなかった言語変化の中にS字カーブを描くものがあることを示す。その作業を通して，S字カーブを発見するためにはどのような考え方や方法が必要かという問題を，部分的にではあるが，検討する。注目する言語変化は，安本美典（1963）が指摘し，宮島達夫（1988）が検証した「近現代小説における漢字使用率の減少傾向（仮名使用率の増加傾向）」と，金水敏（2004）が指摘した「近現代小説の有生物主語存在文における動詞『ある』から『いる』への変化」の2つである。

2. 探索的データ解析

　探索的データ解析は，推測統計学に代表されるような，統計的仮説を検証するための「確認的データ解析」に対して，研究が探索的な段階にあって前提とする知識が十分に得られていなかったり，さまざまな事情で無作為標本

が用意できなかったりする諸現象について，手許の限られたデータから何らかの構造や特徴を探り出すことを目的として，わかりやすい考え方と使いやすい手法とを用意しているというところに特徴がある。十分な数の無作為標本と正規分布する母集団とを前提とせず，どのような種類のデータでも解析の対象とする探索的データ解析は，利用できるデータが限られることの多い言語変化の研究においても有用であると考えられる。

　探索的データ解析が確認的データ解析と異なる点はいろいろあるが，最も大きな点は，データの分布の中心的位置を示す「代表値」に，平均値ではなく，抵抗性の高い中央値を採用することである。データ解析では，生のデータを集約して全体の傾向を把握することが重要になるが，限られたデータを扱う探索的な段階では，とりわけ，そうした集約によって得られる統計量が，全体の傾向から逸脱した一部のデータ（外れ値）の影響を受けないように配慮する必要がある。統計量が外れ値の影響を受けにくいことを「抵抗性が高い」というが，探索的データ解析では，順位数である中央値を代表値とすることによって，外れ値の影響を減らそうとする。一方で，平均値は，その計算上すべてのデータを足し合わせるために外れ値の影響を受けやすく，抵抗性が低い。平均値が代表値としてふさわしくない例としては，「勤労者世帯の貯蓄額」が有名である。「ごく少数ながらやたらと収入の高い人に引っぱられて，平均値はうんと高くなってしまう」のである（飽戸1985）。

　探索的データ解析は，データの分布の特徴を，代表値（中央値）のほかに，最大値，最小値，上ヒンジ（最大値と中央値の間の中央値），下ヒンジ（最小値と中央値の間の中央値）などの「要約値」を使って把握しようとする（これら5つの要約値をとくに「五数要約値」という）。これらは，いずれも，データを大きさの順に並べたときの順位情報を利用した値である。上ヒンジと下ヒンジとの差は「ヒンジ散布度」と呼ばれ，この間に全データのほぼ半数が入ることになる。探索的データ解析は，平均値のみでデータを代表させるのではなく，抵抗性の高い中央値をはじめとする五数要約値やヒンジ散布度を重視し，データの分布を探っていく。

　探索的データ解析は，こうして要約した分布の様子を見やすい形で表現しようとする。「箱型図」と呼ばれる図はその代表的なもので，上に述べた要約

第 12 章　蛇行箱型図による S 字カーブの発見

値をはじめとする情報が簡潔に表示され，データが視覚的に要約される（図1）。

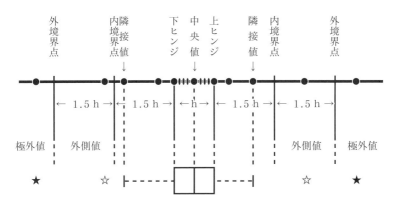

図 1　箱型図の作成法（渡部［他］(1985)，p.33 と p.35 の図をもとに作図）

　箱型図において，箱の左右端は，それぞれ下ヒンジ・上ヒンジであり，箱の長さがヒンジ散布度（h）を表す。箱の中の縦線は中央値を表している。箱から出る「ヒゲ」は，「内境界点」に最も近い観測値（「隣接値」）まで伸びている。内境界点とは，下・上ヒンジに，それぞれ，一定の値を加減した値であり，その外側に，さらに一定の値を加減した「外境界点」がある。内境界点より外側のデータが外れ値とされるもので，内境界点から外境界点までの間にあるデータを「外側値」（☆），外境界点より外側のデータを「極外値」（★）と呼ぶ。ここで，内境界点・外境界点の設定は，固定的なものではなく，分析の目的・対象などによって，変更し得るものである。図1では，下・上ヒンジに，それぞれ，ヒンジ散布度の 1.5 倍（1.5h）を加減したものを内境界点，3 倍（3h）を加減したものを外境界点としている。

　探索的データ解析では，この箱型図の考え方を時系列データにも適用し，変動のパターンを探ろうとする。そこでは，「平行箱型図」や「ならし」といった技術にもとづいて，「蛇行箱型図」というものが描かれる。これは，たとえば，ならしでも，平均値を用いる「移動平均法」に比べて抵抗性の高い「移動中央値法」を用いるなど，抵抗性重視の手法である。本章では，この蛇

311

行箱型図によって，従来の方法では見えなかったＳ字カーブが発見できるということを指摘する。なお，時系列データの分析には「ならし」のみを適用することも考えられるが，これは，観測時点の間隔が一定，かつ，1時点の観測データが1つという条件を満たす時系列データから，何らかの規則的なパターンを読み取ろうとする場合などに効果的である。時点間隔が必ずしも一定ではなく，また，同じ時点に複数のデータが観測されるような場合，すなわち，観測時点も変数として扱えるようなデータの場合には，2変数間の関係を探る「蛇行箱型図」が有効であり，本章でも，これを言語変化の進行パターンを探る手法として採用する。

3. 安本（1963）の概要と問題点

　安本（1963）は，「統計的な方法で言語の将来を予測する，まったくあたらしい試みと，西暦二一九〇年ごろには小説中の漢字はゼロになるだろう，という大胆な推定とが，読者に強烈な印象をあたえた。『言語生活』にのった文章のなかでも，おそらく，いちばん注目されたものの一つだろう」と宮島（1988：50）が述べるように，統計を使った言語変化の研究として画期的なものであった。その方法と結論とを，宮島が紹介しているので，引用する。

　　　調査資料は，筑摩書房刊『現代日本文学全集』からえらんだ，百人の作家の百篇の小説である。一九〇〇年の泉鏡花「高野聖」から一九五四年の三島由紀夫「潮騒」まで，ぬけている年や重複している年はあるが，ひとりの作家は代表作一つにかぎられている。
　　　これらの作品から一千字ずつを抽出し，そのなかにふくまれた漢字の数をしらべる。抽出のしかたは『言語生活』の論文にはかいてないが，同氏の『文章心理学入門』（一九六五年）によれば，つぎのとおりである。『現代日本文学全集』の一ページは三段からなるが，これを抽出単位とし，一作品につき，二〇段をランダムかつ等間隔にぬく。この各段の最初から五〇字ずつをとる。

第 12 章　蛇行箱型図による S 字カーブの発見

　漢字数の平均値を五年ごとにまとめると，その時期時期にふさわしい増減はあるが，大局的には漢字が直線的にへりつづけており，その関係は

$$y = -1.244x + 2726.17$$　　　（x は西暦年数，y は千字中の漢字数）

によってあらわせる，という。この傾向がこのままつづけば，右の式から，小説の中の漢字は，二一九一年にはゼロになるはずである。

（宮島 1988：50）

　このように，安本（1963）はその「予測」において注目されたのだが，データ解析でより重要なことは，そうした予測（回帰直線のあてはめ）の前提となる「直線的な減少傾向」という言語変化のパターンが，実際のデータからどのようにして導かれたのか，ということである。以下に，安本が，対象とした 100 作品の調査から，その漢字使用率の減少傾向を見出す過程を跡付ける。

　はじめに，安本のデータを散布図で示す（図 2）。安本は，まず，この 55 年にわたるデータを 5 年ごとの等間隔に 11 の区分に分け，それぞれの漢字数の平均値を求める。そして，その平均値を 5 年ごとの区分の代表値とし，その変動をみる。結果は，図 3（安本 1963：47 の「第 1 図」）のようになる。

　この図 3 について，安本は次のように述べる。

　　このグラフをみるならば，一九五五年までに，漢字の使用率のたかまる三つの山のあることがわかる。すなわち，一九〇〇年から，一九〇五年までが，第一の山であり，一九二〇年から，一九二五年までが，第二の山であり，一九四〇年から，一九四五年までが，第三の山である。ちょうど，二〇年ずつの間隔をおいて，第二の山，第三の山があらわれているのは，興味のあることである。
　　このうち，第一の山は，時期的には，明治期の，現代小説文の，出発期にあたり，一般に，漢文的文脈の影響が根づよく，それが，漢字の使用率を，大きくさせているものと思われる。

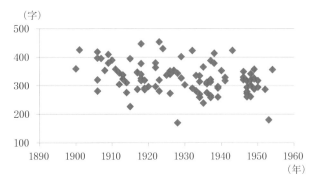

図2　安本データ（漢字使用率）の散布図

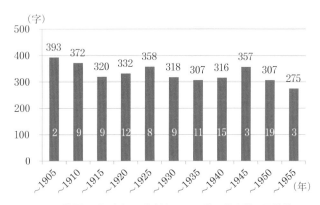

図3　等間隔（5年）に分割された区分の漢字数の平均値

（白抜き数字はデータ数）

　また，第二の山は，横光利一の『日輪』などがあらわれ，その前の時期に，芥川竜之介，菊池寛，久米正雄，などによって，洗練され，再生された漢文的格調美が，一応の頂点に達した時期にあたる。

　さらに，第三の山は，大東亜戦争下で，一般的に，漢文的文脈がたっとばれ，中島敦の『李陵』などが，あらわれた時期である。

　そして，第一図（上の図3，引用者注）をみるならば，第二の山は，第一の山よりひくく，第三の山は，第二の山よりも，ひくくなっている。また，その山と山とのあいだの谷も，第二の谷は，第一の谷よりもひく

第12章 蛇行箱型図によるS字カーブの発見

く，第三の谷は，第二の谷よりもひくい。

　すなわち，山と谷とをくりかえしながらも，漢字の使用率は，しだいに，減少への道を，たどっている。

　（中略）

　第一図をみれば，いくたびか増減の山や谷を，形づくりながらも，漢字の使用度は，ほぼ，直線的に減少しているようである。

(安本 1963：47-49)

　このように，安本は，データを等間隔（5年）の区分に分割して，各区分の平均値をその代表値とし，その変動をデータ全体の変化ととらえるという手順によって，「小説の漢字使用率は，周期的に増減を繰り返しながらも，大局的には直線的に減少する」という言語変化の進行パターンを読み取っている。

　しかし，探索的データ解析の考え方から見れば，この手順・解釈には，以下のような問題がある。

　第一に，観測時点（発表年代）の間隔が一定でなく，かつ，1時点に複数のデータを観測する場合もあるような今回のデータを，（おそらくは便宜的に）5年という等間隔の区分に分割したことである。このために，各区分のデータ数に偏りが生じ，とくに，データの極端に少ない区分ではその代表値が不安定になっていると考えられる。図3の白抜き数字は各区分のデータ数を示したものだが，安本が「第一・第二・第三の山」とした区分は，いずれもそこに属するデータの数が2個・8個・3個と少なく，とくに第一と第三の山は，データ数があまりにも少ないために，代表値としての資格をもち得ない可能性がある[2]。

　第二に，各区分の代表値として，抵抗性の低い平均値を採用したことである。このために，代表値が一部の極端な値をとるデータ（外れ値）の影響を受けやすくなり，不安定になっていると考えられる。表1は，安本のデータについて，平均値と中央値との差を見たものであるが，両者の間には少なからぬ差が生じている。差の大きな区分のうち，区分2・6・11のように平均値が中央値より小さい区分では，鈴木三重吉・山本有三・壺井栄という児童文

学者の作品が，それぞれ，漢字使用率の最も小さいデータとなっている。逆に，区分4・7・9のように平均値が中央値より大きい区分では，菊池寛・嘉村礒多・中島敦の作品が，それぞれ，漢字使用率の最も大きいデータとなっている。このうち，菊地・中島については，安本が「漢文的」とする作品である。このように，平均値は，区分の中に漢字使用についてとくに消極的・積極的なデータがあると，それに影響されやすい。安本は，こうしたデータをまさにその区分の特徴を代表するものと考えるようだが，探索的データ解析では，これらには（全体の傾向から逸脱した）外れ値である可能性があると考える。なお，表1の中央値を結んでも，平均値と同じような山と谷が観察されるが，これは上述の第一の問題点によるもので，区分の設定に問題があれば，中央値であれ，その変動が正しいということにはならない。

表1 安本データの平均値と中央値

区分	年	データ数	平均値(a)	中央値(b)	差(a−b)
1	～1905	2	393	393	0
2	～1910	9	372	390	-18
3	～1915	9	320	324	-4
4	～1920	12	332	322.5	9.5
5	～1925	8	358	350.5	7.5
6	～1930	9	318	340	-22
7	～1935	11	307	291	16
8	～1940	15	316	308	8
9	～1945	3	357	329	28
10	～1950	19	307	317	-10
11	～1955	3	275	287	-12

第三に，各区分の代表値を直接に結び，その変動のみを全体の傾向を代表するものとしたことである。確かに代表値は各区分の分布の中心位置を表すものだが，なおさまざまなノイズを含むものであり，それを結んだ折れ線がただちに意味のある変動を示すわけではない。代表値の変動からこうしたノイズを除去し，意味のある変動傾向（規則やパターン）を浮き彫りにするこ

と，また，代表値の変動だけでなく，たとえばデータの半数の変動を把握することで，より確実な変動傾向を見出すことが必要になる。

4. 金水（2004）の概要と問題点

　金水（2004）は，有生物主語をとる存在動詞が「ある」から「いる」へと移行していく過程を，『CD‐ROM版　新潮文庫の一〇〇冊』中の作品を対象とする調査によって，具体的に把握しようとしたものである。調査では，日本人作家による小説・エッセイ・ドキュメント・日記作品など62作品（文語体の作品や歴史小説は除く）について，有生物主語をもつ存在文の述語動詞が「ある」（否定形式は「ない」）か「いる」かが調べられた。集計にあたって，地の文と会話文・心内発話とは区別していないが，対象とする存在文は，（b）のような「限量的存在文」と（c）のような「所有文」とに限り，（a）のような「空間的存在文」は，今回の調査ではすべての作品で「いる」しか使われていないため，除いている。さらに，「いる」の用例数には，出来事的な意味において共通し，また，一部の用法で「いる」と相補分布する「おる」も含めている。

　　（a）　昔々，あるところにおじいさんとおばあさんが {あり／い} ました。
　　（b）　教科書以外の本をまったく読まない学生も {ある／いる}。
　　（c）　田中には奥さんもこどもも {あった／いた}。

　金水（2004）では，この調査から得た各作品のデータが，作者の生年という観点から整理されている。図4は，各作品における「いる」の使用率を，作者の生年と関連させて示した散布図である。金水は，このデータを10年ごとの等間隔に9つの区分に分け，それぞれの平均値を求める。そして，その平均値を各区分の代表値とし，その変動をみる。結果は，図5（金水2004：11の「図1」）のようになる。

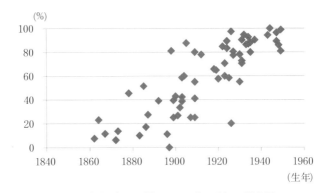

図4　金水データ（「いる」の使用率）の散布図

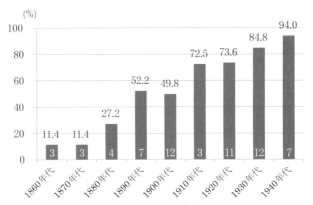

図5　等間隔（10年）に分割された区分の「いる」使用率の平均値
（白抜き数字はデータ数）

　金水は，この図5を次のように解釈している。

　　このグラフを見ると，おおよそ3つの世代に分けられることが分かる。一つ目は，1870年代まで，二つ目は1880年代から1900年代まで，三つ目は1910年代[3]以降である。第一世代は，「いる」「おる」の使用率は10％程度に止まる。第二世代では「いる」「おる」の使用率が上昇傾向に

転じ，50％前後まで増加する。第三世代では，70％に跳ね上がったあと増加し，90％以上にまで至る。1940 年代生の作者にあっては，空間的存在文・限量的存在文の区別はすでになく，主語の有生性によってのみ「いる」と「ある」が使い分けられる状態になっていると見てよいであろう。

(金水 2004：11)

　金水も，安本と同じように，データを等間隔（10 年）の区分に分割して，各区分の平均値をその代表値とし，その変動をデータ全体の変化ととらえるという手順によって，「近現代の小説等において，有生物主語存在文（限量的存在文・所有文）での『ある』から『いる』への移行は，3 つの段階（世代）を経て進行する」という言語変化のパターンを読み取っている。

　しかし，探索的データ解析の考え方から見れば，この手順・解釈にも，安本とほぼ同様の問題がある。

　第一・第三の問題点は，安本とまったく同じである。前者については，金水データも，観測時点（作者の生年）の間隔が一定でなく，かつ，一時点に複数のデータが観測されているのだが，それを（おそらくは便宜的に）10 年という等間隔の区分に分割したことで，各区分のデータ数に偏りが生じ，データの極端に少ない区分では，その代表値が不安定になり，代表値としての資格をもち得ない可能性があると考えられる（図 5 の白抜き数字を参照）[4]。

表2　金水データ（一部）

著者名	生年	「ある」	「いる」	「いる」使用率(%)
森鷗外	1862	37	3	8
伊藤左千夫	1864	10	3	23
夏目漱石	1867	23	3	12
1860年代		70	9	11
島崎藤村	1872	76	5	6
泉鏡花	1873	19	3	14
有島武郎	1878	6	5	45
1870年代		101	13	11
志賀直哉	1883	27	3	10
武者小路実篤	1885	17	18	51
谷崎潤一郎	1886	29	6	17
山本有三	1887	61	23	27
1880年代		134	50	27
芥川龍之介	1892	25	12	32
宮沢賢治	1896	24	3	11
三木清	1897	3	0	0
井伏鱒二	1898	24	103	81
川端康成	1899	24	8	25
壷井栄	1899	24	18	43
石川淳	1899	20	13	39
1890年代		144	157	52

　第二の，各区分の代表値として平均値を採用したという問題点であるが，これについては，安本とやや事情が異なる．安本は，1つの区分に属するデータの漢字使用率（1000字あたりの漢字数なので千分率に等しい）をそのまま用いて平均値を求めているのだが，金水（2004）の場合は，1区分に所属するデータの「いる」使用率は用いず，そのもとになった各データの「ある」の数と「いる」の数とをそれぞれすべて合算し，改めて「いる」使用率を求めて，その区分の平均値としての比率とする，という方法を採っている．表2は，金水データのうち，作者の生年が1900年以前のものを示したものだが，

たとえば，1860年代の「いる」使用率は，3作品の「いる」使用率の平均値（(8+23+12)/3=14.3）ではなく，3作品の「ある」の合計と「いる」の合計との和を分母とし，「いる」の合計を分子とする除算によって求められている（9/(70+9)=11.4）。この方法は，（比率の平均ではなく）平均の比率を求める上で間違ってはいないのだが，数の多いデータの影響を受けやすいという欠点をもっている。1860年代・70年代・80年代の「いる」使用率は，それぞれ，森鷗外・島崎藤村・山本有三のそれに引かれているし，90年代は，極端に大きな井伏鱒二のデータが影響し，他のデータはすべて「ある」の方が多いのに，全体の比率は「いる」の方が多い（52%）という結果になってしまっている。したがって，この方法も，抵抗性は低いと言わざるを得ない。

5. 蛇行箱型図

　以上のように，安本（1963）と金水（2004）には，①観測時点（発表年代，作者の生年）を（便宜的に）等間隔に分割してデータ数の極端に少ない区分を生じさせた，②各区分の代表値に抵抗性の低い平均値を採用した（金水の場合は平均の比率），③代表値の変動のみによってデータ全体の変動を代表させた，という共通の問題点があり，したがって，それぞれが導いた言語変化の進行パターンにも，その妥当性に問題があると言わざるをえない。探索的データ解析は，こうした問題に対処するために，「蛇行箱型図」という手法を用意している。以下，安本のデータを例に，蛇行箱型図の作成方法を説明する[5]。なお，蛇行箱型図は，2変数間の関係を視覚的に表示する方法だが，より正確には，「変数X（横軸）の値の変化に従って，変数Y（縦軸）の値がどのように変化していくかその様子を図示したものであり，単に散布図の変形というよりは，むしろ変数間の関係に方向性をもたせた回帰分析に近い図的表現法」である（渡部［他］1985：81）。したがって，安本データ，金水データのように，観測時点をXとし，それによって，Yである漢字使用率や「いる」使用率がどのように変化していくかをみる場合にもふさわしい方法であるといえる。

第4部　探索的データ解析による探索

蛇行箱型図は，以下のような手順を踏んで作成される（渡部［他］1985：81-82）。

(1) Xの値によって境界値を設定し，この境界値にもとづいてデータをいくつかの区分に分割する[6]。境界値の設定にはいくつかの方法があるが，安本データの場合，各区分のデータ数が同じになるようにする「等データ数による分割」が適当である。
(2) 各区分についてYの五数要約を行い，その要約値にもとづき平行箱型図を作成し，変数間の概要をとらえる。
(3) 各区分のXおよびYについての中央値や上・下ヒンジをならしの技法を用いてならし，中央軌跡やヒンジ軌跡を描く[7]。

手順（1）は上述の問題①を，手順（2）は問題②を，手順（3）は問題③を，それぞれ，解決する方策である。表3は，安本データを，観測時点（発表年代）をX，1000字あたりの漢字数をYとし，各区分のデータ数が等しく10となるようXを分割して，各区分のXの中央値およびYの五数要約値を求めたものである（境界値の前後に同年のデータが来る場合は，安本が付与した通し番号に従って分割した）。

表3　安本データの等データ数（10）による分割と五数要約値

区分	発表年代(X)	Xの中央値	1000字あたりの漢字数(Y)の五数要約値				
			最小値	下ヒンジ	中央値	上ヒンジ	最大値
1	1900-1909	1906	281	354	388	410	426
2	1910-1915	1913	227	305	331	358	395
3	1917-1919	1918	287	318	333	348	447
4	1919-1925	1922.5	281	297	328.5	380	454
5	1926-1932	1928	170	291	333.5	352	402
6	1932-1935	1934	239	260	298.5	336	423
7	1936-1938	1937	258	275	310	322	388
8	1938-1946	1940.5	260	297	325	353	422
9	1946-1948	1947	261	272	286.5	317	350
10	1948-1954	1949.5	180	288	319	326	358

第12章　蛇行箱型図によるS字カーブの発見

　そして，図6は，このデータにもとづいて作成した，安本データの平行箱型図である。箱が各区分のほぼ半数のデータの位置を示しているが，安本の言うようなはっきりとした山や谷をみとめることは，区分1を除いて，難しいように思われる。なお，区分3の極外値は菊池寛（447字），区分5・10の外側値は山本有三（170字），壺井栄（180字）である。これらは，それぞれの区分全体の傾向から逸脱した外れ値である可能性が高い。

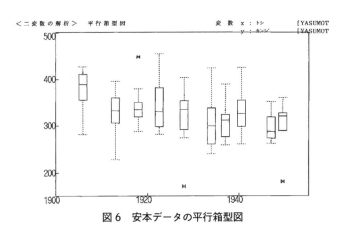

図6　安本データの平行箱型図

　ただ，平行箱型図では，発表年代とともに漢字使用率がどのように変化するのか，そこに何らかの傾向（周期性，変動性，方向性）があるのかどうかなどが，いまひとつわかりにくい。そこで，手順（3）で，「ならし」の手法によって，中央値・上ヒンジ・下ヒンジの3つの要約値をならすことになる。ならしの手順は，以下のようなものである。

　1）Xの中央値，上下ヒンジを，ハニングによってならす。
　2）Yの中央値，上下ヒンジを，3RSSH3によってならす。
　3）中央値と上下ヒンジとの間の幅を利用して，上下ヒンジの補正を行う。
　4）中央値と上下ヒンジの軌跡を描く。

　ここで，ならしの中核となる2）の「3RSSH3」とは，まず「3」のならし

323

の操作をならしの結果が変化しなくなるまで繰り返し（3R），次いで幅2の峰（谷）の補正を行い（SS），さらにハニングによってならした後（H），最後にもう一度「3」のならしを行う方法である。「3」とは，スパン3の移動中央値法，すなわち，ある時点tを中心としてその前後の時点（t−1，t+1）1つずつ計3つの時点のデータをとり，その中央値を時点tにおけるならしの値とする方法であり，「R」は，これをならしの値が変化しなくなるまで繰り返すことをいう。また，「SS」とは，3Rのならしによって押しつぶされてしまう峰や谷を補正して再び3Rのならしを行うこと（S）を2回繰り返すことであり，「ハニング（H）」とは，一般に，スパンを3，重みを（1/4, 2/4, 1/4）とする重みつき移動平均法の一種で，移動中央値法によるならしの後に行われ，全体をよりなめらかにする効果がある。このほか，3），4）にも独自の技法があるが，詳しくは渡部［他］（1985）を参照されたい。

6. 安本データの蛇行箱型図

　以上の方法により，安本データについて作成した蛇行箱型図が，図7である。中央軌跡（中央値を結んで得られた軌跡）はX（発表年代）の変化にともなうY（漢字使用率）の主たる変化の様子を表しており，上および下ヒンジの軌跡に囲まれた部分は，分布の中央部およそ50%のデータの動きを表している（渡部［他］1985：93）。いずれの軌跡も，1920年ごろまでの急な減少が，その後，緩やかな減少になり，中央軌跡と下ヒンジ軌跡については，1940年ごろからわずかながらも上昇に転じている。おおよそ，S字カーブの後半，すなわち，「緩→急→急→緩」というパターンの「急→緩」の部分に相当するものとみることができる。

第 12 章 蛇行箱型図による S 字カーブの発見

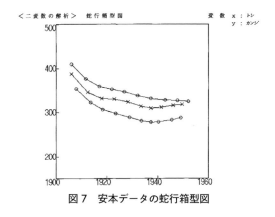

図 7 安本データの蛇行箱型図

　図 8 は，宮島（1988）のデータについて蛇行箱型図を描き，図 7 の安本データの蛇行箱型図と合成したものである．宮島（1988）は，安本（1963）の「小説中の漢字は二一九一年にはゼロになる」という推定について，「発表から二十五年たった現在，そろそろ，この推定がただしかったかどうか，しらべる」必要があるとし，また，安本の調査を延長するためには，有名作家とその代表作を選ばなければならないとして，1935 年から 1985 年までの芥川賞受賞作品 94 篇を対象として，抽出単位や方法は異なるが，やはり，1000 字中の漢字の数を調べたものである．ここでは，この 94 件のデータを等データ数（9 〜 10 件）になるよう 9 分割して蛇行箱型図を作成した．

第4部　探索的データ解析による探索

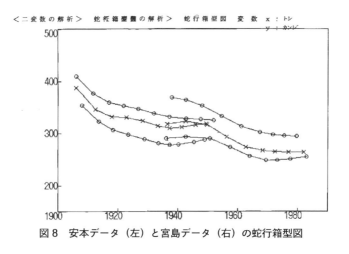

図8　安本データ（左）と宮島データ（右）の蛇行箱型図

　宮島データの中央軌跡・ヒンジ軌跡は，きれいなS字カーブを描いており，しかも，それは，安本データの軌跡（とくに中央軌跡と下ヒンジ軌跡）とよく重なり，全体として，一連の変動，すなわち，Aitchison（1991＝1994：95）のいう「重複するS字カーブ」（overlapping S-curves）を示しているようにみうけられる。重複するS字カーブとは，1つの大きなS字カーブが多数のより小さなS字カーブから構成されることをいい，それぞれの小さなS字カーブは，それ独自の言語環境で現れるとされる。小説における漢字使用率の減少も，全体として1つの大きなS字カーブを描き，その内部に，安本データがその後半をとらえたS字カーブと，宮島データがとらえたS字カーブとが連なっているのかもしれない。2つのS字カーブの違いがどのような「独自の言語環境」によるものかは，今のところ不明であるが，有名作家の代表作と若手作家の出世作という違い，あるいは，戦後の漢字制限や新漢字教育に代表される日本語表記の違いなどがかかわっていることが予想される。

7．金水データの蛇行箱型図

　表4は，金水データ（62件）を等データ数（両端の区分のみ7件，他は8

第 12 章　蛇行箱型図による S 字カーブの発見

表 4　金水データの等データ数（7 〜 8）による分割と五数要約値

区分	生年（X）	X の中央値	「いる」使用率(Y)の五数要約値（%）				
			最小値	下ヒンジ	中央値	上ヒンジ	最大値
1	1862-1883	1872	6	9	12	18.5	45
2	1885-1899	1894	0	14	26	41.5	81
3	1899-1904	1902.5	27	35.5	40.5	51	60
4	1905-1918	1909	25	33	60.5	79	88
5	1919-1925	1923	58	59	68	84	89
6	1926-1931	1928.5	20	63	75	79.5	97
7	1931-1937	1934	80	86.5	89	91.5	95
8	1943-1949	1947	81	87.5	94	97.5	100

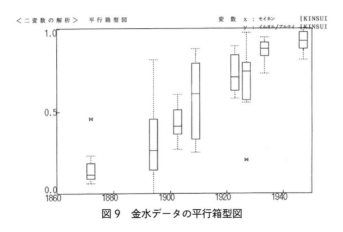

図 9　金水データの平行箱型図

件）になるよう 8 つの区分に分割し，各区分の X（作者の生年）の中央値および Y（「いる」使用率）の五数要約値を求めたものである（境界値の前後に同年のデータが来る場合は，金水が付与した通し番号に従って分割した）。

　図 9 は，表 4 にもとづいて作成した平行箱型図である。井伏鱒二（81%）を含む区分 2 の中央値は 26% で，表 2 の「1890 年代」の平均値の半分になっている。なお，区分 1 の（大きい方の）外側値は有島武郎（45%），区分 6 の（小さい方の）外側値は星新一（20%）である。

327

図10は，図9の平行箱型図をならして得た蛇行箱型図であるが，中央軌跡はきれいなS字カーブを描いている。近現代の小説等における有生物主語存在文（限量的存在文・所有文）での「ある」から「いる」への移行は，3つの段階（世代）を経て進行するととらえるよりも，S字カーブを描く，あるいは，S字カーブに従うととらえる方が適当であるように思われる。

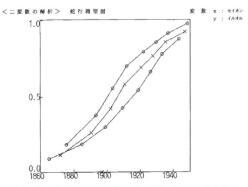
図10　金水データの蛇行箱型図（作者の生年）

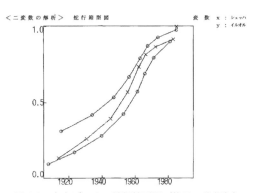
図11　金水データの蛇行箱型図（作品の発行年）

なお，金水（2004）では，作者の生年のほかに，作品の発行年による「ごくラフな調査」も行われ，それによると，

第 12 章　蛇行箱型図による S 字カーブの発見

1900 年代，1910 年代～1940 年代，1950 年代以降の三つの時期に分けられることが知られる。『いる』『おる』の使用率は，第一期は 10％足らず，第二期では 30％前後，第三期では 50％程から増加して 1980 年代には 90％を超えている。この結果を見ると，第二次世界大戦以降の伸びが急であることが分かる。（金水 2004：11-12）

との解釈が（グラフ抜きで）示されている。図 11 は，このデータを蛇行箱型図にしたものだが，これも，中央軌跡はもちろん，ヒンジ軌跡も，きれいな S 字カーブを描いている。作者の生年・作品の発行年のどちらで見ても，蛇行箱型図はこの言語変化の進行が S 字カーブを描くことを示している。

8. おわりに

　以上，探索的データ解析の蛇行箱型図という手法を用いることによって，安本（1963）・宮島（1988）による「近現代小説における漢字使用率の減少傾向（仮名使用率の増加傾向）」と，金水（2004）による「近現代小説の有生物主語存在文における動詞『ある』から『いる』への変化」とに，いずれも S 字カーブの進行パターンを発見し得ることを確認した。そのポイントは，

- （ア）データを観測時点によって分割する際に，等間隔ではなく，等データ数とすること
- （イ）分割後の各区分の代表値を平均値ではなく中央値とし，また，五数要約すること
- （ウ）各区分の変動を，代表値のみを直接結ぶのではなく，中央値と上下ヒンジを移動中央値法を中心とする手法によってならすこと

の 3 点である。
　ただし，（ア）については，データ数の少ない区分が生じないようにするために，等間隔の分割や文字値による分割が推奨される場合もある。また，（ウ）

についても，ならしの際のスパンのとり方やならしの組み合わせ方にいくつかの手法がある。したがって，どのような区分に分割し，どのようなならし方をするかによって，得られる蛇行箱型図は1つに決まらないことが普通である。このため，今回の2つの言語変化の進行がほんとうにS字カーブを描くかどうかは，なお検証される必要がある。

このように，探索的データ解析によって得られるのは，1つの「結論」ではなく，いくつかの「仮説」である。どの仮説が正しいかは，別個のデータを用いた確認的な解析で検証される必要があるとともに，比較的長期の研究の流れの中で，またその領域で積み上げられた知見に照らし合わせて評価・判断されるべきものである（渡部［他］1985：4）

今回，蛇行箱型図の適用によって，近現代小説の漢字使用率の減少や存在動詞「ある」から「いる」への移行がS字カーブに従って進行するという仮説を得たとしても，それは，確認的データ解析（推測統計学）にもとづく別の調査によって実証されなければならないし，同時に，国語国字問題の歴史的研究や文学史・文体史，また，文法史などの諸研究の知見とも関係づけられるべきものであろう。

注

1) 国内外の言語学におけるS字カーブの研究史については，橋本（2010）が詳しく，有益である。
2) 図3（安本の第1図）は，平均値を棒グラフで描いているが，これは，いかにも，多くのデータが積み重なって平均値が得られたような印象を与える。一番左の最も高い棒が実はたった2つのデータからなるなどということは想像しにくい。この点，グラフの選択にも問題がある。
3) 金水（2004：11）には「1920年代以降」とあるが，金水（2006：105）では「一九一〇年代以降」となっており，後者を採用した。
4) 図5（金水2004の図1）も，平均値を棒グラフで描いており，これにも，安本と同様の問題がある。

第 12 章　蛇行箱型図による S 字カーブの発見

5) 図表作成には，探索的データ解析専用のパソコンソフト「探索的データ解析システム枝」（㈱メタテクノ，現在は絶版）を使用した。
6) 探索的データ解析では，解析の対象となるデータの集合を「バッチ」，それを何らかの観点で下位区分したものを「サブバッチ」と呼ぶが，本章では，あえてこれらの用語は用いず，前者は単に「データ」，後者は「区分」と呼ぶことにする。
7) 渡部［他］(1985) には，さらに，(4) データのおおよその散布領域を示す「隣接多角形」を書き加える，(5) 必要があれば外側値や極外値も書き加える，という手順が示されているが，S 字カーブの発見に直接かかわらないので，省略する。

第 13 章

リジット解析による計数データの分析

1. はじめに

　分割表（クロス集計表，度数分布表）にまとめられるような計数データの分析では，各群あるいは各変数（カテゴリー）の度数分布を要約・数量化して，それらの相対的な大きさやその差を直観的に評価しようとすることがある（渡部［他］1985：145）。言語研究でもこうした作業の重要性は指摘されているが（荻野 1980：13-14），本章では，この種の作業において「リジット解析」（「リジット分析」とも）という簡便な手法が有用であることを，いくつかの事例をもって紹介する。

　リジット解析（ridit analysis）は，Bross（1958）によるものとされ（Fleiss 1973＝1975：111），元来，探索的データ解析の手法として開発されたものではない。ただ，解析の基本となる「リジット」の考え方が，探索的データ解析の「ss 比」の考え方と「折半数を考慮した累積比率」という点で共通するところがあり，渡部［他］（1985：143-145）でも紹介されている。ただし，リジット解析には「平均リジットの有意差検定」という確認的データ解析の側面もあり，その点で，探索的データ解析の中に完全に収まるわけではない。本章では，そうした側面も含めてリジット解析を紹介する。

　なお，「リジット（ridit）」とは，Bross（1958：19）によれば，"Relative to an Identified Distribution" の頭文字に，「プロビット」や「ロジット」と同様に変換値であることを示す接尾辞的要素 "-it" を後接させた造語であるという。

2. リジット解析の考え方と方法

　リジット解析は，本来，群×質的変数（順序カテゴリー）の分割表に適用し，群間の比較を行う統計手法で，もっぱら医学・医療統計の分野で用いられている。その考え方と計算法はきわめて平易で，Fleiss（1973＝1975），富永（1982），遠藤・山本（1992），石村［他］（2003）など，この分野の教科書・参考書でも広く紹介されている。本節では，まず，これらの記述にもとづき，遠藤・山本（1992：98）による「薬効試験の例」を使って，リジット解析の基本的な方法・手順を説明する。この例は，対照薬Aと実験薬Bについて薬効試験を行い，それぞれの効果について，「a）著効」から「e）悪化」まで5段階の順序カテゴリーから成る分割表データ（表1）が得られたとき，AとBの薬効の間にどの程度の差があるかを評価しようというものである。

表1　薬効試験の例

	対照薬A	実験薬B	A+B
a）著効	5人	10人	15人
b）有効	10人	15人	25人
c）やや有効	15人	12人	27人
d）不変	15人	10人	25人
e）悪化	5人	3人	8人
計	50人	50人	100人

　この種の分割表の場合，統計的な有意差の有無を確認するだけであれば標準的なχ^2検定を行えばよいが，それでは「カテゴリーに含まれる自然の順序づけという決定的な情報が失われてしま」い（Fleiss 1973＝1975：110），群間の相対的な大きさを比較することにならない。
　このようなときよく行われるのが，カテゴリーの最も低位のものから最も高位のものまで順に等間隔の点数を与え，それを比率尺度とみなして平均値などを求めることにより，群間の比較を行う「リッカート法」[1]という方法で

ある。ただし，こうした見かけ上の数量化には，「真実に存在する姿よりもはるかに正確であるかのような印象を与える，どのような点数づけの方法をとるかによって結果が変わる，といった多くの欠点が認められる」という（Fleiss 1973＝1975：110）。

さて，リジット解析では，最初に，比較の基準となる群と順序カテゴリーの並べ方とを決める必要がある。薬効試験の例では，当然，対照薬を基準群とすることになるが，多群の比較などでどの群を基準群とするかが明らかでない場合は，群全体の合計を基準群とみなすことになる。以下では，対照薬Aを基準群，実験薬Bを比較群とする場合の手順を紹介し，合計を基準群とする手順については次節で紹介する。また，順序カテゴリーは，順序を崩さぬ限り，どちらの方向に並べてもよいが，この例では，後述する平均リジットの大きさと薬効の大きさ（程度）とが対応するように，表1とは逆に，「e）悪化」から「a）著効」の方へ並べることにする[2]。

リジット解析の手順は，大きく，リジット変換，平均リジットの算出，平均リジットの有意差検定，という3つのステップから成る。このうち，リジット変換から平均リジットの算出までの計算については，以下のような，表を使って行う簡便な方法が提案されており（表2），Excelなどの表計算ソフトを使っても簡単に行うことができる。なお，上述したように，順序カテゴリーは「e）悪化」から「a）著効」へと並べている。

表2　リジット変換から平均リジット算出までの計算法

	① 基準群A	② ①÷2	③ 累積度数	④ ②＋③	⑤ ④÷N_A	⑥ ⑤×①	⑦ 比較群B	⑧ ⑤×⑦
e）悪化	5	2.5	0	2.5	0.05	0.25	3	0.15
d）不変	15	7.5	5	12.5	0.25	3.75	10	2.50
c）やや有効	15	7.5	20	27.5	0.55	8.25	12	6.60
b）有効	10	5.0	35	40.0	0.80	8.00	15	12.00
a）著効	5	2.5	45	47.5	0.95	4.75	10	9.50
計	N_A＝50					T_A＝25.00	N_B＝50	T_B＝30.75
平均リジット						⑨ $T_A÷N_A$ 0.50		⑩ $T_B÷N_B$ 0.615

(1) 表2の列①に,基準群の度数を置く。
(2) 列②で,①を半分にする。
(3) 列③で,①を1行だけ下にずらした上で,その度数を累積する。
(4) 列④で,②と③を足し合わせる。
(5) 列⑤で,④を①の合計 (N_A) で割る。この数値を「リジット」という。
(6) 列⑥で,⑤に①を掛けて合計する (T_A)。
(7) ⑨で,T_A を N_A で割って,基準群の「平均リジット」が0.5になることを確認する。
(8) 列⑦に,比較群の度数を置く。
(9) 列⑧で,⑤に⑦を掛けて合計する (T_B)。
(10) ⑩で,T_B を⑦の合計 (N_B) で割って,比較群の平均リジットを求める。

(1)〜(5)では,基準群の各カテゴリーの度数(列①)を「リジット」(列⑤)に変換している。リジット(「リジット尺度」とも)とは,基準群について,そのカテゴリーよりも下位のカテゴリーの全度数(列③)と,そのカテゴリーの度数の半分すなわち「折半数」(列②)を加えたもの(列④)を総度数 (N_A) に対する割合として求めた「累積相対度数」であり,その分布は基準群の期待的(標準的)な分布とみなし得る[3]。

(6)〜(10)では,基準群のリジットを順序カテゴリーの尺度得点として,各群の「平均リジット」(⑨・⑩)を求めている。ある群の平均リジットとは,各カテゴリーのリジットと(その群の)度数との積(列⑥・列⑧)を求め,その総和をその群の総度数 (N_A・N_B) で割った値であり,リジットを各カテゴリーの尺度値(重み)として求めた,それぞれの群の平均得点と言えるものである。

リジットは,平均1/2,分散1/12の一様分布の確率変数であり,0〜1の間の値をとることが知られている(石村[他]2003:130-131)。平均リジットはこの確率分布の平均値であり,基準群の平均リジットは常に0.5となることから,これと比較群の平均リジットとを比べればよい。この例では,比

較群の平均リジットは 0.615（表 2 の⑩）となり，基準群の平均リジット 0.5（同⑨）より大きい。表 2 では「e）悪化」から「a）著効」に並べたので，比較群（実験薬 B）は基準群（対照薬 A）よりも薬効が大きいことになる。また，平均リジットは確率として解釈できるので，比較群が基準群に比べて薬効が大きくなる見込み（オッズ）は 8 対 5（$=0.615/(1-0.615)$）であることもわかる（Fleiss 1973＝1975：112-113）。

　リジット解析では，3 番目のステップとして，こうした平均リジットの差の有意性を検定する。この場合は，比較群の平均リジットが基準群の平均リジット（0.5）と有意に異なっているかどうかを検定する（基準群ではない 2 群の間の平均リジットの有意差検定については，次節で紹介する）。

　いま，基準群の平均リジットを $\overline{R}_A$（$=0.5$）とし，比較群の平均リジットを $\overline{R}_B$，その総度数を N_B とすると，$\overline{R}_B-\overline{R}_A$ の分布は，"両群の母集団分布は等しい" という帰無仮説が成立するとき，近似的に平均値 0，標準誤差 $1/\sqrt{12N_B}$ の正規分布に従う（富永 1982：127）。したがって，$\overline{R}_B-\overline{R}_A$ の有意性は，

$$z_0 = \frac{\left|\overline{R}_B - \overline{R}_A\right|}{1/\sqrt{12N_B}} = \sqrt{12N_B} \times \left|\overline{R}_B - \overline{R}_A\right|$$

の値を標準正規分布の棄却限界値 z と比べて検定できる（Fleiss 1973＝1975：113-114）。この例の場合，

$$z_0 = \sqrt{12 \times 50} \times \left|0.615 - 0.5\right| = 2.817 > z\left(\frac{0.01}{2}\right) = 2.576$$

であるから，有意水準 1％で帰無仮説を棄却でき，基準群と比較群の平均リジットには有意差が認められる。

　以上がリジット解析の手順である。この例では，リジット解析によって，実験薬と対照薬の薬効が平均リジットという形で数量化され，その相対的な大きさと差が直観的に評価し得ることが理解されよう。

第 4 部　探索的データ解析による探索

3. 質的データの群間比較

　このように，リジット解析は，順序カテゴリーをリジットという尺度値（重み）に変換し，それをもとに各群の平均値（平均リジット）を求めて比較するという，「数量化」の一手法であることがわかる。これが，冒頭に述べた「計数データの分析で，各群あるいは各変数（カテゴリー）の相対的な大きさやその差を直観的に評価しようとする」言語研究にリジット解析が利用できる理由である。そのことを，まずは，質的データの群間比較を行った言語研究にリジット解析を再適用することによって確かめてみよう。

　岡崎和夫（1980）は，いわゆる「ラ抜き言葉」の使用がどのような動詞に多くみられる（みられない）かを，411 人の中学生を対象にしたアンケート調査（1979 年）によって，調べている。アンケートでは，30 の動詞（「載せる」「かける」のみ文例が 2 つ）について，「―レルの言い方」の文例と「―ラレルの言い方」の文例とを示し，「気のおけない知人・友人たちなどとのふだんの会話のなかで」どちらを使うかを，以下の選択肢から選ばせている（以降の記述では，岡崎（1980）の「―レルの言い方」を「ラ抜き」，「―ラレルの言い方」を「標準形」と記す）。

　　A．ラ抜きのみを用いる
　　B．ともに用いるがラ抜きの方をよく用いる
　　C．ラ抜き・標準形ともに同程度に用いる
　　D．ともに用いるが標準形の方をよく用いる
　　E．標準形のみを用いる

　この A～E の選択肢は，ラ抜き使用の程度を 5 段階で一次元的に示す順序カテゴリーであり，調査の結果は，30 の動詞を群として，それぞれの各カテゴリーへの回答者数を度数とする（30 群×5 カテゴリーの）2 元分割表（表 3 の太線の枠内。ただし，群を行に，順序カテゴリーを列に配置）にまとめられる。岡崎は，まず，これら 30 動詞のラ抜き使用の程度を，以下のような

第13章　リジット解析による計数データの分析

3つの基準によって，それぞれ順位づける。

　基準1：以下の順に並べる。
　　（1）Aの場合のみで全回答者数の過半数206を越えるもの（をその順に）　……1語
　　（2）A＋Bの場合で同じく206を越えるもの（をその順に）……5語
　　（3）A＋B＋Cの場合で同じく206を越えるもの（をその順に）
　　　　　　　　　　　　　　　　　　　　　　　　　　……3語
　　（4）A｜B｜C｜Dの場合で同じく206を越えるもの（をその順に）
　　　　　　　　　　　　　　　　　　　　　　　　　　……4語
　　（5）A＋B＋C＋Dの場合でも206を越えないもの
　　　　　　　　　　　　　　　　　　……上以外のすべて
　基準2：Aの降順に並べる。
　基準3：Eの昇順に並べる。

　表3には，太枠の右側に，各動詞のこれら3つの基準による順位が示してある。岡崎は，これらの「順位のあいだには若干のズレが認められる」としながらも，このズレは，表3のように全体を4つのグループに分ければ，それぞれのグループ内での変動にとどまるとして，30の動詞をこれら4グループに分類し，それぞれを次のように特徴づける。

　第1グループ：いずれも語幹[4]が1音節のものであり，その中では，上一段活用のものが上位に，次いでカ変，下一段のものが下位に位置している。
　第2グループ：「出る」を除いてすべて上一段の動詞で，語幹が2音節以上のもの。
　第3グループ：10語のうち8語までが下一段の動詞で，いずれも語幹が2音節のもの。
　第4グループ：すべて下一段の動詞で，とくに下位には語幹の音節数の多いものが集中している。

第4部 探索的データ解析による探索

表3 30動詞の素データ（度数分布）と順位

	動詞	A	B	C	D	E	順位 基準1	順位 基準2	順位 基準3
第1グループ	煮る	245	63	19	28	56	1	1	4
	見る	191	107	42	39	32	2	2	1
	着る	148	116	69	43	35	3	5	2
	射る	185	75	27	43	81	4	3	6
	来る	155	104	69	36	47	5	4	3
	寝る	115	101	65	72	58	6	6	5
第2グループ	出る	79	91	76	47	118	7	9	9
	起きる	83	92	65	72	99	8	8	7
	降りる	71	72	72	88	108	9	11	8
	借りる	72	87	41	88	123	10	10	10
	生き延びる	96	72	30	71	142	11	7	11
第3グループ	投げる	64	66	38	95	148	12	13	12
	食べる	51	58	55	89	158	13	14	13
	逃げる	32	56	11	87	225	14	17	14
	染める	43	27	40	57	244	15	15	15
	生きる	28	36	24	73	250	16	20	16
	居る	27	34	31	65	254	17	21	17
	攻める	65	28	21	40	257	18	12	18
	載せる①	36	28	20	68	259	19	16	19
	受ける	31	27	12	64	277	20	18	20
	載せる②	31	24	11	66	279	21	18	21
第4グループ	越える	23	27	22	38	301	22	22	22
	かける①	22	12	12	51	314	23	23	23
	かける②	12	15	10	52	322	24	26	24
	考える	12	19	10	21	349	25	26	25
	覚える	8	7	6	31	359	26	28	26
	伝える	19	11	4	16	361	27	25	27
	入れる	21	12	3	12	363	28	24	28
	比べる	8	9	8	17	369	29	28	29
	忘れる	2	4	0	11	394	30	30	30
	計	1975	1480	913	1580	6382			

岡崎は，この結果から，語幹の音節数が少ない（語長が短い）動詞ほどラ抜きで用いられやすく，同じ音節数の動詞では語幹末尾の音節がエ列（下一段活用）よりイ列（上一段活用）の方が用いられやすいという傾向を見出している。岡崎のこの方法は，3つの基準による順位のズレという誤差的な現象を，4つのグループにまとめることの根拠として使うという点で巧みであり，これによってラ抜き使用の程度が，これらのグループごとに共通する動詞のカテゴリカルな特徴（語幹の長さと末尾音節）によってもたらされることが強く示唆される。

ただし，この集計方法では，そうした動詞グループごとの特徴・異同はとらえられても，グループごとのラ抜き使用の程度やその隔たりがどれほどのものか，また，グループ内の個々の動詞のラ抜き使用の程度が（順位だけでなく）どれほどのものであるか，ということを知ることはできない。そもそも，個々の動詞のラ抜き使用の程度の相対的な大きさがとらえられなければ，これら30動詞が岡崎の言うように4グループに分かれることを確認することもできない。

さて，上述したように，先の選択肢A〜Eは一次元的な順序カテゴリーであるから，リジット解析が適用できる。その際，まずは基準群を決めてリジット変換をする必要があるが，この例のように基準となる群（動詞）が明確でない場合は，群全体の合計を基準とする方法が推奨されている。表4は，表3最下行の「合計」欄の数値列を基準群とみなし，表2と同じ手順で，そのリジット（列⑤）を求め，さらに，例として動詞「見る」および「煮る」の平均リジット（⑫⑬）を求めたものである。なお，順序カテゴリー（列①）は，平均リジットの大きさとラ抜き使用の程度とが対応するように，選択肢E→Aの順に並べている。

第4部　探索的データ解析による探索

表4　合計を基準としたリジット変換と平均リジット算出までの計算法

選択肢	①基準群（合計）	② ①÷2	③ 累積度数	④ ②+③	⑤ ④÷N	⑥ ⑤×①	⑦「見る」	⑧ ⑤×⑦	⑨「煮る」	⑩ ⑤×⑨
E	6382	3191	0	3191	0.259	1651.7	32	8.3	56	14.5
D	1580	790	6382	7172	0.582	919.0	39	22.7	28	16.3
C	913	456.5	7962	8418.5	0.683	623.4	42	28.7	19	13.0
B	1480	740	8875	9615	0.780	1154.1	107	83.4	63	49.1
A	1975	987.5	10355	11342.5	0.920	1816.8	191	175.7	245	225.4
計	$N=12330$					$T=6165$	$N_1=411$	$T_1=318.8$	$N_2=411$	$T_2=318.3$
平均リジット						⑪ $T \div N$ 0.50		⑫ $T_1 \div N_1$ 0.776		⑬ $T_2 \div N_2$ 0.774

　表5は，このようにして求めた30動詞の平均リジットを降順に並べたものである。上述したように，表4では選択肢E→Aの順に並べたので，平均リジットの値が大きい動詞ほどラ抜き使用の程度が大きいことを表している。これにより，各動詞のラ抜き使用の程度が数量化され，順位だけでなく[5]，その相対的な大きさもわかるようになる。前述したように，平均リジットは確率と解釈できるので，たとえば，最上位の「見る」と最下位の「忘れる」とのオッズ比は9.087（（0.776/(1－0.776)）/（0.276/(1－0.276)））となり，「見る」は「忘れる」の約9倍ラ抜きで使われやすい，などということもわかる。

　ただし，各動詞の平均リジットを比べる場合には，その差について検定を行う必要がある。この場合のように，合計の数値列を基準群とみなすとき，すなわち，同一対照（合計）に対して異なる2群の平均リジットがあるとき，その有意差検定は以下の方法により行うことができる。

　いま，ある群の平均リジットを$\overline{R}_1$，別の群の平均リジットを$\overline{R}_2$，それぞれの総度数をN_1, N_2とすると，$\overline{R}_2 - \overline{R}_1$の分布は，"両群の母集団分布は等しい"という帰無仮説が成立するとき，近似的に平均値0，標準誤差$\sqrt{\frac{1}{12}\left(\frac{1}{N_1}+\frac{1}{N_2}\right)}$の正規分布に従う（富永1982：129）。したがって，$\overline{R}_2 - \overline{R}_1$の有意性は，

$$z_0 = \left|\overline{R}_2 - \overline{R}_1\right| / \sqrt{\frac{1}{12}\left(\frac{1}{N_1}+\frac{1}{N_2}\right)}$$

第13章　リジット解析による計数データの分析

表5　30動詞の平均リジット

順位	動詞	平均リジット	有意差なしの範囲
1	見る	0.776	
2	煮る	0.774	
3	着る	0.749	
4	来る	0.739	
5	射る	0.713	
6	寝る	0.695	
7	起きる	0.633	
8	出る	0.617	
9	降りる	0.608	
10	借りる	0.596	
11	生き延びる	0.591	
12	投げる	0.559	
13	食べる	0.541	
14	逃げる	0.461	
15	攻める	0.452	
16	染める	0.448	
17	生きる	0.432	
18	居る	0.428	
19	載せる①	0.426	
20	受ける	0.406	
21	載せる②	0.402	
22	越える	0.383	
23	かける①	0.362	
24	かける②	0.348	
25	考える	0.329	
26	入れる	0.320	
27	伝える	0.320	
28	覚える	0.311	
29	比べる	0.305	
30	忘れる	0.276	

第 4 部　探索的データ解析による探索

の値を標準正規分布の棄却限界値 z と比べて検定すればよい。表 4 に例としてあげた「見る」と「煮る」を例にとれば，

$$z_0 = |0.776 - 0.774| / \sqrt{\frac{1}{12}\left(\frac{1}{411} + \frac{1}{411}\right)} = 0.064 < z\left(\frac{0.05}{2}\right) = 1.960$$

であるから，帰無仮説は棄却できず，この 2 つの動詞の平均リジットの差は統計的に有意であるとはいえない。表 5 の最右列には，このようにして 30 動詞のすべての組み合わせについて検定を行い，危険率 5% 水準で有意差が認められなかった動詞の範囲を（リーグ戦表のように示すとスペースをとるので）同じ "}" の中に示した。これによって，同じ "}" の中に入っていない動詞であれば，その平均リジットには有意差があることがわかる。たとえば，第 1 位「見る」は，「煮る」「着る」「来る」との "}" の中にしか入っていないので，これら以外の動詞との間には有意差があり，第 3 位「着る」は 2 つの "}" の中に，第 10 位「借りる」は 3 つの "}" の中に入っているので，それぞれ，いずれの "}" の中にも入っていない動詞との間には有意差がある，ということになる。

　とはいえ，表 5 のような平均リジットの数値だけでは，各動詞のラ抜き使用の程度の相対的な大きさやその隔たり具合がわかりにくいので，これをグラフ化してみよう。図 1 は，30 動詞の平均リジットを "●" で示し，その上下に（基準値 0.5 に対する）標準誤差（$1/\sqrt{12 \times 411}$）の幅をもつ，いわゆるエラーバー[6]を付けて表示したものである（遠藤・山本 1992：100）。これによって，30 もの動詞のラ抜き使用の程度の相対的な大きさとその差がより把握しやすくなる。

　図 1 を見ると，岡崎の言うように，30 動詞を 4 つのグループに分けることはほぼ妥当であることがわかる。すなわち，最も左上にある「見る」〜「寝る」の 6 動詞は岡崎の第 1 グループと，その右下に並ぶ「起きる」〜「生き延びる」の 5 動詞は第 2 グループと完全に一致し，しかも，両グループの間にはグラフ上でも（平均リジットの）明確な隔たりがある（表 5 最右列から有意差も確認できる）。さらにその右下には残りの 19 動詞が，岡崎の第 3 グループの 10 動詞を先（左上）に，第 4 グループの 9 動詞を後（右下）にして

第13章　リジット解析による計数データの分析

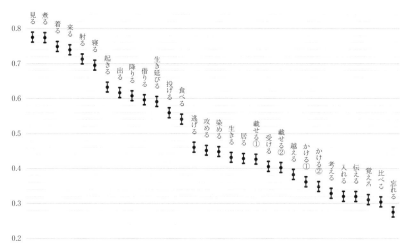

図1　30動詞の平均リジット±標準誤差

並んでいる。

　ただし，図1では，岡崎の第3グループの上位2動詞「投げる」「食べる」は，むしろ第2グループに近づいていること，また，第3グループと第4グループとの間には大きな隔たりがないことなど，岡崎の結果とは異なる，あるいは，岡崎の結果からはわからなかったことも示されている。

　いずれにしても重要なことは，リジット解析を行うことで，30もの動詞の「ラ抜き使用の程度」（相対的な大きさ）が数量化でき，それによって，岡崎の4グループ説を再検討するとともに，グループ間の，そして，グループ内の個々の動詞の，ラ抜き使用の程度やその差を評価することが可能になるということである。また，その結果として，たとえば，「投げる」「食べる」が同類の下一段動詞より異質な上一段動詞のグループに近づいているのはなぜかといった，新たな研究課題や仮説の設定が可能になるということも重要である。

4. 量的データの群間比較

　リジット解析は，群×量的変数の分割表，すなわち，多群の一変量度数分布表を作り，群間の比較を行うような場合にも適用できる[7]。ただ，連続的な量的データの群間比較は，各群の平均値や標準偏差をもって行うことが一般的であり，多くの場合，リジット解析を行うまでもない。しかし，第三者による調査の報告などでは，度数分布表のみが示されていて正確な平均値・標準偏差を求めることが難しいことも多く，また，以下で例とするような語の使用頻度（使用率）分布の場合などは，いわゆるＬ字型分布（ベキ分布）をなしてしまって，平均値を（代表値として）比較することにあまり意味がないことも多い。このような場合には，度数分布をリジットという尺度値に変換し，平均リジットによって群間の比較を行うリジット解析が有用である。

　国立国語研究所が1956年に行った「雑誌九十種の語彙調査」では，（人名・地名，助詞・助動詞等を除く β 単位の）語種別の異なり語数表・延べ語数表（国立国語研究所 1964：58）が作成され，語種の下位類（和語・漢語・外来語・混種語）を群とする使用頻度（使用率）の比較が行われている。表6は，そのうちの異なり語数表にもとづく度数分布表である。なお，頻度の階級幅は 2^n（$n = 0, 1, 2, 3, \cdots$）を上限とするものに設定されている。

表6　雑誌九十種調査の語種別度数分布表

頻度	和語	漢語	外来語	混種語	計
1	4475	5433	1563	1033	12504
2	1746	2317	481	307	4851
3〜4	1565	2204	395	231	4395
5〜8	1169	1668	251	111	3199
9〜16	784	1162	169	74	2189
17〜32	550	767	66	37	1420
33〜64	375	459	25	18	877
65〜	470	397	14	15	896
計	11134	14407	2964	1826	30331

第13章 リジット解析による計数データの分析

　この度数分布について，調査の報告書は，最上位の階級（頻度区分）では和語が漢語を上回り，それより下位の階級ではすべて漢語の方が多くなっていること，また，外来語・混種語については，語数が少ないものの，下位の階級ほど多くなっていることから，「高い使用率をもつ語の性格としては和語が漢語などより多いこと，（中略）低い使用率をもつ語の性格としては外来語，混種語の占める率が多いこと，（中略）その中間の段階では漢語の占める率が大きい」（国立国語研究所 1964：61-62）と結論づけている。

　このような，使用頻度の階級を高・中・低に分けて群間を比較し特徴づける解釈は，度数分布表の分析として妥当なものだが，一方では，各群の使用頻度の全体を要約し，その大きさを直観的に評価することも考えられる。たとえば，（1956年当時の雑誌では）和語と漢語とでは総体としてはどちらが多く使われているのか，といった比較である。そのためには，（量的データの場合）上述したように，平均値による方法と（リジット解析の）平均リジットによる方法とがある。

　まず，平均値による比較を行う。上述の異なり語数表・延べ語数表から，各群（語種）の総語数だけをとりだすと，表7のようになる。ここで，各群の異なり語数を延べ語数で割った値，いわゆるNK値は，1語あたりの平均使用頻度であり，要するに各群の使用頻度の平均値である。これをみると，和語の平均使用頻度が漢語のそれよりもかなり大きいことがわかる。

表7　雑誌九十種調査の語種別語彙量（異なり語数・延べ語数）

	和語	漢語	外来語	混種語	計
異なり語数（K）	11134	14407	2964	1826	30331
延べ語数（N）	221875	170033	12034	8030	411972
NK値（N/K）	19.9	11.8	4.1	4.4	13.6

　次に，平均リジットによる比較を行う。表8は，先の度数分布表（表6）にリジット解析を施したもので，前節の例と同様，群全体の合計（表6の横計欄）を基準群とみなしてリジット変換を行い，得られたリジット（列⑤）

をもとに各群の平均リジットを算出している。ここでは，使用頻度の小さい階級から大きい階級へと並べているので，平均リジットの大きい群ほど，使用頻度が大きいということになる。

表8　語種別の平均リジット算出までの計算法

頻度	①基準群(合計)	②①÷2	③累積度数	④②+③	⑤④÷N	⑥⑤×①	⑦和語	⑧漢語	⑨外来語	⑩混種語
1	12504	6252	0	6252	0.206	2577.4	922.4	1119.9	322.2	212.9
2	4851	2425.5	12504	14929.5	0.492	2387.8	859.4	1140.5	236.8	151.1
3～4	4395	2197.5	17355	19552.5	0.645	2833.2	1008.9	1420.8	254.6	148.9
5～8	3199	1599.5	21750	23349.5	0.770	2462.7	899.9	1284.1	193.2	85.5
9～16	2189	1094.5	24949	26043.5	0.859	1879.6	673.2	997.7	145.1	63.5
17～32	1420	710	27138	27848	0.918	1303.8	505.0	704.2	60.6	34.0
33～64	877	438.5	28558	28996.5	0.956	838.4	358.5	438.8	23.9	17.2
65～	896	448	29435	29883	0.985	882.8	463.1	391.1	13.8	14.8
計	N=30331					15165.5	5690.3	7497.1	1250.2	727.9
平均リジット						0.500	0.511	0.520	0.422	0.399

平均リジットは，和語が 0.511，漢語が 0.520 となり，わずかな差ではあるが，漢語の方が和語より大きいという結果になった。有意差検定を行うと，

$$z_0 = |0.511 - 0.520| / \sqrt{\frac{1}{12}\left(\frac{1}{11134} + \frac{1}{14407}\right)} = 2.554 > z\left(\frac{0.05}{2}\right) = 1.960$$

となり，有意水準5%で有意差が認められる。

以上のように，平均値による比較では和語の方が漢語より使用頻度が大きいという結果となったが，平均リジットによる比較ではわずかに漢語の方が和語より大きいという結果となった。これは，平均値による比較の方が「抵抗性」（渡部［他］1985：2）が低い，すなわち，全体の傾向から大きく逸脱した一部データの影響を受けやすいために，和語の使用頻度が過大に評価されたものと考えられる。

上述した計算方法からわかるように，使用頻度の平均値は総延べ語数を，また，平均リジットは各階級のリジットに度数（その階級の異なり語数）を

掛けたものの総和を，いずれも総異なり語数で割って求める．いま，この総異なり語数で割る2つの値（延べ語数，リジット×度数）が各階級にどのように分布しているかを，和語と漢語のみについてまとめると表9のようになる．

表9 平均値と平均リジットの比較（カッコ内は百分率）

頻度	延べ語数 （総和は平均値の分子）		リジット×度数 （総和は平均リジットの分子）	
	和語	漢語	和語	漢語
1	4475（2.02）	5433（3.20）	922.4（16.21）	1119.9（14.94）
2	3492（1.57）	4634（2.73）	859.4（15.10）	1140.5（15.21）
3〜4	5293（2.39）	7497（4.41）	1008.9（17.73）	1420.8（18.95）
5〜8	7174（3.23）	10258（6.03）	899.9（15.81）	1284.1（17.13）
9〜16	9272（4.18）	13783（8.11）	673.2（11.83）	997.7（13.31）
17〜32	12648（5.70）	17708（10.41）	505.0（8.87）	704.2（9.39）
33〜64	17394（7.84）	20359（11.97）	358.5（6.30）	438.8（5.85）
65〜	162127（73.07）	90361（53.14）	463.1（8.14）	391.1（5.22）
計	221875（100.00）	170033（100.00）	5690.3（100.00）	7497.1（100.00）

これを見ると，延べ語数の方は，和語・漢語ともに最上位の階級に大きく偏っており，表6と合わせて見れば，和語では異なり語数の4.2%（最上位の階級にある470語）が延べ語数全体の73%ほどを占め，漢語でも異なり語数の2.8%（同じく397語）が延べ語数全体の53%余りを占めていることがわかる．つまり，平均値は，総延べ語数の多くを占めるごく少数の高頻度語の影響を大きく受け，より大きな値の方向に引き寄せられているわけである．和語の平均値が漢語のそれより大きくなるのも，この最上位の階級の差がもっぱら反映したものである．これに対して，リジット×度数の値は，累積相対度数であるリジットを尺度値とするため，特定の階級の値が突出するようなことはない．これには，

　　リジットが，その階級までの累積相対度数を求める際に，その階級ま

での全度数を総度数で割る通常のやり方ではなく，その階級よりも下位の階級の全度数にその階級の度数の半分すなわち「折半数」を加えたものを総度数で割るという方法を採っていること

が関係しているものと考えられる。表9の百分率を見れば，「3〜4」の階級から「17〜32」の階級で漢語が和語を上回っており，このあたりの分布に厚いことが漢語の平均リジットが和語のそれをわずかではあるが上回ることに作用したものと考えられる。このように，量的データの群間比較であっても，語の使用頻度（使用率）分布などでは，平均値よりもリジット解析の方が抵抗性が高く，より妥当な方法であるといえる。

　ところで，上述したように，雑誌九十種調査の報告書は，語種別の使用頻度についてこのような総体的な比較を行っていない。あくまで，使用頻度の階級を高・中・低に分けて各語種の比較を行い，それぞれの特徴を解釈しているだけなのだが，その過程で，図2のようなグラフを示している（国立国語研究所1964：61）。これは，表7に示した各語種の総語数を使って，異な

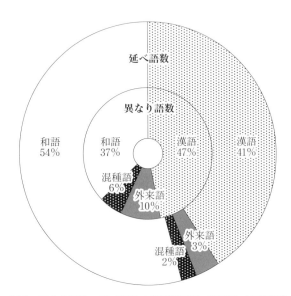

図2　異なり語数・延べ語数の語種構成比（雑誌九十種調査）

り・延べそれぞれの構成比を二重円グラフにして比較したものである。これについて，報告書は，「異なり語数では総語数についてみると漢語の方が多いのに，延べ語数では和語の方が多い」としつつも，「これは（略）度数65以上のところで和語が多いということと関連する」として，和語と漢語とを総体として比較することはしていない。

ところが，このグラフは，後に多くの文献で引用されるのだが，総語数の語種構成比であったため，（異なりと延べとを比べることで）語種間の使用頻度を総体的に比較したものとして誤解された可能性がある。たとえば，田中章夫（1978：173）は，このグラフについて，「この事実は，和語は，漢語に比べて，語の種類は少ないが，繰り返し使用される基本的な語を含んでいるのに対して，漢語はバラエティーには富んでいるが，総体的な使用頻度では和語に劣っていることを物語っている」（傍点は引用者）と記している。上述したように，延べ語数の語種構成比は，ごく少数の高頻度語，とくに和語のそれを過大に評価してしまっているから，「漢語は総体的な使用頻度では和語に劣っている」と結論づけることは適切ではない。リジット解析の結果が示すように，和語と漢語の使用頻度は総体としてはわずかに漢語の方が大きいとすべきである。

以上，連続的な量的データの群間比較にリジット解析が有用であることを述べたが，その際，度数分布表の階級設定が任意となることには注意が必要である。質的データの分析ではあらかじめ設定された順序カテゴリーの区分に従えばよいが，量的データの場合にはどのように階級区分を設定するかで，平均リジットの値が異なる可能性があるからである。ただし，階級設定の仕方には絶対的な基準はなく，「スタージェスの公式」をはじめとする経験的な方法が開発されてはいるものの，それぞれの専門分野あるいは個別の事象ごとに経験的に妥当とされる方法が採られているのが実情であろう。本節の例でも，階級幅の上限を 2^n（$n = 0, 1, 2, 3, \cdots$）とする区分が採用されているが，これも語の使用頻度分布の階級設定としてはよく行われるものである。階級設定の問題は，リジット解析とは切り離して考えるべき，独立した問題である。

5．2変数の順序カテゴリーの数量化

リジット解析は，本来，表10のような，群×変数の分割表があるとき，変数の順序カテゴリー（量的変数の場合は順序性をもつ階級区分）を尺度値化することによって各群を数量化し，群間の相対的な大きさを直観的に評価しようとする手法であるが，表11のような，2つの変数からなる分割表でも，列行両変数のカテゴリーがともに順序性をもつ場合には，適用することができるものと考えられる。

表10 群×変数の分割表（nは度数）

		群			
		A	B	⋯	Z
変数 X のカテゴリー（階級）	X_1	n_{1A}	n_{1B}	...	n_{1Z}
	X_2	n_{2A}	n_{2B}	...	n_{2Z}
	⋮	⋮	⋮	⋱	⋮
	Xi	n_{iA}	n_{iB}	...	n_{iZ}
	計	n_{+A}	n_{+B}	...	n_{+Z}

表11 変数×変数の分割表（nは度数）

		変数 Y のカテゴリー				計
		Y_1	Y_2	⋯	Y_j	
変数 X のカテゴリー	X_1	n_{11}	n_{12}	...	n_{1j}	n_{1+}
	X_2	n_{21}	n_{22}	...	n_{2j}	n_{2+}
	⋮	⋮	⋮	⋱	⋮	⋮
	Xi	n_{i1}	n_{i2}	...	n_{ij}	n_{i+}
	計	n_{+1}	n_{+2}	...	n_{+j}	n_{++}

たとえば，2節で紹介した薬効試験の例で，実験群を病状の程度によってさらに複数の群に分けたような場合，あるいは，年齢によってさらに複数の

群に分けたような場合，それらは群であると同時に，病状の程度という質的変数の順序カテゴリー，あるいは，年齢という量的変数の順序性をもつ階級区分でもある。このような場合は，これらを順序カテゴリーとして尺度値化し，薬効のカテゴリー（著効〜悪化）を群とみなして数量化することが可能になる。つまり，2つの変数についてリジット解析を交互に行うということである。表11でいえば，順序はどちらでもよいのだが，まず，列変数 Y の各カテゴリー（$Y_{1 \sim j}$）を群とみなし，行変数 X の各カテゴリー（$X_{1 \sim i}$）を順序カテゴリーとしてリジット解析を行い，次いで，行変数 X の各カテゴリー（$X_{1 \sim i}$）を群とみなし，列変数 Y の各カテゴリー（$Y_{1 \sim j}$）を順序カテゴリーとしてリジット解析を行うわけである。こうすることで，2つの変数の順序カテゴリーがともに数量化でき，それぞれの相対的な大きさを評価できることになる。

　ところで，質的変数の2元分割表におけるカテゴリーの数量化については，その「計算方法は多数存在するが，そのうちのひとつである交互平均法は歴史的に古く，かつ計算過程が最も理解しやすい」（西里2010：27）といわれる。日本語研究では，荻野綱男（1980）が交互平均法と同じ計算法（荻野の数量化の方法）を独自に考案し，質的変数の2元分割表に適用して，それぞれのカテゴリーを数量化（間隔尺度に変換）している。以下では，この，質的変数の2元分割表における順序カテゴリーの数量化について，交互平均法とは別にリジット解析も適用できることを，荻野（1980）による交互平均法の解析結果と対照させることにより，述べていく。

　表12に，荻野（1980：14）が交互平均法を適用した分割表を示す。これは，"いろいろな話し相手6人に対して「知っている」という場合，どのような語形を使うか"を503人のインフォーマントに質問した結果である。

表12 「知っている」の分割表

語形＼場面	V	I	II	III	IV	VI	計
シッテル類	438	371	164	90	10	4	1077
シッテマス類	39	110	280	279	243	195	1146
シッテオリマス類	7	17	39	88	142	143	436
ゾンジテオリマス類	1	3	9	31	98	148	290
計	485	501	492	488	493	490	2949

　ここで，「場面」とは「話し相手（聞き手）」のことで，以下に示す6類が設定され，「語形」は回答から得られた107種が（「その他」を除く）4類にまとめられたものである。

　　場面 I ＝同じ年頃の親しい友人
　　場面 II ＝あまり親しくない人で，少し年下の人
　　場面 III ＝親しい人で，少し年上の人
　　場面 IV ＝あまり親しくない人で，少し目上の人
　　場面 V ＝ふだんことばづかいをいちばん気にしないで話ができる相手
　　場面 VI ＝ふだんいちばん丁寧なことばで話をする相手

　これらの類はいずれも順序カテゴリーであり，分割表の度数分布から見て，場面は「V→I→II→III→IV→VI」の順に，語形は「シッテル類→シッテマス類→シッテオリマス類→ゾンジテオリマス類」の順に，より丁寧になることがわかる。荻野は，こうしたカテゴリーの順序だけでなく，それらが「どれくらい離れて並んでいるのか（どれくらい丁寧なのか）を知りたい」（荻野1980：14）として，この分割表に交互平均法による数量化を施す。
　交互平均法とは，行変数のカテゴリーと列変数のカテゴリーに，分割表の度数分布を最もよく説明する最適の重みを割り出して与え（＝数量化し），それぞれの変数のカテゴリー間の相対的な大きさを評価する統計手法である。その計算法は，以下の通り（荻野1980：15）。

第 13 章　リジット解析による計数データの分析

(1) 各語形に次のような初期値（重み）を与える。

シッテル類	シッテマス類	シッテオリマス類	ゾンジテオリマス類
1	2	3	4

(2) この語形の重みを使って，各場面の平均得点を求める（場面ごとに，語形の度数と重みをかけて合計したものを場面の総度数で割る）。

場面V	場面I	場面II	場面III	場面IV	場面VI
1.115	1.305	1.783	2.123	2.665	2.888

(3) この場面の平均得点を，最小が 1，最大が 6 になるように比例変換する。

場面V	場面I	場面II	場面III	場面IV	場面VI
1.000	1.536	2.882	3.842	5.372	6.000

(4) この点数を場面の重みとして，各語形の平均得点を求める（語形ごとに，場面の度数と重みをかけて合計したものを語形の総度数で割る）。

シッテル類	シッテマス類	シッテオリマス類	ゾンジテオリマス類
1.768	3.981	4.827	5.397

(5) この語形の平均得点を，最小が 1，最大が 4 になるように比例変換する。

シッテル類	シッテマス類	シッテオリマス類	ゾンジテオリマス類
1.000	2.830	3.529	4.000

(6) 以上の(2)から(5)を 1 サイクルとして，重みの値が収束するまで（通

355

第 4 部　探索的データ解析による探索

常は 5 ～ 7 サイクル）繰り返す。最終結果は，以下の通り。

場面V	場面 I	場面 II	場面III	場面IV	場面VI
1.000	1.757	3.655	4.550	5.717	6.000

シッテル類	シッテマス類	シッテオリマス類	ゾンジテオリマス類
1.000	3.015	3.619	4.000

このように，交互平均法は，行変数・列変数の各カテゴリーの重みを求めて交互平均の過程を繰り返すものだが，これにより，場面・語形の順序カテゴリーは（(6)のように）間隔尺度に変換＝数量化され，

　　［1］　場面 I と II の差が大きく，場面IVとVIの差が小さい。また，シッテル類とシッテマス類の差がかなり大きく，シッテオリマス類とゾンジテオリマス類の差が小さい（荻野 1980：15）

という結果（評価）が得られる。西里（2010：31）によれば，交互平均法により最終的に得られた各カテゴリーの重みは，データへの回帰が線形になるような変換値であり（完全線形回帰），分割表のデータを説明するための最適な数量となる，という。

続いて，表 12 の分割表にリジット解析を施す。ここでは，場面・語形とも「合計」の数値列を基準群として解析を行う。表 13 が場面の，表 14 が語形の解析結果である。

表 13・14 の下部には，場面・語形それぞれの平均リジットを荻野（1980）と同様に 1 ～ 6，1 ～ 4 の範囲に比例変換し，交互平均法の結果とともに示した。これをみると，リジット解析の結果はおおよそ交互平均法の結果に近く，上の［1］はリジット解析によっても導くことができる。したがって，リジット解析を表 12 のような分割表に適用して順序カテゴリーの数量化に用いることは，おおむね妥当であるものと考えられる。

さらに，リジット解析では，前述したように，（リジットの平均値である）

第13章 リジット解析による計数データの分析

表13 場面のリジット解析

語形	①合計の度数	②リジット	②×①	②×場面V	②×場面I	②×場面II	②×場面III	②×場面IV	②×場面VI
シッテル類	1077	0.183	196.7	80.0	67.7	29.9	16.4	1.8	0.7
シッテマス類	1146	0.560	641.2	21.8	61.5	156.7	156.1	136.0	109.1
シッテオリマス類	436	0.828	360.9	5.8	14.1	32.3	72.8	117.5	118.4
ゾンジテオリマス類	290	0.951	275.7	1.0	2.9	8.6	29.5	93.2	140.7
計	2949		1474.5	108.5	146.2	227.4	274.9	348.5	368.9
平均リジット			0.500	0.224	0.292	0.462	0.563	0.707	0.753
リジット解析		1.000		1.643	3.254	4.208	5.565		6.000
交互平均法		1.000		1.757	3.655	4.550	5.717		6.000

表14 語形のリジット解析

場面	①合計の度数	②リジット	②×①	②×シッテル類	②×シッテマス類	②×シッテオリマス類	②×ゾンジテオリマス類
V	485	0.082	39.9	36.0	3.2	0.6	0.1
I	501	0.249	125.0	92.5	27.4	4.2	0.7
II	492	0.418	205.5	68.5	117.0	16.3	3.8
III	488	0.584	285.0	52.6	162.9	51.4	18.1
IV	493	0.750	369.9	7.5	182.3	106.5	73.5
VI	490	0.917	449.3	3.7	178.8	131.1	135.7
計	2949		1474.5	260.8	671.6	310.1	231.9
平均リジット			0.500	0.242	0.586	0.711	0.800
リジット解析			1.000		2.850	3.525	4.000
交互平均法			1.000		3.015	3.619	4.000

第4部　探索的データ解析による探索

平均リジットの差の有意性を検定することができる。表13・14で求めた平均リジットについて，3節で紹介した，合計の数値列を基準群とみなすときの，異なる2群の平均リジットの有意差検定を行うと，場面および語形のいずれにおいても，すべての組み合わせで統計的な有意差が認められる。ただ，インフォーマントや語形をさらに細分して分析するような場合は，データ数が少なくなって標準誤差の値が大きくなり，結果として有意差が認められないこともあるようである。表15は，荻野（1980：21）の表5をもとに，出現頻度の高い14種の語形について，交互平均法による「丁寧さ」とリジット解析による平均リジットを総度数とともに記したものであるが，丁寧さと平均リジットの順位は完全に並行している。

表15　代表語形14種の数量化

語形	総度数	丁寧さ	平均リジット
シッテル	183	1.00	0.230
シッテルヨ	465	1.09	0.237
シッテルワヨ	120	1.12	0.246
シッテルワ	121	1.30	0.250
シッテイルヨ	40	1.86	0.273
シッテイル	71	2.42	0.289
シッテマスヨ	250	7.27	0.486
シッテイマスヨ	49	7.90	0.511
シッテオリマスヨ	37	9.09	0.566
シッテマス	512	10.27	0.618
シッテイマス	297	10.71	0.641
シッテオリマス	376	12.68	0.735
ゾンジテマス	74	13.84	0.803
ゾンジテオリマス	142	14.00	0.810

表16　語形4対の有意差検定

語形	総度数	丁寧さ	平均リジット	Z値
シッテル	183	1.00	0.230	1.471
シッテイル	71	2.42	0.289	
シッテルヨ	465	1.09	0.237	0.738
シッテイルヨ	40	1.86	0.273	
シッテマスヨ	250	7.27	0.486	0.555
シッテイマスヨ	49	7.90	0.511	
シッテマス	512	10.27	0.618	1.106
シッテイマス	297	10.71	0.641	

第13章　リジット解析による計数データの分析

荻野は，このうち，表16に示す，

シッテル　　　―　シッテイル
シッテルヨ　　―　シッテイルヨ
シッテマスヨ　―　シッテイマスヨ
シッテマス　　―　シッテイマス

のような対では，一貫して「イ」のついた語形の方がつかない語形より丁寧であるものの，ぞんざいな語形に「イ」がつくと丁寧さが大幅に上がるが，丁寧な語形についてもそれほど大幅には上がらないことから，「イ」が丁寧さを増すとしても，その働きはどのような語形に続くかによって異なるものとする。一方，これらの対の平均リジットの差について有意差検定を行うと，いずれのz_0値も有意水準5%の限界値（1.960）に達しないため，そもそも「イ」のついた語形の方が丁寧であると結論づけることはできないという結果になる（表16）。もちろん，有意差がないとはいえ，上のような（丁寧さ・平均リジットのいずれで見ても）一貫した傾向があることを重視すれば，「イ」のついた語形の方がつかない語形より丁寧であるというのは，有力な仮説であるといってよい。ただし，その仮説は，「イ」の働きはどのような語形に続くかによって異なるという見方とあわせて，なお（データ数を増やすなどして）検証していく必要があるということを，リジット解析の結果は示していると言える。

　以上のように，リジット解析は，本来，群×変数の分割表における群間比較のための統計手法ではあるが，カテゴリー変数の2元分割表における順序カテゴリーの数量化にも用いることができるものと考えられる。その計算法は交互平均法に比べてきわめて平易であり，数量化の結果も交互平均法に近似する。また，カテゴリー間の平均リジットの差の有意性を検定することもできる。交互平均法に加え，こうした特長をもつリジット解析を用いることで，この種の分割表における順序カテゴリーの数量化の検討は，より多面的に行うことができるものと考えられる。

6. おわりに

　以上，リジット解析という統計手法が，言語研究における計数データの分析でも，各群あるいは各変数カテゴリーの相対的な大きさやその差を直観的に評価する手法として有用であること，具体的には，本来の質的データの群間比較のほかにも，量的データの群間比較，さらには，2変数の分割表におけるそれぞれの順序カテゴリーの数量化にも適用できることを述べた。
　リジット解析の特長は，その考え方と計算法がきわめて平易なことである。また，求める平均リジットは，確率であり平均値でもあって，それ自体が意味をもつ数値であるからわかりやすいし，有意差検定もできる。さらに，4節の量的データの群間比較でも述べたように，リジット解析は（平均値による比較よりも）抵抗性が高く，探索的データ解析の手法[8]としての側面ももっている。
　ただし，筆者は，ここで例としてあげた先行調査研究の方法よりリジット解析の方が優れているとか，リジット解析の方を使うべきだとか，主張したいわけではない[9]。リジット解析は，基本的には，（確認的ではなく）探索的な解析法の1つとして，これまでに行われている他の統計手法などと併用していくことが望ましいのではないかと考えている。
　なお，リジット解析では，2節で紹介したような基準群と比較群との解析で，基準群の分布に（たとえば，連続するいくつかのカテゴリーにそろって度数がないような）極端な偏りがあったり（橋本・長谷1992：4），3節で紹介したような合計（の数値列）を基準群として行う解析でも，比較しようとする異なる2群の分布が鏡像関係になったり（Fleiss *et al.* 2003＝2009：172-173）すると，正しい解析が行えない場合のあることが指摘されている。ただし，これらの問題は，前者では合計の数値列を基準群とみなすことで，後者の場合は，比較する2群のどちらか一方を事後的な基準群とすることで回避できることが多いとされ，リジット解析の有用性を損なうものではないと考えられる。

第13章　リジット解析による計数データの分析

注

1) 「リッカート法」については，西里（2010：10-25）による詳しい紹介と批判がある。
2) 遠藤・山本（1992：98）では，「a）著効」から「e）悪化」に並べたリジット解析を紹介している。
3) 竹内［他］（1989：458）による「リジット変換」の解説は，以下の通り。

　　　リジット解析は順序カテゴリーごとに与えられる頻度に対してある変換を行い，この変換値が一様分布に従うことを利用し，検定や推定を行う。（略）たとえば，I 個の順序カテゴリー応答と J 個の群（処理）からなる $I \times J$ の2元分割表の形の観測度数（N_{ij}）が与えられたとする。ここに，$i = 1, \cdots, I; j = 1, \cdots, J$ である。

　　　基準群（基準処理）に対して各順序カテゴリーをリジット尺度（0,1）に変換する。ただし，基準群が与えられないときには，群（処理）の合計を基準群とする。このとき，第 i 順序カテゴリーのリジット R_i は

$$R_i = (N_i/2 + \sum_{k=1}^{i-1} N_k)/N, \quad N_i = \sum_{j=1}^{J} N_{ij}$$

で与えられる。ここに，N_i は第 i 順序カテゴリーの観測度数，および N は総度数である。

4) 岡崎（1980：69）では，学校文法に従い「語幹と活用語尾との別のないもの」と記しているが，ここでは，一段動詞を母音活用動詞ととらえて語幹の音節数を数え，記述を明確化した。
5) 順位については，表3の基準Aによる順位とほぼ同様の結果となった。表5では，表3の3か所で上下に隣り合う動詞が入れ替わり（1・2位，4・5位，7・8位），1か所で連続する3語の順位が逆転した（26・27・28位）ほかは，「攻める」が18位から15位に変わっただけで，4つのグループを越境する変動はない。
6) 一般に，N が十分大きければ，平均値±標準誤差の範囲に母集団平均があてはまる確率は68％，平均値±2×標準誤差なら95％となる。
7) 渡部［他］（1985：143-145）は，リジット解析を量的データの群間比較に用いた例として，2つの群（現役と浪人）の間のテスト得点の比較をあげている。
8) 渡部［他］（1985：143-145）によれば，探索的データ解析で行われる「リジット解析」では，リジットに代えて「ss比」が用いられる。ss比とは，データをある境界値で区切ったときに，その境界値未満のデータ数を n，その境界値に等しいデータ数を m，始数（データ数が0にならないために適当に加える小さな数）を s としたときの，その境界値までの累積度数（ss数）について，全データ数を N としたときのss数の全体に対する比率 p であり，以下の式で表すことができる（渡部［他］1985：143-145）。

第4部　探索的データ解析による探索

$$p = \frac{n + m/2 + s}{N + 2s}$$

要するに，対数変換などの再表現に備えて始数を（リジットの分子に s，分母に $2s$）加える点だけが異なるのだが，データ数が大きい場合は始数の影響は無視し得るので，両者はほとんど同じと考えてよい。

9) とはいえ，Fleiss（1973＝1975：110）が指摘するように，リッカート法よりは優れた数量化の手法であると考えられる。

文　　献

秋元実治 ［編］（1994）『コロケーションとイディオム―その形成と発達―』英潮社
飽戸　弘（1985）『データで人を動かす法』主婦と生活社
雨宮雄一（2003）「新聞社会面記事における『事件』の表現―節による修飾から複合語まで―」『計量国語学』24(1)，19-39
安東奈穂子（2010）「著作権法のもとでの情報解析」『人工知能学会誌』25(5)，643-652
石井久雄（1990）「『中央公論』1986 年の用語」『国立国語研究所研究報告集―11―』国立国語研究所，1-40
石井正彦（1993）「臨時一語と文章の凝縮」『国語学』173，91-104
石井正彦（1996）「使用頻度"1"の語と文章―高校『物理』教科書を例に―」『研究報告集―17―』国立国語研究所，23-55
石井正彦（1997）「Syntagmatic な臨時一語化―文章における先行表現の臨時一語化について」加藤正信 ［編］『日本語の歴史地理構造』明治書院，327-313
石井正彦（1999）「番組ジャンルの特徴語とジャンル間の関係」国立国語研究所（1999），76-106
石井正彦（2000）「単語の使用頻度と文章―高校『物理』教科書の使用頻度"2"の語を例に―」遠藤好英 ［編］『語から文章へ』編集委員会，69-82
石井正彦（2002）「『既製』の複合動詞と『即席』の複合動詞―小説にみる現代作家の語形成―」『国語論究 10　現代日本語の文法研究』明治書院，256-287
石井正彦（2004）「コーパス言語学と『キーワード』」『月刊言語』33(12)，90-91
石井正彦（2006）「日本語研究における探索的データ解析の有用性」土岐哲先生還暦記念論文集編集委員会 ［編］『日本語の教育から研究へ』くろしお出版，227-237
石井正彦（2007）『現代日本語の複合語形成論』ひつじ書房
石井正彦（2009）「テレビ放送のマルチメディア・コーパス―映像・音声を利用した計量的言語使用研究の可能性―」『阪大日本語研究』21，1-20
石井正彦（2010a）「日本語コーパス言語学の新展開」『日本言語文化』16（韓国日本言語文化学会）
石井正彦（2010b）「中学校歴史教科書の"パラレルコーパス"」田野村忠温他『コーパスを用いた日本語研究の精密化と新しい研究領域・手法の開発　IV』特定領域研究「日

本語コーパス」研究成果報告書

石井正彦（2011a）「『新しい歴史教科書』の言語使用―中学校歴史教科書 8 種の比較調査から―」『阪大日本語研究』23, 1-34

石井正彦（2011b）「隣接諸分野の語彙研究と『これからの語彙論』」斎藤倫明・石井正彦［編］『これからの語彙論』ひつじ書房，275-291

石井正彦［編］（2004-2006）『毎日新聞「余録」コーパスの作成（1）～（3）』大阪大学大学院文学研究科「日本語コーパス作成演習」報告

石井正彦・孫　栄奭（2013）『マルチメディア・コーパス言語学―テレビ放送の計量的表現行動研究』大阪大学出版会

石川慎一郎（2008）『英語コーパスと言語教育―データとしてのテキスト』大修館書店

石川慎一郎・前田忠彦・山崎　誠［編］（2010）『言語研究のための統計入門』くろしお出版

石村貞夫・謝　承泰・久保田基夫（2003）『SPSS による医学・歯学・薬学のための統計解析』東京図書

石綿敏雄（1989）「雑誌・新聞語彙と教科書語彙」国立国語研究所『高校・中学校教科書の語彙調査　分析編』秀英出版，6-14

石渡延男・越田　稜［編著］（2002）『世界の歴史教科書　11 カ国の比較研究』明石書店

伊東俊太郎（1981）「科学的発見の論理」『科学と現実』中央公論社

伊藤雅光（2002）『計量言語学入門』大修館書店

井上史雄・江川　清・佐藤亮一・米田正人（2009）「音韻共通語化の S 字カーブ―鶴岡・山添 6 回の調査から―」『計量国語学』26(8), 269-289

上田尚一（1981）『統計データの見方・使い方』朝倉書店

内山将夫・井佐原均（2003）「日英新聞の記事および文を対応付けるための高信頼性尺度」『自然言語処理』10(4), 201-220

遠藤和男・山本正治（1992）『医統計テキスト』西村書店

岡崎和夫（1980）「『見レル』『食ベレル』型の可能表現について―現代東京の中学生・高校生について行った一つの調査から―」『言語生活』340, 64-70

荻野綱男（1980）「敬語における丁寧さの数量化―札幌における敬語調査から(2)―」『国語学』120, 13-24

荻野綱男（2002）「計量言語学の観点から見た語彙研究」『国語学』208, 97-115

奥津敬一郎（1974）『生成日本文法論　名詞句の構造』大修館書店

影山太郎（1993）『文法と語形成』ひつじ書房

影山太郎（2010）「日本語形態論における漢語の特異性」大島弘子［他］［編］『漢語の言

語学』くろしお出版，1-17

金子拓也・石崎俊（1998）「マルチモーダル対話コーパスの構築について」『電子情報通信学会技術研究報告．PRMU，パターン認識・メディア理解』97(596)，1-8

姜　炅完（2009a）「単語の社会的コノテーション―新聞コーパスを用いた『現代人』の計量的分析―」『日語日文学研究』69（韓国日語日文学会）

姜　炅完（2009b）「社会的コノテーションの多義性―「普通の人」を例に―」『計量国語学』27(2)，35-59

喜多壮太郎（2002）『ジェスチャー―考えるからだ』金子書房

キャンベル，ニック（2010）「マルチモーダルな会話データの収集と処理」岡田浩樹・定延利之［編］『可能性としての文化情報リテラシー』ひつじ書房，111-126

金　愛蘭（2008）「基本語化する外来語とその類義語―ヒトとヒトとの『トラブル』の場合―」『待兼山論叢　日本学篇』42, 19-36

金　愛蘭（2011）『20世紀後半の新聞語彙における外来語の基本語化』『阪大日本語研究』別冊3

金　姝伶（2011）「形態素の自立用法と結合用法の関係―外来語系語基『メール』の通時的な遷移傾向を例に―」『阪大日本語研究』23, 111-129

金水　敏（2004）「近代日本小説における「（人が）いる／ある」の意味変化」『待兼山論叢（文学篇）』38, 1-15（金水（2006）所収）

金水　敏（2006）『日本語存在表現の歴史』ひつじ書房

金水　敏・田窪行則（1990）「談話管理理論からみた日本語の指示詞」『認知科学の発展』3, 85-116

国立国語研究所（1962）『現代雑誌九十種の用語用字　（第一分冊）総記及び語彙表』秀英出版

国立国語研究所（1964）『現代雑誌九十種の用語用字　第3分冊　分析』秀英出版

国立国語研究所（1984）『高校教科書の語彙調査Ⅱ』秀英出版

国立国語研究所（1994）『国立国語研究所言語処理データ集6　中学校・高校教科書の語彙調査（フロッピー版）』秀英出版

国立国語研究所（1995）『テレビ放送の語彙調査Ⅰ―方法・標本一覧・分析―』秀英出版

国立国語研究所（1997）『テレビ放送の語彙調査Ⅱ―語彙表―』大日本図書

国立国語研究所（1999）『テレビ放送の語彙調査Ⅲ―計量的分析―』大日本図書

国立国語研究所（2001）『国立国語研究所言語処理データ集8　テレビ放送の語彙調査〔語彙表〕CD‐ROM版』大日本図書

国立国語研究所［編］（2005）『雑誌「太陽」による確立期現代語の研究―「太陽コーパ

ス」研究論文集一』博文館新社

小林英樹（2004）『現代日本語の漢語動名詞の研究』ひつじ書房

衣川　恵（2015）『日本のデフレ』日本経済評論社

近藤泰弘（2012）「日本語通時コーパスの設計について」『国語研プロジェクトレビュー』3(2)，84-92

今野真二（2006）「二つの辞書の意味」『清泉女子大学人文科学研究所紀要』27，23-40

蔡　珮菁（2007）「連語と交替可能な臨時的複合語の語構成―新聞社説における『A的B』と『A的B』の場合―」『日本語の研究』3(3)，17-32

斎藤俊雄・中村純作・赤間一郎［編］（2005）『英語コーパス言語学―基礎と実践―（改訂新版）』研究社

坂村　健（2002）『ユビキタス・コンピュータ革命―次世代社会の世界標準』角川書店

阪本一郎（1965）『教育基本語彙』牧書店

寿岳章子（1967）「源氏物語基礎語彙の構成」『計量国語学』41，18-32

正保　勇（1981）「『コソア』の体系」『日本語教育指導参考書8　日本語の指示詞』国立国語研究所

徐　一平・曹　大峰［主編］（2002）『中日対訳語料庫的研制与応用研究』外語教学与研究出版社

陣内正敬（2007）『外来語の社会言語学』世界思想社教学社

新屋映子（2010）「類義語『状況』『状態』の統語的分析―コーパスによる数量的比較―」『計量国語学』27(5)，173-193（新屋（2014）『日本語の名詞指向性の研究』ひつじ書房，所収）

杉村　泰（2005）「起点を示す格助詞『を』と『から』の使い分け」『ことばの科学』（名古屋大学言語文化研究会）18，pp.109-118

角　康之［他］（2003）「協調的なインタラクションの記録と解釈」『情報処理学会論文誌』44(11)，2628-2637

孫　栄奭（2009）「擬音語・擬態語と身振り―テレビ放送のマルチメディア・コーパスによる計量的分析―」『計量国語学』27(4)，131-153

孫　栄奭（2010）「マルチメディア・コーパスの構築と活用―表現行動の計量的研究のために―」『阪大日本語研究』22，65-90

高崎みどり（1988）「文章展開における"指示語句"の機能」『国文学　言語と文芸』103，67-88

高崎みどり（2011）「文章論・文体論と語彙」斎藤倫明・石井正彦［編］『これからの語彙論』ひつじ書房，113-124

文　　献

竹内和広・松本裕治（2001）「新聞報道記事に対するテキスト構造解析の傾向とその手がかり情報の検討―人間によるテキスト構造解析実験をもとに―」『計量国語学』22(8), 319-334

竹内　啓［他］［編］（1989）『統計学辞典』東洋経済新報社

田島毓堂（1992）「語彙論的語の単位―意味単位と分類単位と―」文化言語学編集委員会［編］『文化言語学　その提言と建設』三省堂

田中章夫（1973）「自動抄録処理におけるキー・ワードの性格」国立国語研究所『電子計算機による国語研究Ⅴ』秀英出版

田中章夫（1978）『国語語彙論』明治書院

田中章夫（1983）「抄録のための言語処理」水谷静夫［編］『朝倉日本語新講座6　運用Ⅱ・人文系研究のための言語データ処理入門』朝倉書店

田中牧郎・山元啓史（2014）「『今昔物語集』と『宇治拾遺物語』の同文説話における語の対応―語の文体的価値の記述―」『日本語の研究』10(1), 16-31

田野村忠温（2000）「用例に基づく日本語研究―コーパス言語学―」『日本語学』19(5), 192-201

田野村忠温（2003）「コーパス言語学の可能性と限界」『日本学研究』第13期（北京日本学研究センター）

田野村忠温（2012）「日本語のコロケーション」堀正広［編］『これからのコロケーション研究』ひつじ書房, pp.193-226

田野村忠温（2014）「BCCWJの資料的特性―コーパス理解の重要性―」田野村忠温［編］『講座日本語コーパス6　コーパスと日本語学』朝倉書店, 119-151

玉村文郎（1984）『日本語教育指導参考書12　語彙の研究と教育（上）』国立国語研究所

田守育啓, ローレンス・スコウラップ（1999）『オノマトペ―形態と意味　日英語対照研究シリーズ6』くろしお出版

中條清美［他］（2012）「日英パラレルコーパス検索サイトWebParaNewsの公開―開発と実践利用―」『外国語教育メディア学会第52回全国研究大会発表予稿集』

土屋信一（1989）「語彙調査―全体的な見通しとねらい―」国立国語研究所『高校中学校教科書の語彙調査　分析編』秀英出版

寺村秀夫（1984）『日本語のシンタクスと意味Ⅱ』くろしお出版

冨田　隆・三輪和久（2002）「発見における有効な仮説検証方略と協同の効果」『認知科学』9(4), 501-515

富永祐民（1982）『治療効果判定のための実用統計学―生命表法の解説―』蟹書房

中尾　浩（2014）「コーパスは基礎語彙を確定できるか？」『愛知大学情報メディアセン

ター紀要』24(1)，1-15
長沼美香子（2006）「翻訳における『名詞化』という文法的比喩」『日本翻訳通訳学会誌』6，15-28
中野　洋（1980）「文章における語彙の構造に関する探索的研究（4）―初出語の分布―」国研内部資料『季報』1980春号
永野　賢（1965）「文章における『が』と『は』の機能」『日本語教育』7，32-48（同『伝達論にもとづく日本語文法の研究』東京堂出版，1970に再録）
永野　賢（1972）『文章論詳説』朝倉書店
西里静彦（2010）『行動科学のためのデータ解析―情報把握に適した方法の利用―』培風館
野口英司［編著］（2005）『インターネット図書館青空文庫』はる書房
野田尚史（1998）「〔書評〕南不二男著『現代日本語研究』」『国語学』195，35-40
野村雅昭（1975）「四字漢語の構造」国立国語研究所『電子計算機による国語研究Ⅶ』秀英出版，36-80
野元菊雄［他］（1980）『日本人の知識階層における話しことばの実態』文部省科学研究費特定研究「言語」研究報告書
橋内　武（1999）『ディスコース　談話の織りなす世界』くろしお出版
橋本修二・長谷文雄（1992）「リジット解析の紹介―なぜ適切でないか―」『医薬安全性研究会会報』35，1-5
橋本和佳（2010）『現代日本語における外来語の量的推移に関する研究』ひつじ書房
服部　匡（2011）「程度的な側面を持つ名詞とそれを量る形容詞類との共起関係―通時的研究―」『言語研究』140，pp.89-116
林　四郎（1971）「語彙調査と基本語彙」『国立国語研究所報告39　電子計算機による国語研究Ⅲ』秀英出版，1-35
林　四郎（1982a）「日常語・専門語および表現語」『講座日本語学1　総論』明治書院，（同『漢字・語彙・文章の研究へ』明治書院，1987に再録）
林　四郎（1982b）「臨時一語の構造」『国語学』131，15-26（林四郎（1987）『漢字・語彙・文章の研究へ』明治書院，に再録）
林　四郎（1990）「日本語造語要素結合度の3段階性，その社会言語学的意味」『明海大学外国語学部論集』3，1-13
飛田良文（2002）『明治生まれの日本語』淡交社
広田栄太郎（1969）『近代訳語考』東京堂出版
藤縄真由美（1993）「『語彙的他動性』と『統語構造』」『大阪府立大学紀要（人文・社会科

文　献

学)』41，pp.131-144
不破哲三（2002）『歴史教科書と日本の戦争』小学館
別技篤彦（1983）『戦争の教え方　世界の教科書にみる』新潮社
堀　正広・浮網茂信・西村秀夫・小迫　勝・前川喜久雄（2009）『コロケーションの通時的研究―英語・日本語研究の新たな試み』ひつじ書房
前川喜久雄（2009）「30年の時間幅において観察される語義およびコロケーションの変化―『現代日本語書き言葉均衡コーパス』の予備的分析―」堀正広［他］(2009)，pp.183-198
前川喜久雄（2013）「第1章　コーパスの存在意義」前川喜久雄［編］『講座日本語コーパス1　コーパス入門』朝倉書店，1-31
松田謙次郎［編］（2008）『国会会議録を使った日本語研究』ひつじ書房
間淵洋子（2011）「コーパスを利用した研究例」荻野綱男・田野村忠温［編］『講座ITと日本語研究5　コーパスの作成と活用』明治書院
水谷静夫（1963）「抄録を作る機械」『言語生活』137，36-44
水谷静夫（1983）『朝倉日本語新講座2　語彙』朝倉書店
南不二男（1965）「名詞的表現の構造」『国語学』63，50-60
南不二男（1987）「談話行動論」国立国語研究所『談話行動の諸相―座談資料の分析―』三省堂
南不二男（1993）『現代日本語文法の輪郭』大修館書店
三宅知宏（1995）「ヲとカラ―起点の格標示―」宮島達夫・仁田義雄（編）『日本語類義表現の文法（上）単文編』くろしお出版，pp.67-73
宮崎和人（2001）「動詞『思う』のモーダルな用法について」『現代日本語研究』8，111-136
宮島達夫（1970）「語いの類似度」『国語学』82，42-64
宮島達夫（1972）『動詞の意味・用法の記述的研究』（国立国語研究所報告43）秀英出版
宮島達夫（1988）「『漢字の将来』その後」『言語生活』436，50-58
宮島達夫（2007）「語彙調査からコーパスへ」『日本語科学』22，29-46
宮島達夫・近藤明日子（2011）「古典作品の特徴語」『計量国語学』28(3)，94-105
村木新次郎（1989）「現代日本語における分析的表現」『国文学解釈と鑑賞』54(7)，41-49
村木新次郎（1991）『日本語動詞の諸相』ひつじ書房
村木新次郎（2002）「四字熟語の品詞性を問う」玉村文郎［編］『日本語学と言語学』明治書院，123-135
村木新次郎（2004）「現代日本語の中の四字熟語」北京大学日本文化研究所／北京大学日

本語言文化系［編］『日本語言文化研究』5

安本美典（1963）「漢字の将来―漢字の余命はあと二百三十年か―」『言語生活』137，46-54

柳父　章（1976）『翻訳とはなにか　日本語と翻訳文化』法政大学出版局

湯本昭南（1977）「あわせ名詞の意味記述をめぐって」『東京外国語大学論集』27，31-46（松本泰丈［編］（1978）『日本語研究の方法』むぎ書房，所収）

横山詔一（2011）「言語変化は経年調査データから予測可能か？」『国語研プロジェクトレビュー』6，27-37

吉田　忠［編］（1995）『現代統計学を学ぶ人のために』世界思想社

米盛裕二（2007）『アブダクション　仮説と発見の論理』勁草書房

渡部　洋・鈴木規夫・山田文康・大塚雄作（1985）『探索的データ解析入門―データの構造を探る―』朝倉書店

Aitchison, J. (1991). *Language Change: Progress or Decay?* (Second Edition), Cambridge University Press. （＝1994, 若月剛（訳）『言語変化　進歩か, それとも衰退か？』リーベル出版）

Biber, D., Conrad, S. and Reppen, R. (1998). *Corpus Linguistics: Investigating Language Structure and Use*, Cambridge University Press. （＝2003, 齊藤俊雄［他］（訳）『コーパス言語学―言語構造と用法の研究―』南雲堂）

Bross, I.D.J. (1958). 'How to use ridit analysis', *Biometrics*, 14(1), 18-38.

Eggers, H. (1973). *Deutsche Sprache im 20. Jahrhundert*, R. Piper. （＝1975, 岩崎英二郎（訳）『二十世紀のドイツ語』白水社）

Fairclough, N. (2001). *Language and Power* (Second Edition). Longman. （＝2008, 貫井孝典（訳・監修）, 吉村昭市［他］（訳）『言語とパワー』大阪教育図書）

Fleiss, Joseph L. (1973). *Statistical methods for rates and proportions*. Wiley. （＝1975, 佐久間昭（訳）『計数データの統計学―医学・疫学を中心に―』東京大学出版会）

Fleiss, J.L., Levin, B. and Paik, M.C. (2003). *Statistical Methods for Rates and Proportions, 3rd Edition*. Wiley.（＝2009, Fleiss愛好会（訳）『計数データの統計学　Third Edition』㈱アーム）

Gilquin, G. and Gries, St. Th. (2009). 'Corpora and experimental methods: a state-of-the-art review', *Corpus Linguistics and Linguistic Theory*, 5(1), 1-26.

Halliday, M.A.K. and Martin, J.R. (1993). *Writing Science: Literacy and Discursive Power*, University of Pittsburgh Press.

McCarthy, M. (1991). *Discourse Analysis for Language Teachers*, Cambridge University Press. （＝

文　献

　　1995，安藤貞雄・加藤克美（訳）『語学教師のための談話分析』大修館書店）

McEnery, T. and Hardie, A. (2012). *Corpus Linguistics: Method, Theory and Practice*, Cambridge University Press.(＝2014，石川慎一郎（訳）『概説コーパス言語学―手法・理論・実践』ひつじ書房）

Stubbs, M. (2002). *Words and Phrases: Corpus Studies of Lexical Semantics*. Blackwell.(＝2006，南出康世・石川慎一郎［他］(訳)『コーパス語彙意味論―語から句へ―』研究社）

Tognini-Bonelli, E. (2001). *Corpus Linguistics at Work*. Amsterdam: John Benjamins.

Tono, Y., Yamazaki, M. and Maekawa, K. (2013). *A Frequency Dictionary of Japanese: Core vocabulary for learners*. London and New York: Routledge.

Tukey, J. W. (1977). *Exploratory Data Analysis*. Reading, Mass.. Addison-Wesley.

初出一覧

序　章　「探索的コーパス言語学のための覚書」『現代日本語研究』10, 81-98, 2018年3月

第1章　「使用頻度"1"の語と文章―高校『物理』教科書を例に―」『国立国語研究所研究報告集』17, 秀英出版, 23-55, 1996年3月

第2章　「語彙と文章」『朝倉日本語講座4　語彙・意味』朝倉書店, 191-207, 2002年10月

第3章　「無性格語は実在するか―特化係数とその散布度による検討―」斎藤倫明・石井正彦［編］『日本語語彙へのアプローチ―形態・統語・計量・歴史・対照―』おうふう, 147-163, 2015年5月

第4章　「名詞的表現による文内情報提示の構造―新聞社説の抽象名詞『方針』を例に―」『待兼山論叢　日本学篇』50, 21-48, 2016年12月

第5章　「臨時的な四字漢語の形成―文章論的な視点から―」野村雅昭［編］『現代日本漢語の探究』東京堂出版, 146-166, 2013年7月

第6章　「コロケーションの成立と変化に関する事例的検討―新聞『デフレ＋動詞』句の通時的頻度調査から―」『現代日本語研究』11, 107-126, 2019年3月

第7章　「『不良債権処理』ができるまで―新聞にみる語彙化現象の動態―」『日本語学』31(11), 50-61, 2012年9月

第8章　「借用の『位相』―JST・科学技術文献情報の「ユビキタス」を例に―」『待兼山論叢　日本学篇』43, 73-90, 2009年12月

第9章　「多様なコーパスの可能性」田野村忠温［編］『講座日本語コーパス6　コーパスと日本語学』朝倉書店, 69-101, 2014年12月

初出一覧

第 10 章 「『新しい歴史教科書』の言語使用―中学校歴史教科書 8 種の比較調査から―」『阪大日本語研究』24,1-34,2012 年 2 月

第 11 章 書き下ろし

第 12 章 「リジット解析―計数データを用いた言語研究への適用―」『計量国語学』30(6),357-377,2016 年 9 月

第 13 章 「探索的データ解析による言語変化研究―蛇行箱型図による S 字カーブの発見―」相澤正夫［編］『現代日本語の動態研究』おうふう,129-150,2013 年 10 月

あとがき

　統計学では，理論モデル主導型の確認的アプローチとデータ主導型の探索的アプローチとは，対立するものであるというよりは，むしろ相互に足りないところを補い合う関係にあると言われる（渡部［他］1985：4）。同様に，コーパス言語学においても，これまで主流の，大規模コーパスと推測統計学を柱とする確認的なコーパス言語学と，本書が標榜する，全文コーパス（をはじめとする多様なコーパス）と探索的データ解析を柱とする探索的コーパス言語学とは，相互補完的な関係にあると考えたい。

　しかし，このように言うためには，探索的コーパス言語学の方法論をさらに充実させ，それにより可能となるデータ主導型の日本語研究の姿をより明確にしていくことが不可欠である。たとえば，全文コーパスを利用すると言っても，それをどう利用することが探索的コーパス言語学の考え方にかない，新たなデータ主導型の日本語研究を可能にすると言えるのか。探索的コーパス言語学の内実を豊かにするためには，こうした課題に意識的に取り組まなければならない。この点について，本書では，以下のような方法論的可能性を提示した。

○全文コーパスに全数語彙調査を施すことによって，計量語彙論で注目されることのなかった低頻度語に目を向けることが可能になる（第1・2章）
○同じく全数語彙調査にもとづきすべての単語の対数化特化係数散布度を求めることによって，弱特徴語と強特徴語を判別することが可能になる（第3章）
○全文コーパスに現れた（「方針」を主要部とする）複合語から節構造までのすべての名詞的表現を採集することによって，それらの情報提示の構造と特徴を単位横断的に観察することが可能になる（第4章）
○新聞の全文コーパスで記事の第1文に二字漢語の単語列が現れ，それが第2文で四字漢語化している用例を網羅的に抽出することによって，文章顕現型の臨時一語化における構文的なすえ直しのパターンを探る

ことが可能になる（第5章）
○二十年以上の期間にわたる新聞の全文コーパスを通時的に分析することによって，コロケーションの成立や変化，語結合の一語化・語彙化といった，これまで観察することが難しかった言語単位の固定化の実態に迫ることが可能になる（第6・7章）

　もちろん，全文コーパスの探索的コーパス言語学的な利用はこれにとどまるものではない。序章にも記したように，探索的な（データ主導型の）アプローチの「筋道は明確に定まっているものではなく，任意的であり，それだけに自由に利用できる便利さはあるが，用いられた手法の評価は，比較的長期の研究の流れの中で，またその領域で積み上げられた知見に照らし合わせてなされるべきものである」（渡部［他］1985：4）。上の方法論的可能性も含めて，本書が提案する探索的コーパス言語学の方法とそれによるデータ主導型の日本語研究の可能性については，今後，同様の見地から批判的な検討・評価がなされる必要がある。

　宮島達夫（2007：41）は，コーパス言語学を「コーパスと言語研究との関係を問題にする言語学の1分野」と規定し，「単にコーパスを利用して言語現象をしらべた，という研究を『コーパス言語学』とよぶ必要はない」としている。また，McEnery and Hardie（2012＝2014：335）も，

　　コーパス言語学者という言葉は，かつてはコーパスを使って研究を行う研究者を意味していたが，これからは，コーパス研究手法そのものを研究対象とし，とくに新たな手法を開発したり，他の言語学者がそれらを使えるよう基盤整備を行ったりする研究者を意味するようになり，言葉の意味するところも変わっていくと予想される。

と述べている。本書の試みが，こうした「新たな」あるいは「真の」コーパス言語学に少しでも寄与するものであれば，著者としてこれにまさる喜びはない。

　本書は，「平成30年度大阪大学教員出版支援制度」の助成を受けて刊行に

至ったものである。大阪大学出版会出版委員会の選考委員各位，大阪大学大学院文学研究科研究推進室のみなさま，そして，申請にあたり推薦文をお寄せくださった同僚の田野村忠温教授に心より感謝申し上げる。また，大阪大学出版会の川上展代さんには，前著『マルチメディア・コーパス言語学』(2013年)に引き続いて，本書の編集をご担当いただき，最後まで的確な助言と励ましをいただいた。この場を借りて厚く御礼申し上げる。

本書において使用したコーパスのうち，『CD‐毎日新聞　データ集』については，大阪大学大学院文学研究科日本語学研究室が毎日新聞社と交わした利用許諾契約・覚書にもとづき使用した。国立国語研究所「高校教科書の語彙調査」および「テレビ放送の語彙調査」のデータについては，同研究所の使用許可を得て利用した。第7章の『朝日新聞』の記事データベースは，大阪大学(附属図書館)が朝日新聞社と契約する『聞蔵Ⅱビジュアル』を，また，第8章の"JDream Ⅱ (科学技術医学文献データベース)"は，同じく大阪大学(附属図書館)が当時の科学技術振興機構(JST)と契約していたデータベース・サービスをそれぞれ利用した。第9章の「毎日新聞『余録』コーパス」，第10章の「教科書パラレルコーパス」は，大阪大学大学院文学研究科・文学部の学生諸君と共同で作成したものであり，第12章の「金水データ」は，大阪大学大学院教授・金水敏氏のご厚意により，同氏から提供していただいたものである。このほか，各章の記述のもとになった論文の作成にあたっては，平成15〜17年度科学研究費補助金(基盤研究(C))「探索的データ解析による日本語研究法の開発」(研究代表者：石井正彦)，平成18〜22年度科学研究費補助金特定領域研究(研究計画班)「コーパスを用いた日本語研究の精密化と新しい研究領域・手法の開発」(研究代表者：田野村忠温)，平成26〜28年度科学研究費補助金(基盤研究(C))「近現代日本語彙における『基本語化』現象の記述と類型化」(研究代表者：金　愛蘭)，国立国語研究所・共同研究プロジェクト「多角的アプローチによる現代日本語の動態の解明」(プロジェクト・リーダー：相澤正夫)の助成を受けた。各機関・各位のご厚意に感謝申し上げる。

あとがき

　最後に，探索的コーパス言語学の重要な柱でもあり，探索的コーパス言語学を構想する契機ともなった「探索的データ解析（EDA）」について，そのような統計学の考え方があることをご教示くださった国立国語研究所在籍時の同僚・島村直己氏に御礼を申し上げたい。島村氏は部署も専門分野も異なる私の研究に興味をもってくださり，私が大阪大学に転じた後もいろいろと気にかけてくださった。2006 年には，氏のご紹介により，本書も多大の恩恵を受けた『探索的データ解析入門』の代表著者である渡部洋先生にお目にかかる機会を得，短い時間ではあったがいくつか質問をさせていただくことができた。ありがたく，懐かしい思い出である。両氏のご教示を十分に活かしきれていないことを心苦しく思いつつ，改めてご学恩に感謝申し上げる。

2019 年 8 月　　石井　正彦

索　引

BCCWJ　2
corpus-driven　5
corpus-based　5
ELAN　208
Excel　208, 232, 335
JDream Ⅱ　181
KWIC　210, 233
NHKコーパス　207
RST　138
ss比　300, 333, 361
S字カーブ　309
TPS（Tokens Per Minute）　280
W単位　25, 79

あ　行

新しい歴史教科書　228
アブダクション　16
案出　182
安定結合　174
安定した低頻度語　22
意見　91
意見文　92
一語化　173
一重包摂　102
一回性　44
一般語　56
イデオロギー　215, 272
イデオロギー的意味　215
移動中央値法　287, 311, 324
移動平均法　287, 311
意味的なとらえ直し　128
意味の特殊化　95
意味表示のレベル　145

インタラクション　208
引用的連体節構造　94
迂言的表現　256
オノマトペ度　212
折り重ね対数変換　304

か　行

回帰直線　290
外来語　177
科学技術文献情報　181
核語彙　89
確認的データ解析　4, 309, 330, 333
数・記号　56
カセット効果　190
簡易コーパス　11, 144
関係還元型　126
関係再構型　126
関係創造型　126
関係保存型　126
関連パターン　14
キーワード　21, 58, 73, 164
擬音語・擬態語と身振り　212
基幹語彙　74
基準範囲　81
基礎語　73
基調語彙　74
基底構造　165
基底部　105
機能動詞　171, 236
基本語彙　21, 56, 74
旧情報　133
競合　148
行効果　294

共時コーパス　196
共時的全文コーパス　15
共通中央値　294
強特徴語　85
均衡コーパス　224
繰り返し語句　125
計数データ　302, 333
計量語彙論　21, 75
計量データ　300
原語　177
言語構造　206
言語行動　207
言語使用　206
言語素性　14
言語的関連（パターン）　14
現実指示のレベル　145
言説コーパス　215
原題　182
現代日本語書き言葉均衡コーパス　2
語彙化　173
語彙調査　54, 73
語彙的関連（パターン）　14
語彙の類似度　47
高校教科書の語彙調査　24, 54, 79
高校・中学校教科書の語彙調査　11
交互平均法　353
高頻度語　21, 53
構文的なすえ直し　128
コーパス駆動型　5
コーパス言語学　1, 195
コーパス検証型　5
コーパス準拠型　16
コーパスのパラドクス　220
国立国語研究所　9, 54, 73, 196
語形成　119, 164
コ系の指示語　35, 44
語結合　163
個人レベルのコーパス　197

五数要約値　283, 310
固定結合　174
コノテーション　150, 238
娯楽度　302
コロケーション　143
コロケーションの成立　143
コロケーションの変化　143

さ　行

雑誌九十種の語彙調査　9, 346
残差　290, 294
散布度　84
サンプリング調査　197
時系列データ　311
指示語句　122
指示詞と指差し　212
始数　84
時代の文体　222
自動抄録処理　73
弱特徴語　85
借用語　177
借用の位相　182
修辞構造理論　138
終助詞ネと視線　212
従属部　95
集団レベルのコーパス　197
主題化　116, 129, 135
述語化　132, 135
主要部　92
順序カテゴリー　334
状況語化　133, 135
情報　91
情報提示の構造　92
叙述語　74
新情報　133
新聞三紙の語彙調査　9
数量化　338

すえ直し　128
ストップワード　89
成長曲線　309
節構造　95
節の構造　95
折半数　301, 333, 336
背中合わせ幹葉表示　282
全数調査　11, 23, 54, 78
全文コーパス　11
専門（用）語　37, 56
相互行為　208
ソ系の指示語　35, 44
素材語　88

た 行

大規模コーパス　220
対数化特化係数散布図　85
対数尤度比　90
対談番組コーパス　207
代表値　205, 279, 310
題目語化　128, 135
対訳コーパス　227
蛇行箱型図　309, 311, 321
多重連結　111
他動性　155
単一言語パラレルコーパス　228
探索的コーパス言語学　1
探索的データ解析　4, 277, 309, 330, 333
単純構造　95
単純複合語　94
単純連語　94
談話構成語　93, 139
談話の十要素　206
中央値　279, 310
中央値精錬法　295
中学校歴史教科書のパラレルコーパス　229
中日対訳コーパス　227

重複するS字カーブ　326
通時コーパス　196
通時的新聞コーパス　198
通時的全文コーパス　15
抵抗性　279, 310
抵抗直線　290
低頻度語　21, 53
データ主導型　3
データの再表現　304
テーマ　96
テーマ語　74
「デフレ＋動詞」句　145
テレビのマルチメディア・コーパス　207
テレビ放送の語彙調査　11, 207, 278
典型コーパス　224
統合的（syntagmatic）な側面　165
特徴　96
特徴語　81
特化係数　28, 79
とらえ直し　128

な 行

内容　96
名づけ的意味　145
ならし　287, 311
二元分析　294
二元分類データ　294
二重包摂　102
二重連結　111
日英パラレルコーパス　227
日本語通時コーパス　196

は 行

箱型図　284, 310
外れ値　279, 286, 310
パネル調査　197

索　引

パラレルコーパス　227
パラレルコーパスの対応づけ　227, 271
判断　91
反特徴語　81
汎用コーパス　224
範列的（paradigmatic）な側面　165
非言語表現　207
非言語的関連（パターン）　14
ヒストグラム　280
ひとまとまり的な意味　95
批判的言語学　215, 272
批判的コーパス言語学　216
標準偏差　84
標本抽出調査　23
ヒンジ散布度　283, 310
頻度1の語　21, 24, 55
複合語　95
複雑構造　95
複雑複合語　94
複雑連語　94
複数語の共起　143
浮動結合　174
文章顕現型の臨時一語化　121
文章構成機能　88, 93
文章的関連（パターン）　14
文章の展開　122
文内連結　105
文法的関連　14
平均値　279, 310
平均リジット　302, 335, 336
平行箱型図　285, 311
包摂構造　95
包摂複合語　94
包摂連語　94
骨組み語　74
翻訳語　177

ま　行

マルチメディア・コーパス　205
マルチモーダル・コーパス　209
マルチモダリティ　208
マルチレベル通時コーパス　197
無性格語　73
無性格語1　77
無性格語2　77
無特徴語　75
名詞句　93
名詞的表現　92, 93
持ち主　96
ものの見方　215
モノメディア・コーパス　206

や　行

訳出　182
訳題　182
有意差検定　333, 335
有意抽出　224
要約値　310

ら　行

リジット　301, 333, 336
リジット解析　300, 333
リジット変換　335, 361
リッカート法　334
理論モデル主導型　3
臨時一語　40, 56, 120
臨時語　56
臨時的な語形成　119
ルーズな名詞の臨時一語　100
列行和モデル　294
列効果　294

381

連語　　95, 161
レンジ　　84
連体節構造　　94
連文間の連接関係　　138
ロジット変換　　304
論説文　　92

わ　行

枠組み語　　88

石井 正彦（いしい・まさひこ）

1958年，福島県生まれ。東北大学大学院文学研究科博士後期課程退学。博士（文学）。国立国語研究所研究員，同室長を経て，現在大阪大学大学院文学研究科教授。主な著書に『現代日本語の複合語形成論』（ひつじ書房，2007），『マルチメディア・コーパス言語学』（大阪大学出版会，2013，共著），『これからの語彙論』（ひつじ書房，2011，共編著），『日本語語彙へのアプローチ』（おうふう，2015，共編著）などがある。

探索的コーパス言語学
―― データ主導の日本語研究・試論 ――

2019年9月30日　初版第1刷発行　　　　　　　［検印廃止］

著　者　石井　正彦
発行所　大阪大学出版会
　　　　代表者　三成賢次
　　　　〒565-0871　大阪府吹田市山田丘2-7
　　　　　　　　　　大阪大学ウエストフロント
　　　　TEL：06-6877-1614
　　　　FAX：06-6877-1617
　　　　URL：http://www.osaka-up.or.jp
印刷・製本所　　（株）遊文舎

Ⓒ M. Ishii, 2019　　　　　　　　　　　　　　Printed in Japan
ISBN 978-4-87259-692-2 C3080

[JCOPY]〈出版者著作権管理機構　委託出版物〉
本書の無断複製は著作権法上での例外を除き禁じられています。複製される場合は、その都度事前に、出版者著作権管理機構（電話 03-5244-5088、FAX 03-5244-5089、e-mail: info@jcopy.or.jp）の許諾を得てください。